CONDILLAC

ou

L'EMPIRISME ET LE RATIONALISME

PAR

F. RÉTHORÉ

PROFESSEUR DE PHILOSOPHIE AU LYCÉE DE MARSEILLE

> Si votre pensée est bonne, on en profite ; mauvaise, on la corrige, et l'on en profite encore.
> (PAUL-LOUIS COURIER.)

PARIS

AUGUSTE DURAND, LIBRAIRE-ÉDITEUR
RUE DES GRÈS, 7

—

MDCCCLXIV

CONDILLAC

ou

L'EMPIRISME ET LE RATIONALISME

TOURS, IMPRIMERIE DE JULES BOUSEREZ.

CONDILLAC

OU

L'EMPIRISME ET LE RATIONALISME

PAR

F. RÉTHORÉ

PROFESSEUR DE PHILOSOPHIE AU LYCÉE DE MARSEILLE

> Si votre pensée est bonne, on en profite ; mauvaise, on la corrige, et l'on en profite encore.
> (PAUL-LOUIS COURIER.)

PARIS
AUGUSTE DURAND, LIBRAIRE-ÉDITEUR
RUE DES GRÈS, 7

MDCCCLXIV

AVANT-PROPOS

Un auteur célèbre, un écrivain philosophe (1), s'est attaché, dans son *Histoire de la littérature française*, à déterminer les qualités qui distinguent le génie français de l'esprit des autres nations modernes, et à signaler les dangers qu'il y aurait pour nous, si l'imitation indiscrète des littératures étrangères venait à rompre l'harmonieux équilibre des facultés de l'esprit national. En relisant cette histoire, aussi intéressante pour l'imagination que féconde pour la pensée, nous nous sommes demandé si ce qu'on craignait pour la littérature, on ne pouvait pas le craindre pour la philosophie.

(1) M. D. Nisard.

L'importation en France des systèmes. exotiques a-t-elle été favorable ou nuisible aux études philosophiques? Nous croyons qu'on peut trouver une réponse à cette question dans un examen comparatif de ce qu'on est convenu d'appeler le *rationalisme* et l'*empirisme*.

CONDILLAC

ou

L'EMPIRISME ET LE RATIONALISME

CHAPITRE Ier

SENSATION TRANSFORMÉE.

Vouloir interpréter d'une manière plus favorable qu'on ne l'a fait jusqu'ici une philosophie non-seulement combattue et condamnée, mais presque universellement décriée, une philosophie dont le nom seul ne se prononce qu'avec une sorte de hauteur et de dédain, la *philosophie de la sensation* enfin, puisqu'il faut l'appeler par son nom, c'est, nous le savons, tenter une entreprise qui sera considérée par les uns comme téméraire et dangereuse, par d'autres comme inutile et peut-être même insensée. Ces inconvénients, nous les avons prévus, mais ils ne nous ont pas rebuté.

Condillac a rendu des services à la philosophie, à la langue française et aux sciences en général; il peut leur en rendre encore. On a été non-seulement sévère, mais injuste envers lui; nous voulons attirer l'attention sur cette injustice, afin qu'on la répare un jour. Voilà notre première excuse.

Le principe de Condillac, tel que nous croyons l'avoir compris, est, selon nous, le fondement de toute psychologie sérieuse; il est le seul moyen de concilier entre eux le *sentimentalisme* et le *rationalisme*, et de résoudre tous les problèmes que chacun de ces deux systèmes, pris à part, est impuissant à résoudre, soit en théodicée, soit en morale, soit en esthétique; enfin, par l'application qu'on peut en faire, il permet d'opposer au scepticisme une barrière infranchissable; car en fortifiant l'une par l'autre *l'évidence de fait, l'évidence de raison* et *l'évidence de sentiment,* il combine en une seule la certitude physique, la certitude métaphysique et la certitude morale (1). Ce n'est donc ni le besoin de contredire, ni l'amour du paradoxe, ni même l'esprit de patriotisme qui nous anime.

D'ailleurs, il eût été sans doute plus facile et plus avantageux pour nous de céder à l'opinion

---

(1) Nous expliquerons plus tard ce que nous entendons par l'union des trois espèces d'évidences et des trois espèces de certitudes.

régnante; mais quiconque s'occupe de philosophie doit le faire en vue de ce qu'il croit être la vérité. Le but auquel nous tendons, nous sommes persuadé qu'on peut l'atteindre; si nous le manquons, nous aurons peut-être le mérite de l'avoir signalé à d'autres qui seront plus heureux que nous.

Les psychologues regardent Condillac comme le chef du *matérialisme;* ce préjugé vulgaire n'est partagé ni par les esprits indépendants, ni par les juges intègres et clairvoyants. Écoutez le prince de la critique contemporaine : « Cet interprète de la sensation, dit M. Villemain, a péché, pour ainsi dire, par trop de spiritualisme, en attribuant à l'esprit le pouvoir de créer les formes et les couleurs qu'il aperçoit. »

« Cependant, comme les hommes, et ceux mêmes qui étudient la philosophie se payent souvent d'apparences, Condillac a surtout été jugé par les premiers mots de sa doctrine; et c'est ainsi qu'il est appelé un odieux philosophe par le fougueux spiritualiste M. de Maistre, et qu'il est attaqué de nos jours comme le père du sensualisme. »

M. Villemain n'est pas le seul défenseur de Condillac. « Quelques personnes, dit J. Thurot, passionnées pour les systèmes allemands, ont affecté de parler de la doctrine de Locke, de Condillac et des philosophes français avec une sorte de dédain; ils ont insisté surtout, par l'effet d'une prévention ou d'une inadvertance bien étrange, sur la prétendue tendance matérialiste de cette doctrine, qu'ils ont appelée *théorie abjecte de la sensation, sensualisme,* etc. Ils auraient dû savoir que la tendance de cette doctrine est, au contraire, éminemment et exclusivement idéaliste (1).»

Observons toutefois, en passant, que Condillac n'est pas plus idéaliste que matérialiste. Nous verrons plus tard qu'il s'est tenu dans les bornes de la vérité.

Mais avant d'expliquer, comme nous l'entendons, et de compléter, si nous le pouvons, la pensée de ce philosophe, qu'on nous permette de rétablir un fait qui, jusqu'à présent, n'a pas été assez remarqué parmi nous, et que souvent même on n'a pas voulu remarquer du tout.

On a jusqu'ici regardé Condillac comme un disciple de Locke, et sa philosophie comme le développement de celle de l'illustre Anglais. C'est là se montrer peu juste envers Condillac; c'est lui refuser une partie de l'originalité qui lui appartient. Un philosophe écossais (2), qui a transporté en Angleterre la philosophie française, le successeur de D. Stewart, Th. Brown, est le premier

---

(1) *De l'entendement et de la raison;* tom. Ier, page 330.
(2) Voyez notre *Critique de la philosophie de Th. Brown.*

peût-être qui ait nettement indiqué les différences radicales qui distinguent la doctrine de Condillac de celle de Locke. Les passages dans lesquels il prouve son assertion sont trop importants pour que nous ne les citions pas tout entiers : « Nous remarquerons d'abord, dit-il, que la doctrine de Condillac est loin d'être ce que son auteur et ses disciples la prétendaient être, c'est-à-dire un simple développement du système de notre illustre compatriote. Ils ne sont, au contraire, d'accord avec Locke qu'en un seul point, qui est de nier ce qu'on appelle les *idées innées*. Locke, en tout ce qu'il enseigne de positif, diffère autant de Condillac et de ses disciples que des inintelligibles disputeurs des écoles anciennes (1). »

Suit un exposé rapide de la doctrine de Locke, à laquelle Brown compare le système de Condillac : « D'après les philosophes français, dit-il, la sensation n'est plus simplement la première affection de l'esprit, la cause occasionnelle de toutes ses autres modifications; mais, se transformant de diverses manières, elle constitue elle-même chacun des phénomènes intellectuels : « Si nous considérons, dit Condillac, dans un paragraphe qui peut être regardé comme un résumé de toute sa doctrine idéologique; si nous consi-

(1) Brown. *Philosophy of the human mind*. Lect. XXXIII.

« dérons que : se ressouvenir, comparer, juger,
« discerner, imaginer, être étonné, avoir des idées
« abstraites, en avoir de nombre et de durée,
« connaître des vérités générales et particulières,
« ne sont que différentes manières d'être attentif;
« qu'avoir des passions, aimer, haïr, espérer,
« craindre et vouloir, ne sont que différentes ma-
« nières de désirer; et qu'enfin être attentif et
« désirer ne sont dans l'origine que sentir, nous
« conclurons que la sensation *enveloppe* toutes les
« facultés de l'âme (1). »

« Quelle que soit cette doctrine, qu'on la juge vraie ou fausse, ingénieuse ou absurde, il paraît au moins presque impossible de l'assimiler à la doctrine de Locke, lui qui commence par diviser nos idées en deux classes distinctes, en idées de sensation et en idées de réflexion; lui, qui loin de regarder la sensation comme *enveloppant* toutes nos facultés, la considère au contraire comme l'objet de ces facultés, comme étant, par exemple, ce que nous comparons, mais non l'acte même de la comparaison, comme le mobile de la volonté, mais non comme ce qui constitue nos déterminations volontaires; lui enfin, qui la considère comme un état passif de l'âme, ou comme une série de modifications passives. Pour conci-

(1) *Traité des sensations;* part. I, ch. 7.

lier avec la vraie doctrine de Locke le paragraphe de Condillac que je viens de citer, il faudrait donner un sens opposé à chacune presque des propositions qu'il contient. »

« La doctrine de Condillac et de ses disciples, qu'elle ait ou non un mérite quelconque, n'est donc pas la doctrine de celui auquel on en attribue l'invention (1). »

Ces conclusions sont légitimes, mais l'observation qui les précède n'est pas exacte; il n'est pas vrai de dire que Condillac et ses disciples n'aient cru faire autre chose que développer les principes de Locke ; tous savaient parfaitement que leur doctrine leur appartenait en propre. Partout les disciples rendent témoignage à l'originalité du maître : « Avant Condillac, dit Destutt de Tracy, nous n'avions guère sur les opérations de l'esprit humain, que des observations éparses plus ou moins fautives. Le premier, il les a réunies et en a fait un corps de doctrine; ainsi ce n'est que depuis lui que l'idéologie est vraiment une science (2). »

Voici ce que dit Laromiguière : « Condillac a ajouté à la doctrine des autres philosophes. Ils ne cessaient de nous parler de l'origine des idées, et jamais ils n'avaient songé à l'origine des facultés auxquelles nous devons ces idées.

---

(1) BROWN. *Philosophy of the human mind*. Lect. XXXIII.
(2) Idéologie, p. 175.

« Cet auteur a fait plus : il ne s'est pas contenté de remonter à l'origine ou au principe, soit des idées, soit des facultés ; il a cru devoir en étudier la génération.

« Condillac est le seul qui ait imaginé de séparer les facultés de leurs produits, et de faire deux questions différentes de la théorie des facultés et de la théorie des idées (1). »

Condillac lui-même n'ignorait pas sans doute ce qu'il devait à ses propres méditations (2). Il est

(1) Leçons. Part. 1re. Leç. 2, p. 72.
(2) « Si je me suis fait pour vous instruire, dit-il à son élève, une méthode simple et claire, si j'ai réussi à vous donner des connaissances, ou du moins à vous préparer à en acquérir, c'est à ce philosophe, Monseigneur, que j'en ai surtout l'obligation, puisque c'est lui qui a le plus contribué à me faire connaître l'esprit humain. Je ne puis pas dire, comme il l'aurait pu lui-même, que personne ne m'a ouvert la route dans laquelle je suis entré : car il me l'a ouverte et même aplanie dans bien des endroits. Je ne suis que plus embarassé à vous parler de ce grand esprit, parce que si je le critique, on m'accusera de le vouloir déprimer ; et si je le loue, on formera contre moi d'autres soupçons. Il faut bien cependant que je vous dise ce que j'en pense. Je le ferai en peu de mots, et je ne m'appesantirai ni sur les critiques, ni sur les louanges.

« Ses ouvrages font son éloge. *L'essai sur l'entendement humain* est neuf pour le fonds, et en général pour les détails ; et Locke y montre une sagacité singulière, soit qu'il observe, soit qu'il raisonne d'après ses observations. Mais il manque d'ordre ; en négligeant de mettre les choses en leur place, il tombe dans des répétitions ; il ne rapproche pas les observations qui peuvent s'éclairer mutuellement ; il n'en recueille pas toutes les consé-

vrai qu'en maint endroit il rend hommage au génie de Locke, et qu'il invoque souvent son autorité. Mais devons-nous en conclure qu'il n'ait été que son disciple? Pourquoi ne dirait-on pas alors qu'il n'était aussi que le disciple de la personne à laquelle il témoigne quelque part sa reconnaissance pour l'avoir, dit-il, « éclairé sur les principes, sur le plan et sur les détails de son *Traité des sensations?* »

Brown aurait donc pu ne point prendre à la lettre les formules de la modestie ou les précautions de la prudence; il aurait même pu trouver dans ce noble désintéressement, dans ce sacrifice de la gloire d'auteur aux intérêts de la vérité, un exemple de la manière dont il faut agir à l'égard de ceux chez lesquels on va puiser des inspirations.

Condillac relève donc surtout de lui-même; il est l'auteur de tout ce qu'il a pensé; et, après

---

quences; il laisse échapper des vérités qu'il semblait devoir saisir, et il devient quelquefois obscur et même peu exact. L'analyse qu'il donne de l'entendement humain est imparfaite. Il n'a pas imaginé de chercher la génération des opérations de l'âme; il n'a pas vu qu'elles viennent de la sensation, ainsi que nos idées, et qu'elles ne sont que la sensation transformée : il n'a pas observé que l'évidence consiste uniquement dans l'identité, et il n'a pas connu que la plus grande liaison des idées est le vrai principe de l'art de penser; il touchait presque à toutes ces découvertes, et il eût pu les faire, s'il eût traité son sujet avec plus de méthode. » (*Histoire moderne*, liv. dernier, ch. 12.)

Descartes, il est le créateur de la philosophie française.

L'originalité de Condillac étant constatée, passons aux objections qui lui sont faites par l'auteur écossais dont nous parlons. On sait que pour Condillac tous les états et toutes les opérations de l'âme ont leur principe dans une seule et même faculté, la faculté de sentir ou de penser (1); que l'âme, dans le simple fait de la sensation, exerce déjà toutes les puissances qu'elle pourra exercer

---

(1) Nous disons *sentir* et *penser*, et nous le disons hardiment, car dans la philosophie condillacienne, sentir ne signifiant d'abord rien autre chose qu'*avoir conscience* (*sens intime*), ce mot peut être considéré comme synonyme de *penser*. « Soit que nous nous élevions, pour parler métaphoriquement, jusques dans les cieux, soit que nous descendions dans les abîmes, nous ne sortons point de nous-mêmes ; et ce n'est jamais que notre propre pensée que nous apercevons. Quelles que soient nos connaissances, si nous voulons remonter à leur origine, nous arriverons enfin à une première *pensée simple,* qui a été l'objet d'une seconde, qui l'a été d'une troisième, et ainsi de suite. » — « Nous sentons notre pensée ; nous la distinguons parfaitement de tout ce qui n'est point elle ; nous distinguons même toutes nos pensées les unes des autres : C'en est assez. » — « L'âme étant distincte et différente du corps, *celui-ci ne peut être que cause occasionnelle, d'où il faut conclure que nos sens ne sont qu'occasionnellement la source de nos connaissances.* Mais ce qui se fait à l'occasion d'une chose peut se faire sans elle, parce qu'un effet ne dépend de sa cause occasionnelle que dans une certaine hypothèse. L'âme peut donc absolument, sans le secours des sens, acquérir des connaissances. » (CONDILLAC, *Essai sur l'origine des connaissances humaines;* 1re part., ch. 1er,

dans la suite. C'est sur ce point que Brown dirige toute sa polémique contre Condillac.

Nous laisserons encore ici parler l'auteur, dans la crainte d'affaiblir sa pensée en l'exposant nous-même.

Après avoir réfuté Reid et D. Stewart, qu'il accuse d'avoir trouvé des différences là où il n'y avait que des ressemblances, et d'avoir indéfiniment multiplié le nombre des facultés intellectuelles, il reproche à Condillac le défaut contraire : celui d'avoir tout ramené à l'unité. « Sommes-nous fondés à croire, dit-il, que toutes les affections de l'esprit, que nous rangeons dans la classe des états *internes*, ne soient, comme le prétend Condillac, que des *sensations transformées ?* Bien que, dans tout autre système, cette expression pût paraître vague et équivoque, il est évident que, d'après les principes propres de Condillac, des *sensations tranformées* ne peuvent signifier rien autre chose que des sensations plus ou moins vives, ou plus ou moins complexes; cela ne peut signifier rien qui soit absolument différent ou qui soit surajouté; car, si aux éléments d'un phénomène complexe vient s'adjoindre quelque chose qui primitivement n'ait pas été une sensation, ou une partie d'une sensation, c'est une preuve que tous les faits intellectuels ne sont pas simplement des sensations qui se renouvellent sous des aspects divers, en un mot, que la sensation n'enveloppe pas toutes les affections et toutes les facultés de l'âme. »

« Est-il donc vrai que les modifications diverses de la conscience puissent toutes sans exception et avec tous leurs éléments se rapporter à la sensation comme à leur source primitive? Elles en émanent, sans doute, en ce sens qu'elles ont en elle leur cause occasionnelle, en ce qu'elles la suivent dans l'ordre du temps; mais y trouvent-elles leur principe générateur? lui demeurent-elles substantiellement identiques, de même que les eaux qui maintenant arrosent la prairie sont les mêmes qui tout à l'heure s'épanchaient de la source? »

« Condillac se prononce pour l'affirmative, et il est curieux de voir avec quelle confiance ce philosophe, qu'on regarde généralement comme un psychologue plein de finesse et d'exactitude, et qui certainement, comme le prouvent ses ouvrages, avait scrupuleusement étudié les grands principes de la logique, procède dans sa prétendue démonstration : passant d'une faculté à une autre faculté, d'une émotion à une autre émotion, il prétend retrouver partout la sensation; et sans nous montrer jamais l'ombre même de ce qu'il cherche, il répète à chaque instant qu'il l'a trouvé; comme si une répétition fréquente était la preuve de ce que l'on avance. La seule chose qu'il prouve, c'est que les phénomènes intellectuels, comme on peut le supposer, appartiennent tous à un même sujet, dont ils sont les différents modes ; mais il ne parvient nullement à prouver qu'ils ne soient que des sensations, au sens que lui-même attache à ce mot, d'accord en cela avec tous les philosophes qui le distinguent nettement de toute autre expression plus générale. Hors la même affirmation constamment répétée, hors le fait incontestable que, dans l'ordre du temps, la sensation précède les autres phénomènes de conscience, il n'y a pas dans tout son système la moindre preuve de cette *transformation universelle* qu'il pose en fait. »

« La grande erreur de Condillac consiste, selon moi, dans la supposition qu'il suffit de décrire les circonstances d'où résulte un fait, pour prouver que ce fait est substantiellement identique à son antécédent : certaines sensations viennent de se produire, d'autres affections leur succèdent immédiatement ; donc ces nouveaux phénomènes ne sont que les premiers diversement modifiés. Telle est la secrète, mais très-fausse logique, qui semble le diriger dans toute l'exposition de sa doctrine. »

Brown réfute ensuite, ou du moins croit réfuter Condillac et les *métaphysiciens français;*

toute son argumentation consiste : 1º à répéter que la sensation n'est que l'occasion, non la matière et la forme des autres affections de l'âme; 2º à poser en fait que les états intellectuels ont leur principe dans deux facultés différentes de la sensation et distinctes entre elles, savoir : la *suggestion simple* et la *suggestion relative.* Il se contente de simples affirmations, parce qu'il craint, dit-il, de « perdre son temps à prouver l'évidence même; » encore se borne-t-il seulement à constater que les *phénomènes purement intellectuels* ne sont pas des *sensations transformées*, tandis qu'il eût pu « donner d'autres exemples de l'erreur des métaphysiciens français, et prouver avec une égale force que toutes nos émotions, l'étonnement ou le désir, par exemple, diffèrent autant des sensations, dans le sens philosophique du mot, qu'elles diffèrent de la crainte et du chagrin (1). »

Enfin, s'il a daigné s'arrêter un instant à réfuter des *erreurs si palpables,* c'est qu'il s'est rappelé « le grand nom et les talents supérieurs de l'auteur dont il combat le système, les éloges dont ce système a été l'objet, tant à cause de l'extrême finesse des analyses, que pour la grande simplicité des principes, et son adoption si grande, qu'il

---

(1) BROWN. *Philosophy of the human mind.* Lect. XXXIII.

est devenu la croyance universelle ou presque universelle des métaphysiciens de l'une des nations les plus éclairées de l'Europe (1). »

Brown couronne la victime qu'il croit avoir immolée. Mais ce n'est pas assez de prétendre à la générosité, il faut avant tout être juste : l'auteur écossais devait au moins ne pas oublier que Destutt de Tracy, dont il a emprunté la doctrine presque tout entière pour la transporter en Angleterre, était lui-même un de ces métaphysiciens français dont il parle, et dont il condamne le système d'une manière si sévère et après un examen si superficiel. Toutefois il est sincère dans son admiration pour le génie de Condillac; il cherche à pallier ce qu'il appelle son erreur, et, voulant l'interpréter de la manière la plus favorable, il se fait à lui-même cette question : Condillac n'aurait-il pas voulu dire que « l'âme, lorsqu'elle se souvient ou compare, aime ou hait, est toujours la même âme qui a vu, entendu, flairé, goûté, touché? » Mais il a peine à croire que Condillac n'ait voulu dire qu'une chose si simple; le résultat lui paraîtrait indigne d'un *penseur si original.*

Quand bien même on pourrait donner cette interprétation à la pensée de Condillac, nous se-

---

(1) BROWN, *Philosophy of the human mind.* Lect. XXXIII.

rions loin de la juger aussi sévèrement que Brown et de la regarder comme simplement naïve.

Mais ce n'est point là certainement où voulait en venir Condillac. Il reconnaît sans doute l'identité permanente du sujet pensant; mais ce qu'il veut affirmer, ce qu'il affirme véritablement, c'est, comme le dit Brown sans trop le comprendre, que tous les phénomènes de l'esprit ne sont rien autre chose que le phénomène primitif qui se *transforme*, c'est-à-dire que l'âme est *tout entière dans le moindre de ses actes*, ou, en d'autres termes, que chacune de ses modifications suppose l'*exercice simultané de la sensibilité, de l'intelligence et de la volonté*.

Voilà, d'après nous, le principe fondamental de Condillac, le véritable esprit de son système, comme le prouvent les attaques mêmes de quelques-uns de ses adversaires, entre autres de M. de Gérando, qui s'exprime ainsi : « La philosophie a aussi ses alchimistes; elle en a eu dans tous les temps, et même parmi les meilleurs esprits. Ce sont ceux qui veulent à tout prix trouver le principe unique de toute science; ce sont ceux qui veulent recomposer de toute pièce l'or pur de la vérité. »

Remarquons, en passant, que c'est un *rationaliste* qui parle ainsi; que c'est un des fondateurs du *spiritualisme* moderne qui reproche au chef du *sensualisme* et du *matérialisme* d'avoir ramené tout à l'unité ; et qui, dans une science où il n'est question que de l'esprit humain, substance une et indivisible, veut qu'on décompose en plusieurs pièces *l'or pur de la vérité*.

Nous aurions pu mentionner les objections qui ont été faites à la philosophie française par ceux qui ont remis en honneur les idées et la phraséologie platoniciennes ; mais ces objections ont été renouvelées tant de fois et reproduites sous des formes tellement identiques, que tout le monde aujourd'hui les sait par cœur. On nous dispensera donc de les rappeler ici.

On peut sans doute adresser bien des reproches aux théories psychologiques de Condillac ; nous sommes des premiers à le reconnaître : on trouve chez lui bien des lacunes ; il n'a pas tiré des principes lumineux et féconds qu'il a posés toutes les conséquences qu'ils renferment ; on trouve également à redire à son système des facultés de l'entendement et de la volonté. Mais, si dans les mains du créateur de la vraie psychologie, le fil des déductions se rompt quelquefois ; si l'ordre de génération des facultés est souvent interverti, si le nombre et la subordination des idées, qui sont la condition de tout acte intellectuel, ne sont, pour ainsi dire, qu'indiqués ; en un mot, si le système est défectueux dans certains détails, il est inattaquable dans son principe et dans sa méthode. L'édifice n'est peut-être pas régulièrement construit, mais il repose sur un fondement inébranlable.

La sensation enveloppe toutes les facultés de l'âme! Ce principe, qui a été si violemment attaqué, nous allons essayer de le remettre dans son véritable jour, et de lui rendre tous les caractères qu'il avait dans la pensée même de celui qui, le premier, a eu la gloire de l'établir. Par une analyse rigoureuse des faits, présentés sous un nouvel aspect, nous espérons prouver que, sous le point de vue du *subjectif,* la sensation renferme en effet toutes nos facultés, y compris celles que les *rationalistes* affectent uniquement à la conception des premiers principes ; et que, sous le point de vue de l'*objectif,* elle contient tous les éléments nécessaires à l'exercice de la pensée, c'est-à-dire toutes les idées désignées par quelques écrivains sous la dénomination d'idées nécessaires, universelles et absolues. En d'autres termes, nous démontrerons que l'esprit humain est tout entier dans le moindre de ses actes.

Nous pourrions supposer ici, avec Condillac, que l'âme ne sait encore absolument rien ni du monde extérieur, ni des organes corporels, ou bien nous transporter à l'époque où l'âme de l'enfant, longtemps inactive peut-être, passe tout d'un coup et pour la première fois de l'assoupissement au réveil, du repos au mouvement, et pour ainsi dire du néant à l'être ; et cependant, tout en nous plaçant dans des conditions si défavorables à la vérité que nous voulons établir, nous serions fondés à croire que, de même qu'un germe, quel qu'il soit, contient déjà toutes les parties du végétal ou de l'animal qui doit sortir de lui (1), l'âme humaine, douée en naissant de toutes ses propriétés essentielles, exécute déjà dans la sensation, dans la moins vive des sensations, les mêmes opérations qu'elle exécutera plus tard, quel que soit le degré de puissance que pourront atteindre alors l'intelligence et la volonté.

Mais on nous dirait qu'il est impossible de surprendre les premières manifestations de la sensibilité naissante. Nous nous bornerons donc à étudier le phénomène sensible, tel qu'il se produit dans l'âme de l'homme fait.

(1) « On dit qu'on a vu, dans le germe des oignons de quelques fleurs, de petites fleurs déjà toutes faites, de sorte que ce qu'on appelle *génération* ne serait plus des formations nouvelles, mais des développements..... Si ce système n'est pas vrai pour la nature, il l'est pour l'esprit. »

(Fontenelle... *Cité par Laromiguière.*)

« La grande pensée de Cuvier, dit M. Flourens, était celle de l'être *conçu d'ensemble*. Ce qu'il ne pouvait admettre, c'était la *formation* des êtres parties par parties, fragments par fragments. » (*Ontologie naturelle.* Leç. 11.)

Quand les objets extérieurs agissent sur le corps de l'homme, l'impression qu'ils font sur ses organes, se transmet par les nerfs au cerveau; l'âme alors sent; elle réagit ensuite par le cerveau sur les nerfs, et par ceux-ci sur les muscles, organes de la locomotion. Voilà la sphère dans laquelle s'agite l'activité humaine : deux séries de faits dans un ordre inverse : 1° Impression sur l'organe; 2° ébranlement des nerfs ; 3° mouvement du cerveau; 4° sensation; 5° réaction de l'âme sur le cerveau; 6° du cerveau sur les nerfs; 7° enfin des nerfs sur les muscles.

Nous ne devons nous occuper ici que de ce qui appartient exclusivement à l'âme, c'est-à-dire du phénomène qui se produit en elle à la suite de l'impression faite sur le cerveau.

Or nous avons à répondre à deux classes de philosophes : à ceux qui, donnant à l'âme trois facultés *profondément* distinctes et presque indépendantes l'une de l'autre, puisqu'ils posent et discutent sérieusement cette question : « Quelle est leur place dans l'ordre de leur développement (1)? » et enfin, à ceux qui, se rapprochant de Condillac, en ce qu'ils ne paraissent pas admettre des facultés capables d'agir séparément, s'écartent néanmoins de lui, en ce qu'ils n'ad-

---

(1) Voir le n° 8, de l'*Ancien programme du baccalauréat*.

mettent point le même principe unique, et trouvent entre la sensation et les autres opérations quelque chose de plus qu'une différence de degré, savoir : une différence de nature. C'est à ces derniers que nous essaierons d'abord de répondre.

Que ces philosophes fassent de la conscience une faculté particulière, ou non, il faut au moins qu'ils admettent une chose : c'est que l'âme, pour qu'elle puisse éprouver une modification quelconque, doit de toute nécessité en être avertie. Nous n'en demandons pas davantage pour démontrer que la sensation *enveloppe* toutes les facultés qu'il leur plaira d'inventer.

Puisque, dans la sensation, l'âme est avertie de ce qu'elle éprouve, en un mot, puisqu'elle sait; j'en conclus qu'elle *conçoit*, car la connaissance implique la *conception*. Or que faut-il pour que l'âme puisse concevoir? Deux termes en opposition ou en corrélation nécessaires; en effet, prenez l'une après l'autre toutes les affirmations primitives de la conscience : dans chacune vous trouverez un contraire ou un corrélatif. Dans le cas que nous pourrions supposer, par exemple, dans une sorte de sensation primordiale, la conception a et ne peut avoir pour objet que le *moi* et le changement qui s'est produit en lui; mais ces deux idées peuvent-elles être saisies par l'esprit d'une manière absolue? la conception ici se renfermera-t-elle en elle-même? n'ira-t-elle pas au delà? est-elle même possible à la condition de ne point franchir les limites qu'on voudrait lui fixer? Que l'on descende un peu avant dans sa conscience, et que l'on suppose, pour un moment, la conception renfermée dans les bornes que nous essayons de lui poser; quelle serait, dans cette supposition, la manière d'être de l'esprit? Absorbé dans un seul état, ou plutôt stupéfait, selon la forte expression de Hobbes, il ne pourrait sortir de lui-même; n'ayant rien à comparer, il aurait tout au plus le sentiment d'une existence à chaque instant renouvelée; il ressemblerait au miroir où la même image vient tour à tour se peindre et s'effacer; et de plus, la mémoire n'intervenant pas pour enchaîner l'un à l'autre ses états successifs, il serait borné au présent, comme la plante reste fixée à un seul point de l'espace. Mais ces concessions, nous n'avons même pas le droit de les faire, car la conception du moi et du changement absolus implique contradiction dans les termes, et par conséquent, ne peut être admise. Revenons donc sur nos pas, et cherchons les autres facultés dont la sensation suppose l'exercice. L'âme, avons-nous dit, ne peut sentir qu'à la condition de connaître. Or cette connaissance ne peut avoir pour objets que le moi et le changement produit en lui, et, comme ces deux choses sont nécessairement relatives, elle embrasse en même temps le *non moi* en opposition avec le *moi* et le *permanent* en corrélation avec le *variable*. Les effets étant connus, les causes ne peuvent nous rester cachées : quelle est donc l'opération qui a placé ces quatre termes l'un vis-à-vis de l'autre? Si l'on tient à ce que la *comparaison* soit une faculté particulière, ce sera elle qui aura fait partie de la conception primitive et aura concouru à rendre la sensation possible. Nous conclurons donc que la sensation enveloppe déjà deux facultés : la *conception* et la *comparaison*.

Mais cette dernière n'envelopperait-elle pas de son côté une autre faculté? A quelle condition la comparaison est-elle possible? N'est-ce pas à la condition de saisir deux termes? Or quels peuvent être ici les deux termes? Deux états de l'âme sans doute. Mais ces deux manières d'être, ces deux modifications se succèdent, et, quand l'une est présente, l'autre est passée; l'âme, dans la *comparaison*, oppose donc son état actuel à un état antérieur. Mais comment peut-elle rappeler le passé? Par le souvenir; or le souvenir est un acte de la faculté qu'on appelle la *mémoire*. Donc, puisque sans la *mémoire* il n'est point de comparaison possible, la première est *enveloppée* dans la seconde.

La mémoire à son tour ne suppose-t-elle rien?

Entre autres choses elle suppose la conception de la durée ; or cette conception n'est rien autre chose que le sentiment d'un rapport de succession dans le temps ; la mémoire *enveloppe* donc le *jugement*, qui est la faculté spécialement affectée à la perception des rapports ; et de plus, en renfermant le *jugement*, elle renferme en même temps le *raisonnement*, qui n'est rien autre chose que la faculté d'embrasser une série de *jugements* consécutifs. Le *jugement* et le *raisonnement* sont donc renfermés dans la *mémoire ;* la *mémoire* l'est dans la *comparaison ;* celle-ci l'est dans la *conception*, et cette dernière dans la *sensation ;* donc la *sensation enveloppe* toutes les facultés de l'intelligence : toutes celles qu'on trouve énumérées par quelques-uns des contradicteurs de Condillac, et enfin toutes celles qu'il leur est possible d'imaginer.

Il nous reste à prouver qu'elle *enveloppe* aussi toutes les opérations de la volonté. Sur ce point, le plus sérieux adversaire de Condillac, c'est Laromiguière.

Nous avons regret à contredire un homme dont la mémoire sera à jamais vénérée, et dont les ouvrages resteront comme un monument impérissable de l'école à laquelle il appartient.

« Les organes extérieurs des sens, dit cet illustre philosophe, le cerveau et l'âme doivent être considérés dans deux états entièrement opposés. Dans le premier état, l'organe et le cerveau reçoivent le mouvement, et l'âme reçoit la sensation : l'impulsion est du dehors au dedans, et l'âme est passive. Dans le second état, l'action est du dedans au dehors, et l'âme est active... Toutes les langues du monde attestent cette vérité. Partout on *voit* et l'on *regarde;* on *entend* et l'on *écoute;* on *sent* et l'on *flaire;* on *goûte* et l'on *savoure;* on reçoit l'impression mécanique des corps et on les remue (1). »

En résumé, d'après cet auteur, la sensation n'est qu'une simple *capacité :* son caractère est d'être essentiellement *passive.* Or la *passivité* ne se transforme pas en *activité.* La *transformation* n'aboutirait à rien. C'est à une *création* qu'il faudrait avoir recours.

Nous observerons d'abord que, pour Condillac, *toutes les facultés* sont des *opérations.* Or qui dit opération, dit action. Par conséquent, d'après lui, la sensation est un principe *actif.*

Laromiguière devait donc commencer par prouver que la *sensation* est un phénomène nécessairement *passif,* et que Condillac n'avait pas le droit de lui attribuer l'*activité.*

Il se contente de l'affirmer, car, ne discutant

---

(1) 1re Part., leç. 5.

pas même les faits qu'il apporte comme preuves, il suppose la question prouvée. Sans doute le langage a consacré les expressions *voir* et *regarder*, *entendre* et *écouter*, etc.; mais qu'est-ce à dire? Le sens commun veut-il laisser entendre par là que l'âme soit *passive*, lorsqu'elle ne fait que *voir* et *entendre*? Non, sans doute : on veut dire tout simplement que l'âme dans ces deux états peut s'empêcher de *regarder* et d'*écouter*, c'est-à-dire que, loin d'être passive, elle peut détourner son attention des objets qu'elle *voit* ou qu'elle *entend* pour concentrer sur d'autres toute son activité..... Dans la sensation, dit encore l'auteur, « l'impulsion est du dehors au dedans, et l'âme est *passive !* » Mais, si elle est *passive,* elle ne pourra recevoir cette impulsion, car elle ne peut le faire qu'en *réagissant* sur elle; or vous admettez qu'elle la reçoit; donc l'âme était déjà active; vous ne pouvez lui refuser l'*activité*, en lui accordant le pouvoir de *réagir*. D'ailleurs, peut-on admettre que l'âme puisse être plongée dans un état complet d'inertie? Si le repos était absolu, s'il était autre chose que l'absence d'effort et d'activité concentrée, l'âme ne pourrait jamais aller de la *sensation* à l'*attention*, car ce serait passer de la mort à la vie, du néant à l'être; c'est alors que vous seriez obligé d'avoir recours à cette seconde création dont vous parlez. Condillac, en supposant que l'âme est active du moment qu'elle existe, a donc évité la nécessité de recourir à un miracle perpétuel.

Il est à regretter que Laromiguière, cet esprit d'ailleurs si pénétrant et si juste, se soit prononcé si légèrement sur une question très-obscure et peut-être à jamais insoluble. S'il s'était donné la peine de réfléchir plus longtemps, il n'aurait pas imité, sans le vouloir, les métaphysiciens qui expliquent les mots *capacité, faculté, agir, action,* etc., comme si ces termes étaient parfaitement clairs pour nous. Ils sont, au contraire, tout aussi incompréhensibles que les mots *création, annihilation,* etc. « Qu'est-ce qu'*action?* demande l'ingénieux Buffier; c'est, dit-on, *l'exercice d'une puissance* ou *faculté;* et qu'est-ce que *puissance* ou *faculté?* C'est, dit-on, le *pouvoir d'agir;* mais le moyen d'entendre ce que c'est que *pouvoir d'agir,* quand on ne sait pas encore ce que c'est qu'*agir* ou *action?* On ne dit donc rien ici, si ce n'est un mot pour un autre : l'un obscur et qui est l'état de la question, pour un autre obscur et qui est également l'état de la question (1). » — « Au reste, ajoute-t-il plus loin, je ne comprends pas même la vertu et le principe d'agir dans les créatures, j'en tombe d'accord. Je sais qu'il y a dans mon âme un prin-

(1) BUFFIER. *Traité des vérités premières.* Part. 2, ch. 17.

cipe qui fait mouvoir mon corps; je ne comprends pas quel en est le ressort (1); mais c'est aussi ce que je n'entreprends point d'expliquer. La vraie philosophie se trouvera fort abrégée si les philosophes veulent bien, comme moi, s'abstenir de parler de ce qui manifestement est incompréhensible (2). »

Il eût donc été très-difficile à Laromiguière, pour ne pas dire impossible, de démontrer catégoriquement qu'il est un temps où l'âme est entièrement *passive*. Aussi, dans le système des facultés qu'il s'efforce de substituer au principe unique de Condillac, est-il forcé, pour leur attribuer exclusivement l'activité, d'accorder tacitement le même caractère à la sensation.

L'*attention*, la *comparaison* et le *raisonnement*, nous dit-il, sont seuls des principes *actifs*, et se distinguent ainsi de la *sensation*, qui n'est que *passive*. Mais dans quel sens devons-nous prendre

---

(1) On dit qu'un philosophe de l'école rationaliste est enfin parvenu à dévoiler ce *ressort* : Si Maine de Biran a découvert le véritable rapport de la cause à l'effet, il a fait ce qu'Euler, Cudworth, Leibnitz, Descartes et Malebranche n'ont pu faire dans leurs hypothèses de l'*influx physique*, du *médiateur plastique*, de l'*harmonie préétablie* et des *causes occasionnelles*; si, au contraire, ce philosophe n'a fait que démontrer que nous avons conscience de l'*effort volontaire*, et que l'esprit est la cause de ses propres mouvements et de ceux qu'il imprime au corps, il a démontré ce que tout le monde savait déjà.

(2) BUFFIER. *Traité des vérités premières*, ch. 19.

cette affirmation? L'âme, lorsqu'elle est active (et elle l'est toujours), ne peut agir que de trois manières : d'une manière libre, volontaire ou fatale; une quatrième supposition serait impossible.

1º Pour que l'âme soit *active*, est-il nécessaire qu'elle agisse librement? Mais la liberté, d'après vous, ne vient qu'après la délibération; et par conséquent après l'*attention*, la *comparaison* et le *raisonnement;* donc, dans cette supposition, vos trois facultés seraient elles-mêmes *passives* comme la sensation.

2º Pour que l'âme ne soit point *passive*, faut-il que son action soit au moins volontaire? Mais alors, pour sortir de sa *passivité*, il faudra que l'âme se dise à elle-même : je veux être *attentive*, je veux *comparer*, je veux *raisonner*. Mais l'objet de ces trois facultés ou de ces trois opérations était connu avant d'être voulu; donc l'âme a pensé avant de vouloir; donc, d'après vos propres principes, elle a été *active* avant d'être *active*. D'ailleurs l'*attention*, la *comparaison* et le *raisonnement* spontanés sont-ils donc des phénomènes *passifs?*

3º Enfin, pour que nous ayons le droit de dire que l'âme est *active*, suffit-il que son action soit fatale? Cette concession, on est bien forcé de nous la faire; car, après tout, l'*action* n'est-elle pas toujours l'*action?* Alors nous demanderons en quoi la faculté unique du maître diffère des trois facultés du disciple? Entre elles il y aura, si vous le voulez, une différence de degré, mais non une différence de nature. Pourquoi veut-on à toute force que l'âme soit *passive* dans la *sensation?* Laromiguière semble craindre de laisser intervenir trop tôt l'*activité*, et vouloir que l'âme reste au moins pendant quelque temps dans la *passivité!* Mais n'y a-t-il pas de l'arbitraire à prétendre fixer l'époque où, celle-ci cessant, celle-là interviendra enfin?

Concluons donc avec Condillac et Leibnitz que l'âme est une force qui se connaît, *vis sui conscia*, une puissance essentiellement active.

Avoir montré l'inanité des objections faites à Condillac pour n'avoir point fait de la sensation un phénomène purement *passif*, c'est nous être rapproché de la vérité que nous voulons établir, savoir : que la volonté tout entière intervient dans la sensation, car on ne niera pas que l'activité n'ait beaucoup d'analogie avec la volonté.

D'après Laromiguière, trois éléments décomposent la volonté : le *désir*, la *préférence* et la *liberté*. Il nous semble que la préférence contient déjà la liberté, en partie du moins, car celle-ci consiste précisément à s'abandonner à l'impulsion d'un mobile ou à l'influence d'un motif plutôt qu'à l'influence ou à l'impulsion d'un autre motif ou d'un autre mobile. Il ne nous reste donc que deux éléments : le désir, et la préférence ou la liberté. Or l'un et l'autre entrent nécessairement dans la *sensation* et coexistent en elle. En effet, qu'est-ce que le désir? Réduit à sa plus simple expression, ou élevé à sa plus haute généralité, il n'est rien autre chose que l'amour de l'être et de son perfectionnement ; or toute sensation est agréable ou désagréable; Laromiguière lui-même n'admet pas de sensations indifférentes (1) ; donc, puisque la sensation renferme une jouissance ou une douleur, elle renferme en même temps l'amour ou la haine qui en sont inséparables; mais l'amour et la haine ne sont que des cas particuliers du désir ou de l'amour de l'être; donc la sensation enveloppe le premier des deux éléments qui décomposent la volonté, c'est-à-dire le *désir*. Montrons qu'elle *enveloppe* aussi le second : la *préférence* ou la *liberté*. Qu'est-ce donc que la préférence? Un choix entre deux mobiles ou entre deux résolutions à prendre. Qu'est-ce à son tour que la liberté? Elle est ou bien la faculté de se déterminer, ou bien celle d'agir après délibéra-

---

(1) « Quelques métaphysiciens admettent des sensations indifférentes. Si cette opinion est fondée, il y a des sensations qui n'influent en rien sur l'activité de l'âme, et sur les développements de l'intelligence. La philosophie peut les négliger. » (LAROMIGUIÈRE. Part. 1, leç. 4.)

tion. La *préférence* et la *liberté* ne renferment l'une et l'autre qu'un acte intellectuel et un acte volontaire; or n'avons-nous pas prouvé que l'âme, dans la *sensation*, est essentiellement *active*, et qu'elle exerce en outre toutes les facultés intellectuelles qui peuvent être nécessaires à la délibération? Donc enfin la sensation enveloppe toutes les facultés de la volonté, aussi bien que celles de l'entendement. Condillac s'est donc exprimé avec une parfaite justesse, lorsqu'il a dit que toutes les opérations de l'âme ne sont que des *sensations transformées*.

Nous venons de prouver que, sous le point de vue du subjectif, tout se trouve déjà dans la *sensation*; il nous resterait à prouver qu'il en est de même au point de vue de l'objectif.

Mais avant d'aborder une discussion si difficile, il faut répondre à ceux qui, sous le nom de *rationalistes*, trouvent dans l'esprit humain des *facultés profondément distinctes* et *indépendantes les unes des autres*, et paraissent, du moins dans le langage, ne pas assez se mettre en garde contre l'écueil signalé par Descartes, lorsqu'il dit : « On veut qu'il y ait en nous autant de facultés qu'il y a de vérités à connaître..... Mais je ne crois point qu'on puisse tirer aucune utilité de cette façon de penser; et il me semble plutôt qu'elle peut nuire, en donnant sujet aux ignorants d'imaginer autant de diverses petites entités en notre âme (1). »

A ces philosophes, nous ne demanderons qu'une seule chose : la permission d'admettre provisoirement leur classification des facultés intellectuelles.

Nous supposons que l'âme vient d'éprouver une sensation, n'importe laquelle et n'importe comment; voici à peu près ce que Condillac pourrait dire à ses adversaires : De deux choses l'une, lorsque le phénomène sensible se produit, l'âme a conscience de son état ou non; supposez-vous qu'elle ne sait rien de ce qu'elle sent? Dites-nous alors ce que c'est qu'une modification dont on n'a pas conscience, ce que c'est qu'un sentiment qui n'est point senti; ou bien ne nous parlez plus de la sensation, et rayez-la de la liste des phénomènes intellectuels. Vous êtes donc forcés d'admettre avec nous que l'âme, ne pouvant sentir sans sentir, a conscience de ce qu'elle éprouve dans la sensation. Mais cet acte de conscience, à laquelle des facultés que vous reconnaissez le rapporterez-vous? Ce ne sera pas à la *volonté* sans doute. Ce ne sera pas non plus à la sensibilité, celle-ci n'étant, d'après vous, qu'une *faculté passive;* d'ailleurs, la sensibilité ne donne que la

(1) Descartes. Tom. VIII. p. 169.

sensation, et c'est précisément de cette dernière qu'il s'agit entre nous. Cet acte de conscience, vous êtes donc obligés de le rapporter à l'*entendement*, la seule faculté qui vous reste. Mais, si l'*entendement* ne peut pas ne pas intervenir dans l'acte de conscience, et si la conscience à son tour est la condition *sine qua non* de la sensation, il s'ensuit que celle-ci est le produit de l'intelligence. Entre l'*entendement* et la *sensibilité*, il n'y a donc pas *cette ligne infranchissable de démarcation* dont vous parlez souvent, ni cet *abîme* qui vous épouvante, puisque l'une et l'autre doivent entrer simultanément en exercice pour produire le plus simple en apparence des phénomènes intellectuels; et, par conséquent, certains philosophes de votre école m'ont fait tort, en insinuant que je fais de la sensation une modification analogue à celle dont le végétal et même le minéral sont susceptibles, c'est-à-dire une simple *impression*.

Il faut ici prévenir une objectiom qu'on ne manquera pas sans doute de nous faire : oui, nous dira-t-on, l'intelligence intervient dans la sensation. Mais l'*entendement* n'est pas la seule faculté intellectuelle; au-dessus de l'entendement, qui ne perçoit que ce qui est, c'est-à-dire le *contingent*, s'élève la *raison*, qui conçoit ce qui ne peut pas ne pas être, c'est-à-dire le *nécessaire*; cette dernière, Condillac ne l'a pas connue, car sa philosophie terre à terre ne s'est jamais élevée au-dessus du *contingent* et du *fini*.

Tout en admettant les idées absolues aussi bien que les rationalistes, nous prouverons plus tard que cette faculté *supérieure,* qu'on appelle la *raison,* n'est qu'une illusion, une chimère; qu'elle est absolument inutile pour expliquer l'origine de nos idées, quelles qu'elles soient, même des idées *nécessaires;* et enfin que, sur ce dernier point même, la doctrine de Condillac, expliquée et complétée comme elle doit l'être, est beaucoup plus saine et plus philosophique que celle de ses adversaires. En attendant, qu'il reste démontré que l'entendement intervient dans la production du phénomène sensible.

S'il nous est absolument impossible de *sentir* sans *connaître*, il est également impossible de *sentir* et de *connaître* sans *vouloir* en même temps. En effet, ce que nous *sentons* et connaissons est nécessairement conforme ou contraire à notre nature; ce qui est conforme ou contraire à notre nature est nécessairement agréable ou désagréable; ce qui est agréable ou désagréable engendre nécessairement l'amour ou la haine, principes de nos désirs et de nos volitions. Nous objectera-t-on qu'il y a des sensations *indifférentes?* Si elles sont indifférentes, comment les connaît-on? et si on ne les connaît pas, pourquoi en parler? Nous dira-t-on que la sensibilité est *fatale*? Mais ce caractère, commun à toutes nos facultés, n'en distingue aucune en particulier; car les opérations de l'esprit ont toutes leur moment fatal et spontané comme leur moment volontaire et libre. Enfin on nous dira peut-être que ces modifications se succèdent, ou viennent les unes après les autres! Nous demanderons alors combien de temps il convient de laisser entre chacune d'elles? et il est facile de prévoir combien sera philosophique la réponse que l'on pourra faire. Car enfin, pourquoi prétendre séparer ce qui est inséparable dans la nature? pourquoi dire que ce qui est senti peut nous être indifférent, et nier ce fait attesté par le sens intime : que l'âme pense, sent, jouit ou souffre, aime ou hait tout à la fois? Ne faut-il pas admettre, avec Spinoza, que « l'âme, soit en tant qu'elle a des idées claires et distinctes, soit en tant qu'elle en a de confuses, s'efforce de persévérer indéfiniment dans son être, et a conscience de son effort (1). » — « Cet effort, ajoute-t-il, quand il se rapporte exclusivement à l'âme, s'appelle volonté; mais quand il se rapporte à l'âme et au corps tout ensemble, il se nomme appétit. L'appétit n'est donc que l'essence même de l'homme, de laquelle découlent nécessairement

---

(1) Éthique, Prop. 9.

toutes les modifications qui servent à sa conservation, de telle sorte que l'homme est déterminé à les produire (1). » Ailleurs, il dit d'une manière plus lumineuse et plus profonde encore, que tout ce qui arrive à l'âme « augmente ou diminue, favorise ou empêche sa puissance d'agir; » et que « ce passage d'une perfection moindre à une plus grande, ou d'une perfection plus grande à une moindre, » n'est rien autre chose que « la joie ou la tristesse, » manifestations et modes de « l'appétit » ou « du désir, qui n'est que le premier avec la conscience de son objet (2). »

« Dès que l'âme sent, dit Laromiguière, elle est bien ou mal, elle éprouve du plaisir ou de la douleur (3). »

M. Jules Simon dit dans son beau livre du *Devoir* : « que le plaisir ou la peine est, à l'origine, le caractère fondamental de toute sensation; que ce plaisir ou cette peine cesse d'être remarqué, sans cesser pour cela d'exister, et que l'indifférence de certaines sensations n'est, au fond, que la négligence de l'esprit, assiégé à la fois par diverses passions et divers besoins, et négligeant de s'occuper des petites choses (4). »

(1) Éthique. Scholie.
(2) Éthique. prop. 9, et scholie.
(3) *Leçons de philosophie.* Part. 1. Leç. 4.
(4) *Du devoir.* Part. 2. p. 94.

Puisque le plaisir ou la douleur accompagne la sensation, et qu'ils engendrent nécessairement l'amour ou la haine, lesquels à leur tour font naître tous nos désirs et toutes nos volitions, il en résulte que la volonté entre comme partie intégrante dans la sensation.

Concluons donc enfin que l'exercice de la *volonté* est inséparable de celui de l'*entendement*, de même que l'exercice de l'*entendement* est inséparable de celui de la *sensibilité*.

Le phénomène sensible, renfermant à la fois un phénomène cognitif et un phénomène volontaire, suppose l'exercice simultané de toutes les facultés, ou, pour parler avec plus de justesse, le concours de toutes les opérations de l'âme. C'est en vain que l'on voudrait voir dans une substance une et simple des pouvoirs indépendants, des facultés ayant chacune sa sphère d'activité, chacune ses limites déterminées, chacune ses fonctions spéciales et son objet propre. Les distinctions que l'analyse s'efforce d'établir ne peuvent être tout au plus que des distinctions verbales, et ce serait une étrange prétention de la part de ceux qui se proclament les seuls champions du *spiritualisme*, que de vouloir presque nous laisser entendre, du moins par le langage, que l'âme ne se développe point tout entière dans chacune de ses opérations, mais qu'elle exerce dans l'une la moitié, dans l'autre le tiers ou le quart de sa substance.

C'est donc un fait inconstestable que la sensation *enveloppe* toutes les facultés de l'âme. Nous pourrions, sans recourir à d'autres procédés de démonstration, conclure de là *qu'elle renferme également tout au point de vue de l'objectif*. En effet, que l'on réponde seulement à cette question : Est-ce chose possible à l'abstraction la plus puissante de séparer (je dis dans la réalité) l'objet du sujet de la pensée? Un état de l'âme ne doit-il pas être déterminé, individuel? Ne faut-il pas qu'une action, qu'une opération intellectuelle porte sur quelque chose? Séparer l'acte de l'action, le mobile du mouvement, la matière de la forme, enfin l'objet du sujet, n'est-ce pas détruire la conscience? Et pouvons-nous connaître sans connaître ce que nous connaissons? Des distinctions verbales ou logiques, nous en admettrons tant qu'on voudra, mais des distinctions réelles ou psychologiques nous paraissent radicalement impossibles.

On avait fait à Kant une objection à laquelle nous ne croyons pas qu'on ait encore répondu : « Dans la perception ou dans la conception, lui avait-on dit, l'élément objectif et l'élément subjectif coexistent. »

William Hamilton s'est emparé de cette idée, et l'a développée dans son article intitulé *Cousin-Schelling* et dans sa *Théorie de la perception*. Voici ce qu'il dit dans ce dernier ouvrage, p. 69 :

« L'assertion que nous pouvons avoir conscience
« d'un acte de connaissance, sans avoir conscience
« de son objet, se détruit virtuellement elle-même.
« Une opération mentale n'est ce qu'elle est que
« par sa relation avec son objet, l'objet détermi-
« nant tout à la fois son existence et spécifiant
« le caractère de son existence. » — « Sans l'ob-
« jet, comment pourrions-nous connaître qu'une
« perception existe, qu'elle est une perception et
« non pas une autre opération mentale, et qu'elle
« est la perception de la rose et seulement de la
« rose, si ce n'est parce que cette conscience
« implique une connaissance (ou conscience) de
« l'objet, lequel tout à la fois détermine l'exis-
« tence de l'acte, spécifie sa nature, et marque
« son individualité. Anéantissez l'objet, vous
« anéantissez l'opération. En effet, dans le plus
« grand nombre de nos actes intellectuels, les
« deux termes de la relation dans la connaissance
« sont identiques, l'objet ne pouvant être distin-
« gué du sujet que par une distinction logique.
« J'imagine un hippogriffe; l'hippogriffe est tout
« à la fois l'objet de l'acte et l'acte lui-même;
« supprimez l'un, l'autre s'évanouit; refusez-moi
« la conscience de l'hippogriffe, vous me refusez
« la conscience de l'imagination; j'ai conscience
« de zéro, je n'ai pas du tout conscience. »

Ceci posé que, dans tous les phénomènes de

conscience, l'objet connu est inséparable du sujet connaissant, et que l'un détermine l'autre, il doit en être de même de la sensation qui, nous l'avons vu, n'est possible que par un acte de connaissance. Cet acte est le produit de certaines facultés qui concourent simultanément à sa production. Or, puisque ces facultés nous sont connues, les objets sur lesquels elles s'exercent le sont également; et, puisqu'ils sont les produits de plusieurs opérations simultanées, ils doivent nécessairement exister ensemble, former le fonds commun de toute pensée, quelle qu'elle soit.

Sûr de trouver dans le phénomène sensible les éléments nécessaires de la pensée humaine, interrogeons de nouveau la conscience, et confirmons les conclusions de la logique par le témoignage des faits. La sensation, avons-nous dit, implique connaissance; connaissance de quoi? De l'être sans doute, de la substance, du *moi* enfin, et, en vertu de la *loi des relatifs,* du *non-moi* en corrélation nécessaire avec lui. Ce n'est pas tout : puisque l'âme a conscience de son état, elle a conscience d'un changement produit en elle, c'est-à-dire d'un effet, et par conséquent d'une cause. Que l'on n'objecte pas ici que le changement dont il s'agit n'est qu'un changement subi : l'objection ne reposerait que sur l'hypothèse que l'âme est passive lorsqu'elle opère, ou lorsqu'elle agit ;

hypothèse contradictoire dans les termes mêmes, et démentie par la conscience qui nous atteste que le sujet sentant ou pensant est essentiellement actif; que l'amour de l'être est inséparable du sentiment de l'existence, et, par conséquent, que l'activité naturelle entre immédiatement en jeu; car, la sensation étant de toute nécessité agréable ou désagréable, et ne pouvant être d'ailleurs, si l'on peut s'exprimer ainsi, une quantité continue, mais étant bien plutôt une opération composée d'une série d'actes consécutifs aussitôt accomplis que commencés, l'âme fait aussitôt effort pour en augmenter l'intensité ou pour en précipiter la succession.

Ainsi, dans le sentiment de l'existence à chaque instant modifiée, l'esprit humain puise d'abord la connaissance du *moi* (1), ou si l'on veut, de la

---

(1) « Notre statue étant capable de mémoire, elle n'est point une odeur qu'elle ne se rappelle en avoir été une autre. Voilà sa personnalité : car si elle pouvait dire *moi*, elle le dirait dans tous les instants de sa durée, et à chaque fois son *moi* embrasserait tous les moments dont elle conserverait le souvenir.

« A la vérité, elle ne le dirait pas à la première odeur. Ce qu'on entend par ce mot ne me paraît convenir qu'à un être qui remarque que, dans le moment présent, il n'est plus ce qu'il a été. Tant qu'il ne change point, il existe sans aucun retour sur lui-même; mais, aussitôt qu'il change, il juge qu'il est le même qui a été auparavant de telle manière, et il dit *moi*. (*Traité des sensations*. Part. 1, ch. 6.)

substance (1) ; et en même temps qu'il reconnaît son moi substantiel, il se sépare nécessairement de ce qui n'est pas lui, il affirme le *non-moi*, du moins le non-moi immatériel (2) ; ensuite dans le sentiment de l'effort fait par lui, pour prolonger la sensation agréable ou pour éloigner la sensation désagréable, il puise la notion du rapport de la cause à l'effet. Ajoutons-y l'idée du nombre, car la conception du *moi* et du *non-moi*, de *l'effet* et de *la cause*, implique la notion de l'*un* et du *multiple;* ajoutons enfin l'idée de *temps* et d'*espace*, car la connaissance, renfermant toujours deux termes, et ne pouvant avoir lieu qu'avec le concours de la mémoire qui les lie et les oppose l'un à l'autre, suppose le sentiment de la succes-

(1) « Supposé que la statue fût curieuse de découvrir comment ces qualités existent dans chaque collection (de qualités), elle serait portée, comme nous, à imaginer quelque chose qui en est le sujet ; et, si elle pouvait donner un nom à ce quelque chose, elle aurait une réponse toute prête aux questions des philosophes. Elle en saurait donc autant qu'eux, c'est-à-dire qu'ils n'en savent pas plus qu'elle. (*Traité des sensations*. Part. 2, ch. 8.)

(2) Nous disons du *non-moi immatériel*, car Condillac se soucie fort peu du corps ; il l'anéantit presque par l'hypothèse de sa *statue*, qui n'est qu'une collection d'organes juxtaposés et inertes. Ceci nous autorise à demander, en passant, aux *rationalistes* sur quoi ils s'appuient, lorsqu'ils rangent au nombre des *matérialistes* un philosophe qui s'occupe si peu de la *matière*, et qui, du moins dans le langage, est presque aussi *idéaliste* que Berkeley lui-même?

sion et la notion des trois moments de la durée; et de plus, dans la coexistence de ces idées se trouve renfermée la notion de l'espace, car, « partout où l'âme ne trouve point de résistance, elle juge qu'il n'y a rien, et elle se fait l'idée d'un espace vide (1). »

(1) Pour Condillac, le temps et l'espace, n'ayant point de réalité objective, ne sont que des phénomènes *subjectifs*.

« Dans le vrai, la *statue* ne connaît la durée que par la succession de ses idées. Mais elle pourra se la représenter si sensiblement, en imaginant le passé par un espace qu'elle a parcouru, et l'avenir par un espace à parcourir, que le temps sera à son égard comme une ligne suivant laquelle elle se meut. Cette manière d'en juger lui paraîtra même si naturelle, qu'elle pourra bien tomber dans l'erreur de croire, qu'elle ne connaît la durée qu'autant qu'elle réfléchit sur le mouvement d'un corps. Quand on a plusieurs moyens pour se représenter une chose, on est ordinairement porté à regarder comme le seul, celui qui est plus sensible. C'est une méprise, que les philosophes mêmes ont peine à éviter. Aussi Locke est-il le premier qui ait démontré que nous ne connaissons la durée que par la succession de nos idées.

« Comme elle connaît la durée par la succession de ses idées, elle connaît l'espace par la coexistence de ses idées. Si le toucher ne lui transmettait pas à la fois plusieurs sensations qu'il distingue, qu'il rassemble, qu'il circonscrit dans certaines limites, et dont, en un mot, il fait un corps, elle n'aurait l'idée d'aucune grandeur. Elle ne trouve donc cette idée que dans la coexistence de plusieurs sensations. Or, dès qu'elle connaît une grandeur, elle a de quoi en mesurer d'autres; elle a de quoi mesurer l'intervalle qui les sépare, celui qu'elles occupent; en un mot, elle a l'idée de l'espace. Comme elle n'aurait donc aucune idée de durée, si elle ne se souvenait pas d'avoir eu successive-

Ces deux dernières idées suggèrent celles de l'*immensité* et de l'*éternité*, lesquelles se réduisent à l'idée de l'*indéfini*, car l'âme « n'a dans le vrai ni l'idée de l'éternité, ni celle de l'immensité. Si elle juge le contraire, c'est que son imagination lui fait illusion, en lui représentant comme l'éternité et l'immensité même une durée et un espace vagues, dont elle ne peut fixer les bornes. » (*Traité des Sens*. Part. 2, ch. 8.)

Ainsi, au point de vue de l'objectif, la sensation, par le fait seul qu'elle renferme un acte de connaissance, acte qui n'est possible qu'à l'aide du concours de toutes les facultés intellectuelles, et qui suppose l'union indissoluble du *sujet* et de l'*objet, enveloppe* comme éléments nécessaires les idées de substance ou du *moi* et du non-moi, de cause et d'effet, du nombre ou de l'un et du multiple, enfin du temps et de l'espace ou de l'indéfini. Qu'on lise les ouvrages de Condillac, et en particulier son *Traité des sensations,* et l'on verra que nous n'avons rien ajouté à la pensée de l'auteur, et que les éléments que nous n'avons fait qu'indiquer y sont tous développés ; et de plus, si l'on veut se donner la peine de bien entendre ses principes, savoir : que l'esprit ne peut

---

ment plusieurs sensations; elle n'aurait aucune idée d'étendue ni d'espace, si elle n'avait jamais eu plusieurs sensations à la fois. « (*Traité des sensations*. Part. 2, ch. 8.)

pas ne pas exercer en même temps ses facultés essentielles et constitutives, et que, dans tout acte intellectuel, l'*objectif* est inséparable du *subjectif*, on comprendra que toutes ces idées n'existent dans l'âme ni *avant* (1), ni *après* l'expérience, mais bien *pendant* et *avec* l'expérience (2). C'est-à-dire que, du moment où l'activité intellectuelle est entrée en exercice, elles apparaissent simultanément sur le théâtre de la conscience, contemporaines de l'esprit lui-même, qui ne peut se développer que par elles, coexistant dans la pensée, ou plutôt n'étant rien autre chose que la pensée primitive, dont elles doivent être regardées comme les faces diverses, les points de vue différents.

Ainsi l'idée renfermée dans le premier acte de conscience devient l'idée de *substance*, à un point de vue ; l'idée de *cause*, à un autre point de vue ; ou bien encore l'idée de temps, d'espace, du nom-

---

(1) Les rationalistes, pour expliquer l'origine de certaines idées, ont beau parler *d'ordre logique* et *d'ordre chronologique,* ils déguisent fort mal, par cet artifice de langage, la vieille théorie des idées innées ; et quand ils disent que les idées *nécessaires* précèdent logiquement l'expérience, ou ils ne disent rien, ou ils affirment que l'âme pense avant de penser.

(2) Condillac n'a jamais voulu dire que les idées absolues fussent postérieures à l'expérience ; les données expérimentales elles-mêmes, ou les idées contingentes, il les fait dériver de l'*activité de l'esprit*, et non pas, comme on le répète partout, des *sens*, puisque les organes de sa statue sont *insensibles*.

bre, etc., ou plutôt, comme l'idée n'est rien autre chose que l'esprit lui-même connaissant, la conception primitive est l'esprit lui-même contemplant cette même conception, tantôt sous un rapport, tantôt sous un autre, et suivant les lois de sa propre nature. Ce point de vue, qui appartient à Condillac seul, met du premier coup la philosophie sur sa véritable voie, la préserve du danger des abstractions réalisées, de la chimère des idées en dehors de l'esprit, et lui permet de suivre l'ordre de génération des idées et des facultés de l'âme.

Condillac ne s'est donc pas borné aux idées sensibles et *contingentes;* il a tenu compte des idées purement intellectuelles et *nécessaires* (1), puisqu'il énumère une grande partie des idées qu'on a désignées depuis sous le nom de *Catégories de la raison.*

Et cependant les rationalistes, rien qu'en prononçant le nom de *philosophie de la sensation,* avec je ne sais quel sentiment de dédain et de

---

(1) « L'âme, dit-il, connaît deux sortes d'idées : lorsque la statue remarque qu'un corps est triangulaire, elle porte un jugement qui peut devenir faux ; car ce corps peut changer de figure. Mais, lorsqu'elle remarque qu'un triangle a trois côtés, son jugement est vrai et le sera toujours, puisque trois côtés déterminent l'idée du triangle. Elle aperçoit donc des vérités qui changent ou qui peuvent changer.— Elle aperçoit, au contraire, des vérités qui ne changent point, etc. » (*Traité des sensations.* Part. 4, ch. 6.)

pitié, s'imaginent lui faire par là une objection triomphante et une mortelle injure. Ou bien la sensation n'est pour eux qu'une impression, un phénomène végétatif, et alors ils falsifient la pensée de leur adversaire ; ou bien ils reconnaissent que la sensation est un phénomène intellectuel, alors ils sont obligés d'admettre que l'esprit humain, substance une et indivisible, est toujours égal à lui-même dans ce qu'il a d'essentiel dans sa nature, et que, dans le moindre de ses actes, il exerce toutes ses facultés constitutives.

Ils lui reprochent de ne pas admettre une *faculté supérieure à l'entendement : la raison !* Mais n'est-ce pas lui reprocher de ne pas admettre une chose qui, dans aucune langue, ne peut avoir aucun sens? Dire que la *raison* est *supérieure* à l'entendement, n'est-ce pas dire que *l'esprit peut être supérieur à lui-même ?*

Si le philosophe français pouvait revivre, et qu'il voulût répondre à ses détracteurs, ne pourrait-il pas avec tout autant de justesse essayer de leur prouver précisément le contraire de ce qu'ils avancent. Ne voyez-vous pas, leur dirait-il, que dans la sensation, telle que je l'entends et telle qu'on ne peut pas ne pas l'entendre, il y a, si je puis m'exprimer ainsi, une plus grande quantité d'être que dans un *concept de votre raison pure ?* car la sensation, n'étant possible que par un acte de connaissance, implique l'affirmation de toutes les vérités nécessaires pour l'exercice de la pensée, plus un jugement sur une vérité contingente quelconque, tandis que votre *concept* n'implique que l'affirmation des vérités premières, de sorte qu'à la rigueur on pourrait regarder la sensibilité comme *supérieure* à la *raison pure*.

En prouvant que toutes nos facultés et leurs opérations ne sont que des transformations du phénomène qui a été la première manifestation de l'activité intellectuelle, n'avons-nous eu pour but que de combattre pour un mot? Non, sans doute, une telle prétention n'eût été que simplement puérile. Mais, puisque les rationalistes attachent aux mots une importance capitale, et que ce sont eux qui les premiers ont réduit une question de principe, de méthode et de certitude aux proportions d'une pure logomachie, bornons-nous d'abord, car on nous y force, à la simple question de mots : puisque, d'un côté, toute science doit en définitive aboutir à un fait primitif, et qu'il faut bien donner un nom à ce fait; puisque, d'un autre côté, le fait primitif qui nous occupe, triple en apparence, présente trois faces sous lesquelles on peut le considérer : *sentir, penser* et *vouloir* composant la conscience et toute la vie intellectuelle; il est évident qu'il faut choisir l'un ou l'autre de ces trois mots, pour dénommer le phénomène en question. Choisirez-vous le mot *vouloir?* Mais ce mot, où domine l'idée d'activité commune d'ailleurs à *sentir* et *penser*, ne présente que la face la plus étroite du phénomène primitif. Choisirez-vous le mot *penser?* Ce mot, qui implique le sentiment et la volonté, représentera, il est vrai, le phénomène d'une manière plus complète; mais il semble ne convenir qu'à la substance immatérielle considérée isolément; si l'homme était un ange, nous pourrions peut-être dire avec justesse : la faculté primitive de l'esprit humain est la faculté de penser; mais l'homme étant un être mixte, c'est-à-dire composé d'une âme et d'un corps, le mot *sentir*, qui d'ailleurs suppose la pensée et la volition, semblerait convenir mieux pour caractériser une intelligence unie à des organes corporels (1); on pourrait donc dire de l'homme, qu'il a la faculté de *sentir;* on pourrait même le dire d'un esprit pur, car ce dernier doit au moins sentir son existence. Mais, puisque les philosophes ont dénaturé le sens de ce mot, et l'ont rendu odieux (2), dites avec Destutt

---

(1) Ce point de vue même déplaît à Condillac : il pousse plus loin le spiritualisme, comme nous l'allons voir.

(2) A l'exception de Descartes toutefois, qui s'exprime ainsi : « *Sentir* n'est rien autre chose que *penser*. » (Tom. I, *p.* 255.— « Non-seulement entendre, vouloir, imaginer, mais aussi *sentir* est la même chose que *penser*. » (Tom. III, *p.* 67.)

de Tracy : « L'âme humaine a la faculté de sentir ou de penser »; ou plus simplement, mais moins bien : l'âme humaine a la faculté de *penser*, et, au fond, nous serons tous d'accord; car l'*école française* n'a jamais pensé autrement, elle qui dans toutes nos facultés, dans les opérations de ces facultés et dans les produits de ces opérations, ne voit que des transformations de l'activité intellectuelle; elle qui, chaque fois qu'elle parle de sensations, entend toujours parler de sensations spirituelles, jamais de sensations corporelles qu'elle affirme ne pouvoir pas même concevoir (1).

Ainsi, sur la simple question de mots, tout ce que l'on peut reprocher à Condillac, c'est d'avoir usé de la liberté accordée à tout le monde de préférer un mot à un autre, pourvu qu'on avertisse du sens qu'on y attache.

Mais, si sur ce point même les rationalistes sont loin de triompher, ils ont été bien moins heureux

(1) « Avec quelque attention que j'aie lu les ouvrages de cet écrivain (de Buffon), dit Condillac, sa pensée m'a échappé. Je vois qu'il distingue des sensations corporelles et des sensations spirituelles, qu'il accorde les unes et les autres à l'homme, et qu'il borne les bêtes aux premières. Mais en vain je réfléchis sur ce que j'éprouve en moi-même, je ne puis faire avec lui cette différence. Je ne sens pas d'un côté mon corps, et de l'autre mon âme; je sens mon âme dans mon corps; toutes mes sensations ne me paraissent que les modifications d'une même substance; et je ne comprends pas ce qu'on pourrait entendre par des *sensations corporelles*. » (*Traité des animaux*, ch. 2.)

encore en ce qui concerne la méthode qu'ils ont employée dans la question de *l'origine des idées.*

Sous ce nouveau point de vue, le rationalisme n'aboutit à rien moins qu'à la destruction de toute méthode philosophique, et à beaucoup d'autres conséquences également fâcheuses.

Quels que soient les objets de notre étude, qu'ils soient pris dans l'ordre physique, intellectuel ou moral, ils ne peuvent soutenir entre eux que deux espèces de rapports : rapports de génération et rapports de succession ou de juxtaposition; aussi n'y a-t-il que deux modes d'investigation possibles : *l'analyse de raisonnement* et l'*analyse descriptive.*

« Penser, parler, écrire, dit Laromiguière, c'est aller ou bien d'une idée à une idée différente, d'un objet à un autre objet; ou bien, s'arrêtant à un seul objet, à une seule idée, c'est considérer cet objet, cette idée sous différents points de vue successifs, sans jamais se laisser distraire par rien qui leur soit étranger (1). »

Ainsi, il est une première espèce d'analyse, qui va du même au même, c'est-à-dire d'un objet considéré sous un point de vue à ce même objet considéré sous un nouveau point de vue, c'est l'*analyse de raisonnement;* comme elle ne s'attache qu'aux rapports de principe à conséquence, de

---

(1) *Discours d'ouverture*, p. 45.

cause à effet, elle s'emploie surtout en mathématiques, où chaque théorème se transforme en un autre théorème, et en psychologie, où les phénomènes qu'on étudie, appartenant à une substance simple, une et toujours identique à elle-même, ne sont susceptibles que de transformations successives. C'est celle dont Condillac est presque l'inventeur (1); celle du moins qu'il a mieux comprise que tous les autres philosophes, et qu'il s'est constamment efforcé d'employer ; car ce qu'il recherche avant tout, c'est l'origine et la filiation des phénomènes intellectuels (2).

(1) « Il était réservé à un Français du xviiie siècle, à Condillac, de nous apprendre ce que nous faisons quand nous pensons et quand nous raisonnons, comme un siècle auparavant il avait été réservé à un autre Français, à Descartes, d'apprendre à l'Europe à penser et à raisonner. » (Laromiguière, *Discours d'ouverture*, p. 17.)

(2) « Analyser, c'est décomposer, comparer et saisir les rapports. Mais l'analyse ne décompose que pour faire voir, autant qu'il est possible, l'origine et la génération des choses. Elle doit donc présenter les idées partielles dans le point de vue où l'on voit se reproduire le tout qu'on analyse. Celui qui décompose au hasard ne fait que des abstractions : celui qui n'abstrait pas toutes les qualités d'un objet ne donne que des analyses incomplètes ; celui qui ne présente pas ses idées abstraites dans l'ordre qui peut facilement faire connaître la génération des objets fait des analyses peu instructives, et ordinairement fort obscures. L'analyse est donc la décomposition entière d'un objet, et la distribution des parties dans l'ordre où la génération devient facile. » (*Art de penser.* Part. 2, ch. 4.)

La seconde espèce d'analyse, au contraire, l'*analyse descriptive* ne s'attache qu'à des objets divers, juxtaposés, ou à des rapports de succession dans le temps, et de contiguïté dans l'espace. Elle n'est donc applicable qu'à l'étude des substances matérielles; cependant c'est précisément celle que les rationalistes emploient dans l'étude de la substance immatérielle (1).

Aussi ce qu'ils reprochent surtout à Condillac, c'est d'avoir voulu tout ramener à un principe unique. Mais ce qui, mieux que leur aveu même, prouve, à n'en pouvoir douter, qu'ils emploient presque exclusivement l'*analyse descriptive*, c'est qu'ils ne trouvent presque nulle part de rapports de génération : partout ils ne voient que des rapports de simple succession, de pure juxtaposition, en un mot, des *différences de nature*, là même où quelquefois il y a à peine des différences de de-

---

(1) « C'est l'emploi de cette dernière méthode transportée hors de sa sphère qui, selon Condillac, fait les esprits faux : « Il y a, dit-il, des esprits faux qui ont fait de grandes études. Ils se piquent de beaucoup de méthode, et ils n'en raisonnent que plus mal : c'est que, lorsqu'une méthode n'est pas la bonne, plus on la suit, plus on s'égare. On prend pour principes des notions vagues, des mots vides de sens; on se fait un jargon scientifique, dans lequel on croit voir l'évidence; et cependant on ne sait, dans le vrai, ni ce qu'on voit, ni ce qu'on pense, ni ce qu'on dit. On ne sera capable d'analyser ses pensées qu'autant qu'elles seront elles-mêmes l'ouvrage de l'analyse. » (*Logique.* Part. 1, ch. 37.)

grés : pour eux il n'est presque point de phénomène intellectuel qui ne se distingue d'un autre phénomène du même genre par des *différences radicales*, des *lignes infranchissables de démarcation*, des *abîmes*, etc... L'âme sent-elle? elle est *passive* (1); l'âme pense-t-elle? elle est *active* : différence de nature! l'âme désire : elle est de nouveau *passive;* l'âme veut : elle redevient *active :* différence de nature! *passivité; activité :* différence de nature! *capacité; faculté :* différence de nature! *volonté; liberté :* différence de nature! L'âme perçoit-elle quatre unités concrètes? *entendement!* Conçoit-elle la *vérité éternelle : deux et deux font quatre?* raison pure ou impersonnelle : l'âme est tout d'un coup devenue *supérieure* à elle-même : différence de nature! partout enfin des différences de nature !

Voilà où conduit l'oubli de l'*analyse philosophique* et l'emploi de l'*analyse descriptive* : à trouver dans une substance simple et identique

---

(1) Les naturalistes sont moins affirmatifs, même relativement à la *matière :* « Qu'est-ce que la matière en elle-même, dit Tiedemann; est-elle active ou passive? La solution de ces questions a dépassé jusqu'à présent les bornes de nos facultés intellectuelles. Les philosophes ont émis un grand nombre d'opinions à leur égard, sans les résoudre. La seule idée que notre intelligence puisse se faire de la matière, en tant qu'objet susceptible de tomber sous les sens, est celle de l'existence dans l'espace. » (*Traité de physiologie. Trad. Jourdan.* Introd. p. 32.)

des éléments différents, juxtaposés! Les rationalistes ne semblent-ils pas croire que l'âme n'a pas été, en naissant, douée de toutes ses propriétés constitutives et, si l'on pouvait s'exprimer ainsi, créée de toutes pièces? Combien plus de bon sens et de profondeur les naturalistes ne portent-ils pas dans l'étude des substances matérielles mêmes? « La nature, dit Buffon, ne fait pas un pas qui ne soit en tout sens. » — « Chaque ouvrage de la nature est un tout : elle prépare en silence le germe de ses productions; elle ébauche par un acte unique la forme primitive de tout être vivant. » — « Tout être organisé, dit Cuvier, forme un ensemble, un système dont les parties se correspondent naturellement; chacune de ses parties indique et donne toutes les autres. »

Pourquoi donc les naturalistes raisonnent-ils autrement que les métaphysiciens? Ne serait-ce point parce que ceux-ci veulent aller des mots aux idées, tandis que ceux-là vont des idées aux mots?

Les rationalistes reconnaissent un principe, qu'ils appellent le *grand principe de substantialité*, et qu'ils formulent ainsi : « Tout mode suppose une substance. » Pour que cette célèbre sentence pût nous apprendre quelque chose, il faudrait, selon nous, y ajouter cette idée : *et la nature des modes nous révèle la nature des sub-*

stances; avec cette addition, ce *grand principe* cesserait d'être tout à fait stérile, et nous pourrions alors nous en servir contre ceux-mêmes qui s'imaginent l'avoir inventé; nous pourrions dire, par exemple : Si la nature des modes nous révèle la nature des substances, la réciproque doit être vraie, c'est-à-dire que la nature des substances doit nous révéler aussi la nature des modes; or l'âme humaine n'est-elle pas simple et identique? Donc ses modes, ses manières d'être ne peuvent pas être *essentiellement* différentes. Donc ce que vous prenez pour une *différence de nature*, n'est tout au plus qu'une différence de degré, n'est qu'une *transformation,* comme dirait Condillac. Telle est la conséquence rigoureuse du principe des substances bien entendu.

Ce n'est pas tout : si tout mode suppose une substance, et si, entre les modes ou les manières d'être de l'âme humaine, vous établissez des *différences de nature*, ne vous exposez-vous pas à réaliser (1) les facultés intellectuelles, à en faire

---

(1) « On a réalisé les facultés de l'âme, ce qui a donné lieu à des questions futiles : « Je crains, dit Locke, que la manière dont
« on parle des facultés de l'âme n'ait fait venir à plusieurs
« personnes l'idée confuse d'autant d'agents qui existent distinc-
« tement en nous, qui ont différentes fonctions et différents
« pouvoirs ; qui commandent, obéissent et exécutent diverses
« choses comme autant d'êtres distincts, ce qui a produit quan-

autant de petits êtres distincts? A cette question nous pourrions répondre affirmativement ; car il n'est pas douteux que les rationalistes n'aient gra-

« tité de vaines disputes, de discours obscurs et pleins d'incer-
« titude sur les questions qui se rapportent à ces différents pou-
« voirs de l'âme. »

Cette crainte est digne d'un sage philosophe; car pourquoi agiterait-on comme des questions fort importantes : *Si le jugement appartient à l'entendement ou à la volonté; s'ils sont l'un et l'autre également actifs ou également libres ; si la volonté est capable de connaissance, ou si ce n'est qu'une faculté aveugle; si enfin elle commande à l'entendement, ou si celui-ci la guide et la détermine?* Si par *entendement* et *volonté* les philosophes ne voulaient exprimer que l'âme envisagée par rapport à certains actes qu'elle produit ou peut produire, il est évident que le jugement, l'activité et la liberté appartiendraient à l'entendement, ou ne lui appartiendraient pas, selon qu'en parlant de cette faculté on considèrerait l'âme comme active ou comme passive. Il en est de même de la volonté. Il suffit, dans ces sortes de cas, d'expliquer les termes, en déterminant par des analyses exactes les notions qu'on se fait des choses. Mais les philosophes ayant été obligés de se représenter l'âme par des abstractions, ils en ont multiplié l'être; et l'entendement et la volonté ont subi le sort de toutes les notions abstraites. Ceux-mêmes, tels que les cartésiens, qui ont remarqué expressément que ce ne sont point là des êtres distingués de l'âme, ont agité toutes les questions que je viens de rapporter; ils ont donc réalisé ces notions abstraites contre leur intention, et sans s'en apercevoir. C'est que, ignorant la manière de les analyser, ils étaient incapables d'en connaître les défauts, et, par conséquent, de s'en servir avec toutes les précautions nécessaires. Les abstractions sont donc souvent des fantômes que les philosophes prennent pour les choses mêmes. » (*Art de penser.* Part. 1, ch. 8.)

vement compromis le dogme de la simplicité de l'âme, et c'est chose assez étonnante que ce soit précisément Condillac qui donne ici à ses contradicteurs une leçon de *spiritualisme!* Il est vrai que tous posent en fait la simplicité et la spiritualité de la substance pensante; mais il ne suffit pas d'affirmer une chose, il faut avoir le droit de le faire. Or leur théorie des facultés et des opérations de l'âme est contraire non-seulement au *principe des substances,* comme nous venons de le voir, mais encore à cette autre vérité : que les sensations ou les sentiments, les idées et les volitions ne sont rien autre chose que l'esprit lui-même existant dans un certain état. J'accorde que ces contradictions sont involontaires, et même, si on le veut, ne sont qu'apparentes de leur part; il n'en est pas moins vrai que le préjugé que nous combattons est tellement favorisé par le langage (1) qu'ils emploient, qu'un grand nombre de lecteurs s'y sont laissé prendre : il en est qui, en lisant leurs théories des facultés intellectuelles, ont

---

(1) « Bien des philosophes disputent sur la nature des facultés, et il leur est difficile de s'entendre, parce que, ne se doutant pas que ce ne sont que des notions abstraites, ils les prennent pour des choses très-réelles, qui existent en quelque sorte séparément dans l'âme, et qui ont chacune un caractère essentiellement différent. Les abstractions réalisées sont une source de vaines disputes et de mauvais raisonnements. » (*Traité des animaux.* Part. 2, ch. 10.)

cru entendre Plotin dissertant sur les *hypostases*, et se sont imaginé que l'âme humaine est une collection de trois entités distinctes et indépendantes, une sorte de tryade composée ni plus ni moins de trois monades existant à part.

C'est ainsi que ce qui dans la nature est un et simple peut quelquefois nous paraître divers et composé, parce que nous avons l'habitude de croire à l'existence de tout ce qui a un nom dans la langue.

Les rationalistes protesteraient sans doute contre de pareilles conséquences. Cependant ils y sont fatalement conduits non-seulement par un vice de langage, mais encore par un vice de méthode et de raisonnement : est-il vrai, oui ou non, qu'ils posent et discutent cette question : « Laquelle de nos facultés intellectuelles se développe la première? » Selon eux, les facultés sont donc indépendantes les unes des autres, et par conséquent, relativement à l'âme, substance une et identique, *tout n'est plus dans tout :* si la sensation, par exemple, la pensée et la volition, manières d'être de l'esprit, sont les produits de trois facultés *profondément* distinctes, elles sont des modes *profondément* différents, et, comme tout mode suppose une substance, elles se rapportent nécessairement à des réalités *profondément* distinctes. N'est-ce pas là réaliser des abstractions?

J'ai démontré qu'il est impossible de sentir sans connaître et vouloir, impossible de connaître sans vouloir et sentir, et impossible de vouloir sans sentir et connaître ; par conséquent, s'il était permis de comparer entre eux l'esprit et le corps, on pourrait dire que la sensation ou le sentiment, la pensée et la volition sont à la substance immatérielle ce que la longueur, la largeur et la profondeur sont à la substance matérielle.

« Laquelle des facultés intellectuelles se développe la première ? » Que diriez-vous d'un géomètre qui chercherait laquelle des trois dimensions d'un solide préexiste aux autres dimensions ? Chose étonnante ! le langage que les physiciens n'oseraient pas tenir par rapport aux corps, les philosophes le tiennent par rapport à l'esprit ! Au géomètre qui viendrait nous dire que les trois dimensions de l'étendue sont des choses distinctes, ne ferions-nous pas remarquer que la longueur, la largeur et la hauteur d'un corps n'étant que sa surface, et celle-ci n'étant que la série des points mathématiques, où ce corps cesse d'être ce qu'il est, c'est-à-dire n'étant rien, ces trois dimensions ne sont point distinctes, puisqu'en soi elles n'existent pas. Il en est de même des facultés de l'âme, de leurs opérations et de leurs produits, lesquels ne sont que des abstractions, des mots qui ne signifient absolument rien, tant que sous ces signes différents on ne met pas une réalité vivante, toujours identique à elle-même, la substance qui pense, qui sent et qui veut; et, pour revenir à la conclusion que nous voulons tirer, puisque l'âme ne peut jamais différer essentiellement d'elle-même, nous sommes sûrs de ne pouvoir trouver dans ses manières d'être que des différences de degré, jamais des différences de nature. Par conséquent, il faut admettre que les produits de nos facultés, quelles qu'elles soient, bien que susceptibles de distinctions verbales relativement à notre manière de concevoir, ne constituent dans la réalité qu'un phénomène indivisible qui peut changer d'aspect, il est vrai, mais qui, toujours substantiellement identique à lui-même, n'admet au fond que des transformations, parce qu'il est le mode, la manière d'être d'une substance simple, une et indivisible.

« Dès qu'une sensation est perdue, dit M. Flourens
« aux phrénologistes, toutes le sont; dès qu'une
« faculté disparaît, toutes disparaissent. Il n'y a
« donc pas des siéges divers pour les diverses
« facultés, ni pour les diverses sensations. La fa-
« culté de sentir, de juger, de vouloir une chose,
« réside dans le même lieu que celle d'en sentir,
« d'en juger, d'en vouloir une autre; et consé-
« quemment cette faculté, essentiellement une,
« réside essentiellement dans un seul organe. »

« L'intelligence est donc une (1). »

Ce que cet auteur reproche à la phrénologie, on peut le reprocher au rationalisme : « A l'intelligence, faculté essentiellement une, il substitue de petites intelligences ou des facultés distinctes et isolées (2). »

Si les rationalistes ont admis des facultés individuelles, distinctes et indépendantes, c'est qu'à l'exemple des métaphysiciens, dont ils reproduisaient les doctrines sous un langage d'ailleurs fort peu différent, ils n'ont pas su résister au penchant qui nous entraîne à réaliser les abstractions de l'esprit, penchant contre lequel les philosophes de l'école française n'ont jamais cessé de nous prémunir (3); c'est surtout parce que, négligeant l'*analyse philosophique* qui n'opère que sur des rapports de génération, ils n'ont, comme nous l'avons déjà dit, employé que l'*analyse descriptive*,

(1) *Examen de la phrénologie*, p. 19.
(2) Ibid., p. 20.
(3) « Si on regardait les mots raison, entendement, etc., dit Laromiguière, comme les noms d'autant de facultés individuelles, etc... le génie le plus puissant, abusé par des mots qui ne seraient que des mots, aurait beau déployer sur eux toutes ses forces. Placé hors des choses et hors des idées, il ne pourrait que s'épuiser en combinaisons stériles et chimériques.

« Aussi les auteurs qui n'ont pas su résister à ce penchant qui nous entraîne, à ce besoin que nous avons de tout réaliser, se sont-ils égarés dans des discours inintelligibles. » (*Leçons de Philosophie*. Leç. XII. Part. 1.)

laquelle, ne partant que des mots, n'aboutit qu'à des distinctions purement verbales. « Il est bien important, dit Condillac, de ne pas réaliser nos abstractions. Pour éviter cet inconvénient, je ne connais qu'un moyen, c'est de savoir développer, dès l'origine, la génération de toutes nos notions abstraites. Ce moyen a été inconnu aux philosophes, et c'est en vain qu'ils ont tâché d'y suppléer par des définitions. La cause de leur ignorance à cet égard, c'est le préjugé où ils ont toujours été qu'il fallait commencer par les idées générales : car, lorsqu'on s'est défendu de commencer par les particulières, il n'est pas possible d'expliquer les plus abstraites qui en tirent leur origine (1). »

L'oubli de *l'analyse de raisonnement* et l'emploi presque exclusif de *l'analyse descriptive*, voilà ce qui a conduit les rationalistes à réaliser les facultés intellectuelles. A cette première cause s'en est jointe une autre : l'impossibilité, d'après eux, de retrouver dans le phénomène primitif l'exercice de certaines facultés et le germe de certaines idées, comme la liberté, par exemple, et l'idée du bien et du mal moral; impossibilité, qui n'est qu'apparente, et d'ailleurs tout à fait inconcevable : en effet, que suppose la liberté ? L'ac-

(1) *Art de penser*. Part. 1, ch 8.

tivité et la faculté d'apprécier les mobiles qui peuvent la déterminer; car la liberté n'est rien autre chose que le pouvoir de vouloir après délibération, et par conséquent on ne sait pas trop comment on pourrait la distinguer de la volonté (1); que suppose à son tour l'idée morale? Tout acte moral est un acte volontaire qui se décompose en deux éléments : le mobile et le but, ou l'intention et la fin. L'intention appartiendra plus particulièrement à la sensibilité et à la volonté, et la fin à l'entendement. Or n'avons-nous pas prouvé que ces trois facultés concourent à la formation du phénomène primitif? Donc la première manifestation de l'activité intellectuelle renferme le germe de toutes les facultés et de toutes les idées possibles et imaginables. D'ailleurs, s'il en était autre-

(1) « Au sujet de la liberté et de la volonté, M. Locke et M. Leclerc font une ample et épineuse dissertation pour montrer que la *liberté* n'est pas la même faculté que la *volonté*, au lieu que c'est, disent-ils, une *faculté de l'entendement*. Après avoir lu avec attention et plus d'une fois ces profondes réflexions, il m'a paru que c'est l'endroit de tout l'ouvrage où l'auteur s'est le moins entendu lui-même. En effet, personne se trompe-t-il à l'idée de ces facultés différentes? Ne sait-on pas que c'est la même âme qui produit diverses opérations? Selon que nous trouvons plus ou moins de différence dans ces opérations, nous nous figurons plus ou moins de facultés différentes d'où elles procèdent; bien que ces facultés ne soient au fond et réellement qu'une seule et même substance, qui est l'âme. (BUFFIER. *Traité des vérités premières*. Part. 3, ch. 2.)

ment, ne faudrait-il pas admettre l'inconcevable hypothèse que la nature ne fait les choses qu'à plusieurs reprises, et par conséquent avoir recours à une seconde création?

Outre le vice de méthode et l'abus des abstractions réalisées ou non réalisées, on peut, dans l'examen du rationalisme, relever à chaque pas des inconséquences manifestes, des contradictions flagrantes, des erreurs palpables, enfin des choses capables d'étonner l'imagination même. Nous n'en voulons pour preuve directe que le procédé en usage dans cette école pour déterminer l'origine des idées.

Observons d'abord que la question de l'origine des idées est la plus simple de toutes les questions : car les idées n'étant rien autre chose que les modes, les manières d'être de l'esprit, elles ne peuvent avoir d'autre origine que l'activité de l'esprit lui-même; de sorte que toute la question de l'origine des idées se réduit à examiner les circonstances diverses dans lesquelles l'esprit a tel ou tel mode, telle ou telle manière d'être. Il n'y a donc absolument à rechercher ici que des causes occasionnelles; quant à la valeur de ces idées, au point de vue de la certitude, elle est précisément celle que leur donne l'esprit lui-même.

Cependant cette question si simple, les rationalistes sont parvenus à l'embrouiller et à la rendre presque insoluble.

Se mettant tout d'abord en dehors des réalités, c'est-à-dire ne s'attachant qu'à des abstractions, à des mots, ils étudient les idées en elles-mêmes, déterminent leurs caractères, et les divisent en deux classes : en idées universelles et en idées particulières (1); et alors on jette à l'école française le défi de faire sortir d'une source unique ces deux classes d'idées si distinctes : cela serait impossible, lui dit-on, parce que le particulier ne contiendra jamais le général et, à plus forte raison, l'universel.

Cet argument est spécieux; l'irréflexion s'y laisse prendre d'abord; et même il a parmi les rationalistes le privilége d'être considéré comme un principe indiscutable qui sert de base à leur théorie des idées. Sur quoi repose-t-il cependant? Sur une confusion qui se dissipe d'elle-même, sitôt que l'on a compris la différence qui existe entre ce qu'on appelle la *compréhension* et l'*extension* d'une idée. Sans doute, au point de vue de l'extension, l'idée particulière ne renferme pas l'idée universelle; mais, considérée dans sa *compréhension*, elle la renferme tout entière; qu'importe après tout qu'elle ne la renferme pas au point de

(1) Quant aux idées *absolues* et *nécessaires*, nous verrons dans la suite que l'école française les admet aussi bien que l'école rationaliste, mais sans s'exposer aux mêmes conséquences.

vue de l'abstrait, si elle la renferme au point de vue du concret? Ce n'est point de vains mots qu'il doit être ici question, mais de réalités. Si l'esprit, lorsqu'il perçoit ou conçoit une vérité particulière, ne renfermait pas déjà l'idée universelle qui peut rester plus ou moins longtemps à l'état d'enveloppement, et la faculté qui sera alors capable de la développer, combien de temps faudra-t-il attendre pour que ce germe nouveau soit déposé en lui, pour que lui advienne cette faculté nouvelle? Et lorsque l'époque que vous aurez fixée sera venue, ne faudra-t-il pas que vous ayez recours à un miracle, à une création nouvelle, comme nous l'avons déjà dit?

Le particulier ne renferme pas l'universel; or l'idée n'est rien autre chose que l'esprit lui-même percevant ou concevant; donc l'esprit ne se renferme pas lui-même. Voilà le raisonnement des rationalistes réduit à sa dernière et plus simple expression! Si sous les mots abstraits, vagues et pompeux vous mettez des réalités, vous arrivez à une proposition incompréhensible.

On arrive à des conséquences bien plus étranges encore, si l'on opère sur des exemples particuliers. Soit donnée une idée rationnelle quelconque : *l'idée de l'infini*, si l'on veut. Ici se pose devant les rationalistes une alternative inévitable; ils sont forcés ou de réaliser cette idée, ou bien de se mettre en contradiction avec le principe des substances.

D'abord, lorsqu'ils demandent si c'est par les *sens* que l'on fera entrer cette idée, il faut avouer que cette manière de poser la question a beaucoup d'analogie avec le procédé qu'on employait autrefois, c'est-à-dire au beau temps des *idées représentatives*, des *idées images*, des idées en dehors de l'esprit. Cependant nous voulons bien croire que ce n'est là qu'une façon de parler, sur laquelle il suffit de s'entendre, et qu'au fond on ne fait pas de l'*idée de l'infini* un petit être à part; mais alors on tombe dans un inconvénient beaucoup plus grave : cette idée de l'infini n'est et ne peut être qu'un mode, qu'une manière d'être de mon esprit; donc, si j'ai cette idée (1), mon esprit, substance créée et par conséquent finie, est susceptible d'un mode infini, c'est-à-dire est infini dans l'un de ses attributs : nous voilà en contradiction avec le principe des substances bien com-

(1) Les rationalistes n'ont pas encore prouvé que l'idée de l'infini fût réellement une idée *adéquate*. Il est évident que, si elle n'est pas *adéquate*, elle n'est plus que l'idée de l'indéfini; alors pourquoi renouveler les interminables et insignifiantes disputes des scolastiques sur l'*infini?* « Ce que l'on a écrit sur ce sujet, dit l'ingénieux Buffier, fait voir combien sont propres à décrier la raison ceux qui raisonnent de choses sur lesquelles ils ne disent et ne peuvent dire que des incompréhensibilités. » (*Traité des vérités premières.* Part. 2, ch. 12.)

pris; ni l'édifice n'est plus solide que le fondement, a dit Bossuet, ni l'accident attaché à l'être plus réel que l'être même.

Notez que souvent les rationalistes, renouvelant un langage suranné, disent avec Descartes : L'idée de l'infini ne peut nous venir ni du sens intime qui ne révèle que le *moi*, substance finie, ni des sens externes qui ne nous font connaître que le monde extérieur, lequel ne nous présente que des choses également finies; donc cette idée, ne nous venant pas de l'expérience, nous vient nécessairement d'ailleurs ; alors, d'après vos propres principes, les modes de mon esprit me viennent d'une substance étrangère, sont les modes d'une substance étrangère; j'ai donc des manières d'être, des modes *personnels*, et en même temps des manières d'être, des modes *impersonnels* (1). Sur ce terrain il est impossible de suivre les rationalistes.

Donnons-nous encore ici le spectacle des inconvénients attachés aux abstractions : le sens intime, c'est l'homme considéré comme esprit pur; les sens externes sont l'homme considéré comme être mixte, c'est-à-dire comme une intelligence unie à des organes; faire abstraction du sens intime et des sens extérieurs, c'est abs-

(1) Le rationalisme a, en effet, abouti à l'hypothèse d'une *raison impersonnelle*.

traire l'homme de l'homme; c'est le détruire tout entier; et quand vous avez détruit l'homme, par où, nous vous le demandons, faites-vous entrer *l'idée de l'infini?*

Que d'efforts tristement infructueux, que de disputes pompeusement frivoles on se fût épargnés dans la question de l'origine des idées et de leurs caractères relativement à leur certitude si, au lieu de se perdre dans de vaines abstractions, on ne s'était attaché qu'à la réalité et à la vie ! Quelle est l'origine de nos idées ? Mais les idées, n'étant rien autre chose que les manières d'être de notre esprit, n'ont et ne peuvent avoir leur origine que dans l'activité de la substance pensante, se développant d'après les lois de sa nature, et dans des circonstances propres à provoquer son exercice. Quelle est maintenant la valeur de nos idées? Mais leur valeur n'est et ne peut être que celle de l'esprit humain lui-même : l'esprit peut-il se surpasser lui-même? Peut-il atteindre au delà de sa portée ? Si vous cherchez une faculté supérieure, une *raison impersonnelle;* si vous invoquez une autorité étrangère; cette autorité, quelle qu'elle soit, pourra-t-elle jamais avoir d'autres caractères, d'autres titres que les caractères, les titres que lui donnera votre esprit ou votre raison personnelle ? Contesterez-vous la légitimité de nos moyens de connaître? Mais la contester, ne serait-ce point l'affirmer? Ces réponses que nous allions chercher bien loin étaient près de nous : elles nous échappaient par leur proximité même.

La faculté de penser, voilà pour l'homme la source unique et la mesure de la vérité. Si nous étudions cette faculté dans ses transformations diverses, c'est-à-dire dans ses modes d'opérations et dans les objets sur lesquels elle opère, nous saurons tout ce qu'il est permis de savoir sur l'origine et sur les caractères de nos idées.

Ce point de vue, ces résultats généraux étaient le point de vue, les résultats d'une philosophie qui florissait autrefois parmi nous. Cette philosophie était acceptée de tous les savants, des mathématiciens, des naturalistes, des physiciens, les juges les plus compétents en fait de méthode, lorsqu'elle fut tout à coup attaquée par une école rivale, qui parvint sinon à l'éclipser, du moins à l'obscurcir. Des hommes puissants avaient articulé contre elle de graves accusations. Dès lors son plus illustre représentant, Condillac, ne fut même plus jugé digne d'être lu. Cet homme que la nature avait doué d'un génie éminemment philosophique, et que la fortune avait heureusement prémuni contre tous les obstacles qui se sont opposés et « qui s'opposent encore aux bonnes études (1); » celui dont tous les ouvrages avaient été des actions, et n'avaient été inspirés que par l'amour de la vérité et le désir d'être utile; celui enfin qui avait été l'une des lumières du XVIIIe siècle, celui qu'admiraient Montesquieu et J.-J. Rousseau, que redoutait Buffon et que consultait Voltaire, fut en butte aux outrages de l'école et des partisans de toutes les philosophies officielles. Métaphysiciens, psychologues, littérateurs, critiques même répétèrent à l'envi certaines protestations, certaines formules dont le moule n'est pas encore brisé.

Comment s'était opéré un changement si sou-

---

(1) « Quand nous sortons des écoles, nous avons à oublier beaucoup de choses frivoles qu'on nous a appris ; à apprendre des choses utiles, qu'on croit nous avoir enseignées, et à étudier les plus nécessaires sur lesquelles on n'a pas songé à nous donner des leçons.

« De tant d'hommes qui se sont distingués depuis le renouvellement des lettres, y en a-t-il un seul qui n'ait pas été dans la nécessité de recommencer ses études sur un nouveau plan? Ceux qui ont cru avoir appris quelque chose dans nos écoles, ont-ils eu plus de connaissances ou plus de préjugés? et ceux qui ont cru n'y avoir rien appris, et qui s'en sont dégoûtés de bonne heure, n'ont-ils pas toujours été les meilleurs esprits? Si ces derniers nous avaient dit comment ils se sont instruits, nous ne serions plus dans le cas de chercher de bonnes méthodes. Il est bien étonnant que, vivant avec des hommes qui ont acquis des connaissances en tous genres, nous ne sachions pas comment on en peut acquérir. » (CONDILLAC, *Histoire moderne,* liv. dernier, ch. dernier.)

dain? Comment s'y est-on pris pour transformer si vite la vérité en erreur? Comme on s'y prend quelquefois même parmi les philosophes : pour avoir meilleur marché de ceux que l'on voulait combattre, on leur prêta des opinions absurdes et diamétralement opposées à celles qu'ils professaient. On le fit sans le savoir, nous n'en doutons pas; mais ce qui est indubitable, c'est qu'on a essayé de réfuter les philosophes français avant d'avoir pris la peine de les comprendre et de les lire peut-être. Comment, en effet, s'expliquer autrement que tant d'hommes de génie se soient trompés d'une manière si uniforme et sur le principe et sur le but de ce qu'il avait plu aux Allemands de désigner sous le nom de *sensualisme* ou d'*empirisme*?

Nous examinerons dans un chapitre à part les caractères propres de l'*empirisme*, et nous montrerons que sa tendance, son but avoué, est d'affermir les fondements de la certitude, en ne séparant jamais les données expérimentales des données rationnelles, et en réunissant ainsi l'évidence de fait à l'évidence de raison, et la certitude physique à la certitude métaphysique; enfin de transformer la *métaphysique* des écoles en *science positive*, en lui enseignant à aller non plus de l'abstrait à l'abstrait, mais de ce qui est à ce qui ne peut pas ne pas être, et en lui donnant un criterium fixe et invariable, analogue à celui dont la *philosophie expérimentale* (1) est depuis longtemps en possession.

Mais nous ferons ici quelques réflexions sur le principe de la philosophie condillacienne, afin d'écarter entièrement l'imputation défavorable de *matérialisme*.

Est-il vrai, oui ou non, que, lorsqu'il parle de *sensation* et d'*expérience*, Condillac attache à ces mots la signification que les rationalistes s'obstinent à leur donner? Simple question de fait : pour la résoudre, il suffit de savoir lire et d'être de bonne foi.

Si un philosophe venait nous dire : L'homme, être mixte, se développe tout entier, c'est-à-dire tel qu'il a été créé. Son âme, unie à un système d'organes corporels, ne peut se soustraire aux lois qui président à cette union intime et mystérieuse; ses sentiments, ses pensées et ses désirs, toutes ses manières d'être, en un mot, résultent pour elle de l'action et de la réaction réciproque du physique et du moral : à coup sûr le *spiritualiste* le

---

(1) « Je ne fais point d'hypothèses, dit Newton, *hypotheses non fingo*, car ce qui ne se déduit point des phénomènes est une hypothèse; et les hypothèses, soit métaphysiques, soit physiques, soit des suppositions de qualités occultes, soit des suppositions de mécaniques, n'ont point lieu dans la philosophie expérimentale. » (*Principes*.)

plus ombrageux n'aurait rien à lui objecter. Cependant Condillac a porté plus loin ses scrupules : comme s'il eût prévu les attaques qu'on devait un jour diriger contre lui, dans la crainte de trop accorder aux *sens*, il leur refuse tout ; il s'efforce de les anéantir en quelque sorte. Il fait l'hypothèse d'une *statue ;* et c'est dans l'intérieur de cette enveloppe insensible et inerte qu'il place la substance immatérielle, active et intelligente. Cette substance immatérielle, il nous la décrit sentant, pensant et voulant, bien longtemps avant qu'elle soit informée de son union avec le corps : « Que les philosophes, dit-il, à qui il paraît si évident que tout est matériel, se mettent pour un moment à sa place (de la statue) ; et qu'ils imaginent comment ils pourraient soupçonner qu'il existe quelque chose qui ressemble à ce que nous appelons matière (1). »

Ainsi, durant tout l'intervalle qui s'écoule pour l'âme depuis l'instant de sa naissance jusqu'à celui où elle se sait unie à un corps, il est évident que pour l'auteur français aucune idée ne vient des sens. Mais ne serait-ce pas du moment où l'âme a reconnu son union avec une substance matérielle que, d'après lui, toutes les idées dériveraient de cette *source unique ?* La réponse à cette ques-

---

(1) *Traité des sensations*, ch. 1ᵉʳ.

tion est encore écrite, pour qui sait lire, à chaque page du *Traité des sensations;* partout il nous dit que les sens ne sont que « les causes occasionnelles » des idées. D'où les fait-il donc enfin venir? D'où seulement il est raisonnable de les faire venir : de l'esprit lui-même, de la faculté de penser, se développant dans les circonstances et d'après les lois qui provoquent et gouvernent ses opérations. Ce que tout au plus on avait le droit de dire de l'*empirisme*, c'est qu'il fait dériver nos idées de la perception interne, laquelle fait partie de l'*expérience*, aussi bien que la perception externe.

C'est donc un fait que pour Condillac les idées ne viennent pas des *sens*, comme on affecte de l'entendre, et il est difficile de reconnaître ici ce *chef odieux du matérialisme*, tel que nous le dépeignent les rationalistes.

Si, laissant de côté le *Traité des sensations*, vous ouvrez les autres ouvrages du même auteur, vous verrez qu'il distingue nettement les idées purement *intellectuelles ou morales* des idées *sensibles*, et qu'à toutes il assigne leur origine et leur mode de formation. Prenez les idées de substance, de cause, du bien et du mal moral, etc., vous trouverez un exemple pour chacune.

« Dès que les qualités distinguent les corps et qu'elles en sont des manières d'être, il y a dans les corps quelque chose que ces qualités modifient, qui en est le soutien ou le sujet que nous nous représentons dessous, et que par cette raison nous appelons *substance*, être dessous.

« Les sensations ne nous représentent pas ce quelque chose. Nous n'en avons donc aucune idée. Mais, puisque les qualités modifient, il faut bien qu'il y ait quelque chose qui soit modifié. Le mot substance est donc un nom donné à une chose que nous savons exister, quoique nous n'en ayons point d'idées (1).

« Si nous jugeons de la cause par les effets, nous nous élevons, par la considération de l'univers, à la connaissance de Dieu.

« Enfin, si nous considérons toutes nos facultés, relativement à la fin à laquelle nous connaissons, par la raison, que Dieu nous destine, nous nous formons des idées de religion naturelle, de principes de morale, de vertus, de vices, etc. (2). »

Il dit encore que les idées « où il entre des combinaisons sont proprement l'ouvrage de l'es-

---

(1) Pour Condillac le mot *idée* signifie *image*, il ne pouvait donc l'employer au lieu du mot *sensation* ; car, dans le début, l'âme de la statue ignorant qu'elle est unie à des organes, et la perception des *images* étant du ressort de la vue, se servir du mot *idée*, c'eût été déterminer un sens particulier, ce qui eût été contraire à son hypothèse.

(2) *Cours d'études.* Leç. prélim. art. 1ᵉ.

prit » : « c'est dans les idées abstraites, qui sont le fruit de différentes combinaisons, qu'on reconnaît l'ouvrage de l'esprit. Ainsi les idées abstraites de couleurs, de son, etc., viennent immédiatement des sens, celles des facultés de notre âme sont dues tout à la fois aux sens et à l'esprit; et les idées de la divinité et de la morale appartiennent à l'esprit seul. Je dis à l'*esprit seul*, parce que les sens n'y concourent plus par eux-mêmes (1). »

Nous pourrions citer un grand nombre d'exemples qui prouvent de la manière la plus catégorique que le philosophe français a tenu compte de toutes les idées, des idées absolues, nécessaires et universelles aussi bien que des idées relatives, contingentes et particulières. Mais il nous suffit ici d'avoir constaté qu'il reconnaît, comme les philosophes de n'importe quelle école, la légitimité des produits de l'entendement pur ou de la raison.

Quel est donc le motif pour lequel on a dénaturé sa doctrine? C'est d'abord le besoin de lever un drapeau, et le plaisir de se créer des adversaires et d'en triompher à loisir; et puis il nous était venu d'Allemagne un certain nombre de substantifs barbares, mais très-commodes pour

---

(1) *Art de penser*, part. I, ch. 8.

l'arrangement symétrique des systèmes philosophiques : celui-ci a prononcé le mot *sentir ;* il sera *sensualiste.* Il aura beau pécher par trop d'*idéalisme* peut-être; il restera *sensualiste*, et au besoin on en fera un *matérialiste!* Celui-là prouve que le corps ne pense pas, que les organes ne sont que des composés matériels, que les sens appartiennent à l'âme seulement, et de plus qu'il ne voient pas l'invisible; il a prouvé ce que personne ne conteste, ce que tout le monde dit, ou à peu près; il a démontré l'évidence même : il sera *spiritualiste*, et peut-être même *rationaliste!* Beaucoup de philosophes ressemblent bien encore à ces théologiens dont parle Pascal, et devant lesquels il suffisait d'avoir prononcé quelques paroles sacramentelles, pour être dans la suite en droit de tout dire sans crainte de se tromper jamais; ils sont loin encore de cette noble indépendance, dont Descartes leur avait donné l'exemple, et qui fait qu'on sait mettre à ses pieds l'esprit de corps avec ses préventions, le génie des sectes avec ses clameurs, et les vains préjugés de l'école.

L'auteur du *Traité des sensations* et de la *logique,* le chef du *matérialisme!* mais autant vaudrait faire tomber la même accusation sur l'auteur du *Discours de la méthode* et des *Méditations.* Car l'un et l'autre n'ont eu qu'un même but et une même méthode, au moins au début de la science.

En effet, celui-ci s'attache avant tout à constater l'existence du sens intime ou de la conscience, et à en établir l'autorité absolue ; celui-là, partant du même point, mais faisant un pas de plus, découvre et démontre que cette conscience de nous-mêmes, ce sentiment de l'existence, ne peut pas ne pas renfermer en même temps une opération de l'intelligence et de la volonté; et il complète ainsi cette doctrine si simple, si belle et la seule vraie qui, posant l'exercice de la sensibilité physique intellectuelle et morale comme la condition de tout développement de l'âme, remonte tout d'abord au principe soit des idées, soit des facultés, et permet d'en suivre la génération ; cette doctrine qui donne à la psychologie son point de départ, ouvre une voie sûre à la métaphysique, et oppose au scepticisme une barrière infranchissable, en plaçant le criterium de la vérité dans l'accord harmonieux de l'expérience et de la raison.

Rappelons ici le résultat principal auquel nous sommes parvenus. Le sens intime nous atteste que nos facultés, leurs opérations et leurs produits ne sont rien autre chose que les manières d'être de l'esprit, ou plus simplement l'esprit diversement modifié; dire qu'entre ces modes ou ces manières d'être il puisse y avoir des différences de nature, c'est dire que l'âme n'est pas toujours essentiellement la même. Tout phénomène psychologique suppose le concours de toutes les facultés opérant simultanément; car la substance immatérielle, étant simple et indivisible, se développe tout entière dans le moindre de ses actes, ce qui ne peut avoir lieu, si l'on suppose que la sensibilité ou l'entendement ou la volonté puisse agir séparément.

Pour formuler autrement cette vérité, on peut dire que *le vrai, lorsqu'il est conçu ou perçu comme tel par la raison, est en même temps goûté comme bien par la sensibilité, et désiré comme fin par la volonté.*

Ce principe nous paraît être le seul qui permette de résoudre les grands problèmes de la psychologie, de la théodicée, de l'esthétique et de la morale : nous essaierons de le prouver, lorsque nous aurons examiné le système que l'on a voulu substituer à la philosophie française.

CHAPITRE II

THÉORIE DE LA RAISON.

Nous venons de voir que Condillac place l'origine des idées dans l'activité de l'âme. Pourquoi donc les lui a-t-on fait dériver d'abord des sens, et puis des organes corporels? quel but se proposait-on, en dénaturant sa doctrine? C'est qu'après l'avoir renversée, on prétendait sur ses débris élever la *théorie de la raison.* Dans l'intention très-légitime et très-louable de sauver *les vérités nécessaires,* qu'on croyait sacrifiées dans la *philosophie de la sensation,* on s'imagina qu'il fallait recourir à une *faculté supérieure,* à laquelle on pût rapporter leur origine; et on crut la trouver dans la *raison,* dont on fit une puissance de l'âme, distincte de la sensibilité et même de l'entendement, et à laquelle on assigna la fonction spéciale de concevoir les idées « de cause, de substance, d'espace, de temps, de l'infini, etc., » qu'on formula ainsi : « Tout phénomène suppose une cause »; « toute qualité suppose une substance »; « tout corps est placé dans l'espace »; « tout événement s'accomplit dans le temps »; « le fini suppose l'infini ». Ces *principes* eurent pour caractères d'être *universels* et *nécessaires* : universels, parce qu'ils se trouvent dans toutes les intelligences; nécessaires, parce que leur objet ne peut pas ne pas être. Dans l'*ordre logique*, sinon dans l'*ordre chronologique*, ils précèdent les notions *empiriques* qui, pour des raisons contraires, ne sont que *particulières* et *contingentes*. C'est encore à la raison qu'il appartient d'engendrer les principes absolus, tels que les axiomes d'arithmétique et de géométrie. Telle est à peu près cette théorie si célèbre. Nous disons à peu près, car il est difficile de s'en faire une idée bien nette et bien précise, vu que sur cette matière les rationalistes eux-mêmes ne s'accordent pas toujours entre eux. Cependant il est un point sur lequel ils paraissent tous d'accord : c'est qu'ils regardent la *raison* comme une faculté *spéciale* et *supérieure* à l'entendement.

Nous étudierons cette théorie dans sa valeur et dans ses applications ; et nous espérons pouvoir démontrer que la question de l'origine des idées a été mal posée par les rationalistes, et qu'en s'y prenant comme on s'y est pris dans cette école, il est impossible d'arriver à une classification véritablement scientifique des phénomènes intellectuels ; que leur liste des *catégories de la raison pure* n'a rien de fixe et d'arrêté, et de plus qu'elle ne présente qu'une série de formules tautologiques, dont quelques-unes même se détruisent mutuellement ou conduisent fatalement soit au panthéisme, soit au scepticisme.

Examinons d'abord la question de l'origine des idées. Chercher l'origine d'une chose, c'est rechercher sa matière première et sa cause formatrice. Chercher l'origine et la formation des idées, c'est donc considérer le sujet ou la substance dont ces idées sont les modes ou les manières d'être, et les occasions dans lesquelles ces manières d'être modifient cette substance. Or, puisque l'idée n'est rien autre chose que l'esprit lui-même existant dans un certain état, il est évident que l'origine des idées ne peut être que dans l'activité propre de la substance pensante, et que par conséquent toute la question se réduit ici à rechercher dans quelles circonstances l'esprit humain perçoit ou conçoit ce qui peut être perçu ou conçu. Si, pour la résoudre, les rationalistes s'étaient aperçus qu'il suffit de former des groupes différents des circonstances essentielles qui accompagnent la formation des idées dans l'esprit, viendraient-ils encore nous présenter la vieille théorie des idées innées, rajeunie et déguisée sous un langage nouveau? Que signifieraient ces mots *idées innées* ou toute autre expression équivalente? Puisque l'idée n'est rien autre chose que l'esprit lui-même exerçant sa faculté de penser, dire qu'il y a des *idées innées*, ce serait dire que l'esprit a pensé avant de penser. Si par le langage qu'on emploie on entend avec Leibnitz seulement la faculté de penser, dire qu'il y a quelque chose d'inné en nous, c'est dire une chose presque puérile : c'est dire que l'esprit est l'esprit.

D'où vient sur ce point la faiblesse évidente du *rationalisme?* Quelle est la cause de ses illusions, le principe de ses erreurs ? C'est que d'abord, au lieu de ne considérer que les intérêts de la vérité, on a fait de la question une affaire de parti, et que, pour confondre le *sensualisme*, on a fait dire à l'école française ce qu'elle ne dit pas; c'est en second lieu que, pour trouver l'origine des idées et pour déterminer leurs caractères, on s'y est pris de manière à rendre le problème tout à fait insoluble : au lieu d'aller du concret à l'abstrait, on a fait tout le contraire, on a été de l'abstrait au concret, ou, pour mieux dire, on est parti des mots pour arriver aux choses; on a voulu adapter les faits à des idées préconçues, et les ajuster à un langage fait d'avance, et cela au moyen de combinaisons logiques dont le but paraît être de s'éloigner le plus possible de la réalité.

Pour justifier ces assertions, nous pourrions prendre au hasard, dans l'école rationaliste, une théorie quelconque sur l'origine et sur les caractères de nos idées ; prenons plutôt, sur la même question, la classification la moins arbitraire et le système le plus simple qu'il soit peut-être possible d'imaginer, et montrons qu'en voulant se conformer au langage usuel des philosophes, il est impossible de rien faire concorder. Considérons successivement les idées au point de vue de leur objet et au point de vue de leur formation.

Au point de vue de leur objet, ne semble-t-il pas au premier abord qu'elles peuvent toutes se ranger sous l'une ou l'autre des trois catégories suivantes ?

1° Ce qui ne peut pas ne pas être (la cause première) ;

2° Ce qui est, mais qui pourrait n'être pas (le moi, et le non-moi matériel) ;

3° Ce qui a été et ce qui sera, mais qui aurait pu et qui pourrait bien n'être pas.

Elles renferment tout, puisqu'elles embrassent les idées absolues aussi bien que nos idées relatives et même nos croyances. Essayez maintenant de caractériser ces trois espèces d'idées en adoptant le langage ordinaire, et vous verrez que les membres de votre division, quelle qu'elle soit, vont rentrer les uns dans les autres.

Vous définirez d'abord, je suppose, les idées absolues : celles dont la vérité ne dépend de la vérité d'aucune autre idée, et par cette définition vous échapperez à l'inintelligible galimatias des Allemands sur l'*inconditionnel* et l'*absolu*. Puis cherchant les caractères de ces idées, vous trouverez qu'elles sont : 1° immédiates ; 2° universelles ; 3° nécessaires : *immédiates,* parce qu'elles naissent intuitivement ; *universelles,* parce qu'étant immédiates il est tout naturel qu'elles se trouvent dans toutes les intelligences ; enfin *nécessaires*, parce que l'esprit humain, étant ce qu'il est, ne peut pas ne pas les avoir. (Je suppose ici que vous n'imiterez pas les rationalistes, qui définissent l'idée nécessaire « celle dont l'objet ne peut pas ne pas être », définition vraie pour quelques idées, mais qu'il serait imprudent d'étendre à toutes indistinctement, comme nous le montrerons dans la suite, car le sceptique viendrait nous dire : J'ai en moi l'idée nécessaire du temps et de l'espace aussi bien que de la cause première ; donc le temps et l'espace existent aux mêmes titres que Dieu.)

Jusqu'ici tout va bien, ou à peu près, et vous pouvez espérer que votre classification sera légitime. Mais passez à la seconde catégorie, qui renferme les idées relatives.

En vertu de la loi des contraires, vous les définirez : celles dont la vérité dépend de la vérité d'une autre idée; puis, cherchant à les caractériser, vous serez tenté de croire qu'elles sont, par opposition aux premières : 1º médiates ; 2º particulières; 3º contingentes. On n'a guère employé la première de ces trois expressions, il est vrai, car tout le monde sait que certaines idées relatives sont immédiates, aussi bien que les idées absolues; que cette vérité, par exemple : J'existe, le monde extérieur existe, n'a pas besoin d'intermédiaire pour se former dans l'esprit, c'est-à-dire qu'elle est le produit de l'intuition. Mais on oppose constamment les idées particulières aux idées universelles. Or, comme on est forcé de définir les idées universelles, celles qui se trouvent dans tous les esprits, afin de ne pas les confondre avec les idées nécessaires, et de ne pas avoir deux mots au lieu d'un seul, je demande si, en ce sens, les données de l'expérience ne sont pas également universelles : existe-t-il des intelligences qui s'ignorent elles-mêmes et le milieu où elles existent? Enfin les idées contingentes seront la contre-partie des idées nécessaires; mais, au point de vue de la certitude, l'opposition entre elles ne sera réelle qu'en partie : quand on définit l'idée contingente « celle dont l'objet peut être ou n'être pas », ceci ne peut se dire qu'en parlant au point de vue de l'abstrait; car, au point de vue du concret, cette vérité : « Ce qui est, est »; nous paraît tout aussi nécessairement vraie que celle-ci : « Ce qui ne peut pas ne pas être est. »

Nous pourrions passer à la troisième catégorie d'idées qui contient les vérités d'induction, c'est-à-dire nos croyances, et montrer que celles-ci, bien que différentes des autres idées, possèdent néanmoins des caractères qui leur sont communs avec elles; mais il nous suffit de montrer, en courant, que les membres de notre classification ne sont pas distincts, et, par conséquent, qu'elle ne peut être légitime.

Essayons de nous y prendre autrement et de classer les idées d'après leurs modes de formation; et prenons encore une classification très-simple et qui soit complète, celle-ci, par exemple :

1º l'intuition;

2º l'expérience $\begin{cases} \text{perception interne.} \\ \text{perception externe.} \end{cases}$

3º le raisonnement $\begin{cases} \text{inductif.} \\ \text{déductif.} \end{cases}$

En ajoutant le témoignage humain, qui nous transmet un certain nombre de vérités par la tradition soit orale, soit écrite, mais qui d'ailleurs ne peut porter que sur les idées qui découlent des trois premières sources, nous aurons, je crois, énuméré tous les principes non-seulement de nos connaissances, mais encore de nos croyances.

Cette classification paraît satisfaisante au premier abord ; elle est complète sans doute ; mais, si elle ne pèche point par défaut, elle est au moins redondante ; car ses membres rentrent les uns dans les autres : l'intuition, par exemple, n'est-elle pas une sorte d'expérience, du moins cette partie de l'expérience qu'on appelle perception interne ? Une partie des connaissances que nous livre la perception externe sont elles-mêmes immédiates. Le raisonnement déductif peut être considéré comme une intuition lente et progressive. Quant à l'induction, elle diffère sans doute de l'intuition, en ce qu'elle ne produit en nous que la croyance, mais elle s'identifie avec elle par son mode d'action, car elle est à elle-même son principe ; elle suppose l'expérience, il est vrai, mais elle ne repose point sur elle et, loin de se fonder sur le raisonnement déductif, elle lui sert, au contraire, quelquefois de point de départ. Ainsi cette seconde classification est aussi défectueuse que la première. Toutes deux peuvent être plus ou moins commodes, comme classifications artificielles ; mais enfin, c'est un résultat scientifique qu'il nous faut, et nous ne l'avons pas obtenu, parce que nous avons voulu nous en tenir à un langage conventionnel et factice. Cependant tous les mots que nous avons employés, nous croyons les avoir empruntés à la langue française. Que serait-ce si nous les avions pris aux langues d'où nous sont venues les doctrines du rationalisme?

Toutefois s'il est devenu presque impossible de classer méthodiquement les facultés de l'âme, les opérations de ces facultés et les produits de ces opérations, ce n'est pas seulement parce qu'on nous a rapporté d'Allemagne un vocabulaire nouveau; c'est encore et avant tout parce que les rationalistes, s'étant fait une espèce de monstre de l'empirisme, et l'envie de le combattre étant en quelque sorte devenue chez eux une idée fixe, se sont moins occupés de perfectionner la méthode et d'assurer la base de la certitude, que de combattre la *sensation* et de poursuivre cet être imaginaire.

Nous sommes donc déjà presque sûrs que les fondateurs du rationalisme, en apportant en France des idées préconçues et un langage de convention, n'ont pu nous rien donner de véritablement scientifique. Mais nous en serons plus sûrs encore, lorsque nous aurons examiné leur système dans ses principes fondamentaux.

Examinons donc leur théorie de la raison; prenons leur liste des *principes rationnels*. Mais ici commencent nos perplexités. Cette liste, où la trouverons-nous? Chaque rationaliste a la sienne qui diffère de celle de tous les autres. Cette liste n'étant définitivement arrêtée chez aucun, nous n'avons pas de raison pour prendre celle de l'un plutôt que celle de l'autre. Dans la crainte de donner la préférence à quelqu'un, nous emprunterons un peu à tous :

1º Principe des substances ;
2º Idée de l'infini ;
3º Notion du temps et de l'espace ;
4º Notion de cause nécessaire ;
5º Principe de finalité ;
6º Notion de beauté ;
7º Notion de moralité ;
8º Axiomes de mathématiques ;

Telle est la liste que nous adopterons ; et nous ne croyons pas qu'elle puisse être reniée par aucun rationaliste, car chacun y pourra reconnaître une partie de son bien. Nous examinerons successivement tout ce qu'elle renferme. Mais auparavant qu'il nous soit permis de faire une première question : Est-il prudent, au point de vue de la certitude, de placer sur la même ligne des éléments d'une importance relative si différente la notion de beauté, par exemple, à côté de la notion de moralité, et l'idée du temps et de l'espace à côté de l'idée de cause nécessaire ? On sait que Malebranche, Montesquieu, Voltaire, Condillac, Laromiguière, s'accordent à dire que les décisions du goût sont relatives et changeantes, tandis que personne ne révoque en doute l'immuable vérité des principes moraux; on sait que personne, à l'exception des rationalistes, ne semble ranger le temps et l'espace au nombre des substances, tandis qu'à l'exception des panthéistes et des athées, le principe de causalité révèle à tout le monde l'existence d'un Dieu.

Mais nous ne voulons pas nous contenter d'observations générales. Nous voulons, au contraire, étudier l'une après l'autre toutes les catégories de la *raison pure*. Toutefois, comme notre intention est de consacrer un chapitre à part à la notion de cause nécessaire et au principe de finalité, ainsi qu'à la notion de beauté et au principe moral, nous n'avons à nous occuper ici que du principe des substances, de l'idée de l'infini, de la notion du temps et de l'espace, et enfin des axiomes des mathématiques. Or sur ces principes, tels que nous les trouvons présentés par l'école rationaliste, nous ne craindrons pas d'affirmer que tous sont formulés d'une manière tautologique, que plusieurs se détruisent réciproquement, qu'ils peuvent conduire, si l'on est conséquent avec soi-même, soit au panthéisme, soit au scepticisme, et enfin que la *raison pure* ou *impersonnelle* n'est pas une faculté spéciale de l'esprit humain.

Commençons par le principe des substances.

Les rationalistes ont coutume de le formuler ainsi : « Tout mode suppose une substance. » Voilà une de ces vérités qu'on nous fait admirer dans notre jeunesse, et que nous continuons souvent d'admirer toute notre vie, sans que jamais il nous vienne à l'esprit de nous demander si l'objet de notre naïve admiration n'est pas une de ces choses puériles qui ne valent même pas la peine d'être dites. Tout mode suppose une substance! A coup sûr, rien n'est plus évident, rien n'est plus certain que cette vérité ; mais que nous apprend-elle ? Tout autant que celle-ci : Ce qui est, est ; car, lorsque j'ai conçu l'idée de mode, n'ai-je pas déjà, dans mon esprit, la notion de l'être en général, puisque j'entends par mode une manière d'être? Et quand j'ai l'idée de l'être, n'ai-je pas en même temps l'idée de substance? Il est donc inutile de venir nous dire : « Tout mode suppose une substance. » Si à cette phrase tautologique et banale nous pouvions substituer celle-ci : *La nature des modes nous révèle la nature des substances ; et la diversité dans les modes nous révèle une diversité dans les substances*, n'aurions-nous pas remplacé une proposition frivole et tout à fait stérile par une formule au moins féconde pour la pensée? Nous sommes ici tellement certain de ne rencontrer aucuns contradicteurs, que nous comptons même sur l'assentiment des rationalistes. Assurément ils ne contesteront pas ce principe, puisqu'il est le seul sur lequel nous puissions nous appuyer pour savoir quelque chose, sinon de la nature propre, du moins de la distinction des substances, et par conséquent de la simplicité et de la spiritualité de notre âme, dogme dont ils se croient les seuls défenseurs.

Si l'on nous accorde le principe des substances, tel que nous venons de le formuler, n'est-il pas évident qu'il détruit entièrement le principe non moins célèbre : « Le fini suppose l'infini, » auquel on a accordé la prérogative de servir de base à la théodicée?

Avant de prouver cette assertion, commençons par nous entendre d'abord : si vous voulez dire que nous savons que l'infini existe, nous sommes d'accord, car l'esprit humain ne peut pas ne pas savoir que la *cause première,* que Dieu existe; il sait même, si vous y tenez, qu'en un sens le temps et l'espace sont illimités. Voulez-vous dire que concevoir l'infini, c'est concevoir qu'il n'est pas possible d'assigner des bornes à ce que nous appelons de ce nom? Nous sommes encore d'accord; et alors pourquoi disputer plus longtemps? cependant vous nous attaquez! Donc ce n'est pas cela que vous entendez précisément, et, quand vous parlez de l'idée de l'infini, vous entendez nécessairement une *idée adéquate;* vous voulez dire que non-seulement nous *concevons* l'infini, mais encore que nous le *comprenons*. Autrement vous n'auriez aucune raison de nous contredire. Eh bien! c'est sur ce point que le *sensualiste* peut riposter à l'attaque. Vous avez été forcés d'admettre le principe des substances, tel que nous l'avons rétabli contre vous : puisque la nature des modes nous révèle la nature des substances, la nature des substances nous révèlera nécessairement la nature des modes ; or n'est-il pas généralement admis que l'esprit humain, chose créée, est une substance finie ? Donc ses modes aussi sont *finis*. Mais l'idée, qui n'est rien autre chose qu'une manière d'être de l'esprit ou plutôt qui n'est que l'esprit lui-même connaissant, est un mode ; donc elle est *finie ;* donc nous n'avons pas l'idée adéquate de l'infini ; donc l'infini n'est pour nous qu'une quantité finie, ajoutée indéfiniment à elle-même ; donc enfin l'idée de l'infini n'est rien autre chose que l'impossibilité de concevoir des bornes à ce que nous appelons infini.

Une chose qui fait bien mieux ressortir encore l'erreur dans laquelle tombent ici les rationalistes, c'est leur tendance habituelle à croire, dans le langage du moins, à la réalité des idées existant en dehors de l'esprit. Cette tendance se révèle surtout dans le procédé de méthode que prescrivent certains d'entre eux, et qui, dans la recherche de la formation des idées, consiste, disent-ils (1), à commencer toujours par étudier leur nature, avant d'aborder la question de leur origine, c'est-à-dire par examiner ce qu'elles sont en elles-mêmes, afin de savoir par où elles peuvent entrer dans l'esprit, de même qu'il faut prendre les dimensions d'un meuble avant de chercher à l'introduire dans un appartement. Dans l'emploi de ce procédé, les rationalistes, nous l'avouons, mettent un soin scrupuleux à examiner sous toutes ses faces l'objet qu'ils veulent faire entrer, mais malheureusement ils négligent de mesurer en même temps la grandeur de la porte. Quand il s'agit, par exemple, d'introduire l'idée de l'infini dans l'esprit humain, ne devraient-ils pas se demander si celui-ci est réellement capable de la contenir? Et s'ils étaient parfaitement convaincus qu'une idée n'est rien autre chose que l'âme elle-même modifiée d'une certaine manière, ne s'apercevraient-ils pas que celle-ci ne peut avoir l'idée *adéquate* de l'infini, parce qu'une substance *finie* n'est pas susceptible d'un mode *infini?*

On a beaucoup reproché à Condillac de mutiler la nature humaine, en niant, dit-on, l'existence dans l'esprit de l'idée de l'infini. Condillac ne conteste pas la réalité de cette idée; il nie seulement

(1) *Histoire de la philosophie au* XVIII° *siècle*, par M. Cousin. Tom. II. Leç. XVI.

qu'elle soit *adéquate*. Elle ne consiste, selon lui, que dans l'impossibilité où nous sommes de concevoir des limites assignables à ce que nous appelons l'infini. Selon lui, en un mot, nous concevons l'infini, c'est-à-dire nous savons qu'il existe, mais nous ne le *comprenons* pas, et il ne pouvait penser autrement ; car un esprit si juste et si conséquent avec lui-même ne pouvait se mettre en contradiction avec le principe des substances qu'il avait si bien compris. Du reste, Condillac a fait, sciemment toutefois, ce que les rationalistes font tous sans s'en douter peut-être : ceux-ci, bien que s'imaginant comprendre parfaitement l'infini, tant qu'il n'est question que d'un mot, néanmoins avouent modestement leur impuissance sitôt qu'il s'agit de mettre une réalité sous ce mot. Dieu est l'infini proprement dit, l'infini réel. Pourquoi donc, lorsqu'ils en viennent à la théodicée, les rationalistes, qui comprennent si bien l'infini, ne nous font-ils pas connaître sa nature, et ne nous prouvent-ils pas que nous la comprenons aussi bien que son existence ? Pourquoi, se contredisant de la manière la plus manifeste, rangent-ils l'*incompréhensibilité* au nombre des attributs divins ?

Selon nous, on doit féliciter Condillac d'avoir par son bon sens prévenu les contradictions dans lesquelles on tombe nécessairement sur cette matière, et d'avoir parfaitement compris que, si toutefois on veut être conséquent, l'idée de l'infini, entendue à la manière des rationalistes, conduit fatalement au panthéisme, et par conséquent à l'athéisme. Les rationalistes ignorent une chose : ils voudraient en vain renouveler un mouvement à jamais épuisé. C'est en vain que leur philosophie rétrograde voudrait se faire une place entre celle de Descartes et de Spinoza. Dans l'intervalle qui sépare ces deux philosophes, le mouvement des idées a été continu, progressif et complétement achevé. Spinoza et d'autres ont développé les germes d'erreur déposés à côté de ceux de la vérité dans les ouvrages de Descartes. La méthode et surtout l'autorité de la conscience ont été recueillies par Condillac, dont la philosophie, dirigée contre la métaphysique de Spinoza aussi bien que contre les tendances grossières de Diderot, d'Helvétius et de d'Holbach, a tué du même coup le panthéisme et l'athéisme.

Nous n'insisterons pas davantage sur les conséquences fatales qui découlent de l'idée de l'infini mal comprise; on sait assez, et l'histoire l'a prouvé, qu'elles conduisent directement au spinozisme. Il nous suffit d'avoir prouvé par un exemple que les principes des rationalistes sont quelquefois mal formulés et que de plus ils se détruisent réciproquement.

Puisque le principe des substances nous empêche de croire à la réalité de la notion adéquate de l'infini, et puisque dans le système des rationalistes l'idée de l'infini sert surtout à démontrer l'existence de Dieu, il est évident que jusqu'à présent la théodicée se trouve sans fondement ou du moins privée de l'un de ses appuis. Mais il reste au rationaliste une ressource : il peut en appeler à ces deux autres principes : « Tout corps est dans l'espace », « tout événement s'accomplit dans le temps. » Ils sont incontestables sans doute, mais quelle conséquence peut-on en tirer? Le résultat le plus évident auquel puisse aboutir ici la *théorie de la raison*, c'est, selon nous, d'ouvrir la porte au scepticisme.

Les rationalistes veulent que l'autorité de la raison soit absolue en tout et de la même manière : si vous l'ébranlez sur un point, disent-ils, vous l'ébranlez sur tous! Ainsi, me voilà forcé de croire également à la certitude objective de toutes les données de la *raison pure;* de croire, par exemple, à l'existence du temps et de l'espace aux mêmes titres qu'à l'existence de la cause première! et cela, parce que le temps et l'espace sont *nécessaires, infinis, indestructibles!* Nécessaires! mais la nécessité n'est pas la même pour tous les principes rationnels; les idées nécessaires ne doivent pas être toutes définies, comme elles le sont dans l'école rationaliste: « celles dont l'objet ne peut pas ne pas être »; quelques-unes doivent être définies : celles que l'esprit humain, étant ce qu'il est, ne peut pas ne pas avoir. Si vous définissez les idées de temps et d'espace : « *celles dont l'objet ne peut pas ne pas être* », vous donnez au temps et à l'espace une réalité objective que le bon sens s'obstine à leur refuser. Vous compromettez les principes les plus importants, tels que le principe des substances et le principe de causalité, car il est évident pour quiconque n'est pas aveuglé par les préjugés de l'école que l'idée de cause première et le principe des substances nous livrent des réalités vivantes, tandis que les idées de temps et d'espace ne nous laissent saisir que des abstractions, des rapports : (avant, pendant, après; en deçà, ici, au delà), deux rapports qui se réduisent à un rapport unique : celui du contenant au contenu. Pour éviter de donner aux idées de temps et d'espace une réalité objective qu'elles n'ont pas, nous les définirons donc celles que l'esprit humain, étant ce qu'il est, ne peut pas ne pas avoir. C'est en ce sens seulement qu'elles sont nécessaires. On nous opposera peut-être ici les paroles de Royer-Collard : « On ne fait pas au scepticisme sa part. » Le maître dit cela; mais le bon sens dit qu'il faut se hâter de jeter au scepticisme la part qui lui revient; car si on ne la lui accorde pas, il l'exigera;

ou plutôt il accordera votre principe : que toutes les données de la raison sont également nécessaires, et, partant de ce principe accordé, il ravagera toutes les parties de ce domaine dont vous voulez lui fermer l'entrée; car il dira : Vous posez en fait, en principe, qu'à toutes les idées nécessaires correspond une réalité objective; mais je puis au moins douter qu'il en soit ainsi des notions de temps et d'espace; donc il m'est permis d'étendre ce doute à tous les autres principes indistinctement, à celui des substances, de causalité, du bien et du mal moral, etc. C'est ainsi que, tout en voulant les mettre à l'abri des attaques du scepticisme, on est parvenu à ébranler et à compromettre les dogmes les plus importants. On pourrait d'ailleurs pousser jusqu'au pied du mur le rationaliste imprudent, on pourrait lui dire : Vous accordez ou du moins vous semblez accorder une réalité objective aux idées de temps et de l'espace! vous êtes donc obligé d'en faire des substances. Qu'on se prononce donc catégoriquement! Le temps et l'espace sont-ils des substances matérielles ou des substances immatérielles? il n'y a pas de milieu. Si ce sont des substances matérielles, le rationaliste est en contradiction avec lui-même, car il prétend que le temps et l'espace sont *infinis;* et il est par trop évident qu'une substance matérielle ne peut pas être infinie, puisqu'on peut toujours ajouter quelque chose à ce qui est étendu. Si, au contraire, ce sont des substances immatérielles, nous aurons d'abord deux substances spirituelles distinctes et toutes deux infinies ; ajoutez-y la substance divine, également spirituelle et infinie ; et nous voilà arrivés à trois substances spirituelles, infinies et distinctes. Cependant les rationalistes disent tous qu'il ne peut y avoir qu'un seul infini !

Si, sans se laisser prendre à la vaine pompe des mots, on s'attachait au simple bon sens, on expliquerait de la manière la plus facile les grands mots qui nous offusquent. Le temps et l'espace sont infinis ! Sans doute, ils sont infinis, car il est impossible d'assigner des limites au vide, à ce qui n'existe pas. Mais ils sont indestructibles ! *détruisez tous les mondes, détruisez toutes les horloges*, vous n'aurez détruit ni l'espace, ni le temps ! Qu'y a-t-il donc de si étonnant à ce qu'on ne puisse pas anéantir le néant ?

Loin d'être des substances, le temps et l'espace ne sont même pas des *attributs*. Clarke et Newton, il est vrai, ont essayé de les faire servir à la démonstration de l'existence de Dieu. Le temps et l'espace, ont-ils dit, n'étant pas des êtres, sont nécessairement des *attributs ;* ces attributs sont *infinis*, ils ont donc leur sujet d'inhérence dans une substance infinie, qui est Dieu. Cet argument ne sera réellement concluant, que lorsqu'on aura prouvé que le temps et l'espace sont en effet des attributs. En tant que conçus par l'esprit, ils peuvent, si l'on veut, en être considérés comme les manières d'être; mais par eux-mêmes ils n'existent pas; ils ne sont, en un mot, que des abstractions de l'esprit, des rapports : les deux rapports les plus généraux sous lesquels on puisse considérer les objets. Du reste, quand bien même il y aurait quelque chose de plus dans les idées du temps et de l'espace, ce serait toujours une imprudence de les placer sur la même ligne que les autres principes rationnels qui sont beaucoup plus importants et sur lesquels tout le monde s'accorde.

Nous venons de passer en revue quelques-uns des principes universels et nécessaires des rationalistes. Voyons maintenant quel parti ils ont su tirer des axiomes des mathématiques, qui sont les derniers, mais légitimes produits de la *raison pure*. « Voici, nous dit-on, deux objets et deux objets;
« là tout est déterminé; les quantités à addition-
« ner sont concrètes et non discrètes. Vous jugez
« que ces deux objets et ces deux objets font
« quatre objets. Eh bien! qu'y a-t-il là? Encore
« une fois, tout est contingent et variable, excepté
« le rapport. Vous pourriez bien varier les objets,
« mettre des pierres au lieu de ces livres, des
« chapeaux au lieu des pierres, et le rapport ne

« varie point. Il y a plus : pourquoi avez-vous
« jugé que ces deux objets déterminés font quatre
« objets déterminés? Songez-y ; c'est par la vertu
« de cette vérité que deux et deux font quatre (1). »
Pius loin on ajoute : « Détruisez les mondes, dé-
« truisez tout, vous ne détruirez jamais cette
« vérité : partout et toujours il sera vrai que deux
« et deux font quatre. » Certainement personne
n'osera contredire ici : car, au point de vue du
concret, s'il y a deux objets plus deux objets, il
est vrai qu'il y a quatre objets, c'est-à-dire deux
objets plus deux objets; et au point de vue de
l'abstrait, s'il est vrai qu'une intelligence quelconque conçoive deux unités plus deux unités, il
est vrai qu'il y a une intelligence modifiée quatre
fois, c'est-à-dire deux fois plus deux fois de la
même manière; et cela a été vrai dans le passé
chaque fois que les circonstances ont été les mêmes,
et sera vrai dans l'avenir chaque fois que les circonstances seront les mêmes. Mais tout ceci revient à dire : Ce qui est, est; ce qui a été, a été;
ce qui sera, sera; et ce n'est là qu'une vérité
bien simple qui peut-être ne vaut pas la peine
d'être dite, encore moins d'être annoncée mysté-
rieusement, et rapportée à une faculté spéciale et
supérieure, à la raison impersonnelle. D'ailleurs,

(1) *Histoire de la philosophie au* xviiie *siècle*, par M. Cousin. Tom. II, p. 226.

c'est précisément là le *principe d'identité* qu'on accuse Condillac d'avoir posé comme la base de toute certitude. Si ce dernier a eu tort, ses adversaires tombent donc eux aussi dans le défaut qu'ils lui reprochent. Mais ce que n'eût point fait le philosophe français, le rationaliste le fait : aux quatre objets ou aux quatre unités, dont il a été question tout à l'heure, il semble ajouter un élément qui ne peut en faire partie. Ce rapport, dont on nous parle, n'est pas un fait particulier qu'il faille surajouter ; mais il est lui-même le fait principal, il constitue tout entier le phénomène de la perception. En effet, dans le cas qui nous occupe il ne peut y avoir en réalité rien autre chose que quatre objets concrets, successivement perçus, ou bien une intelligence ayant conscience d'avoir été modifiée quatre fois de la même manière. Si l'on s'obstine à voir ici autre chose, on s'expose à réaliser ce qui n'existe pas, à réaliser des rapports. Ce n'est donc pas à tort que l'on reproche quelquefois au rationalisme d'énerver la pensée, en l'accoutumant à n'arranger que des mots, lorsqu'il faudrait combiner des idées, à n'agiter que des abstractions, lorsqu'il ne faudrait opérer que sur les réalités ; ce n'est pas à tort qu'on l'accuse d'embrouiller encore plus la langue philosophique, déjà si mal faite, en introduisant dans la science un réalisme qui diffère très-peu de celui que les philosophes français n'ont cessé de combattre depuis le grand Arnaud jusqu'à Condillac et Laromiguière. Ouvrez, en effet, les livres des philosophes modernes : à l'instant vous croyez voir prendre son essor et bourdonner à vos oreilles un essaim d'idées réalisées, une multitude de petits êtres *non-méprisables*, comme dit Malebranche : ici c'est l'idée du sec et de l'humide, du dur et du mou, de l'amer et du doux, du chaud et du froid (1) ; là ce sont les idées éternelles : le vrai, le beau, le bon, l'idéal ; types, prototypes, entéléchies, entités, simulacres de toute espèce... *simulacra modis volitantia miris !* Les voilà donc encore revenues ces idées en dehors de l'esprit, ces pauvres idées si cruellement pourchassées par Arnaud, et l'objet de la commisération du docteur Reid (2), qui s'apitoie quelque part sur leur sort, en les comparant plaisamment à des filles honnêtes, mais d'un placement difficile ; les voilà de nouveau errant dans l'espace, ces êtres fantastiques, indépendants de l'esprit humain et de Dieu même, ayant leur existence on ne sait où, et, à coup sûr, bien loin encore d'arriver à cette demeure fixe et à cette position sortable

---

(1) *Œuvres de Reid*, passim. (Reid et ses disciples français réalisent les qualités secondes de la matière.)

(2) Reid, heureusement, n'a pas toujours été conséquent avec lui-même.

que leur souhaitait le bon et vénérable Reid!

Quelle que doive être la destinée future des *concepts purs*, ces enfants perdus du rationalisme, cherchons ici à quelle cause tient l'incertitude de leur condition actuelle. Ne tiendrait-elle pas par hasard à leur descendance illégitime du côté maternel? Est-il bien vrai que la *raison* toute seule ait pu les engendrer? En d'autres termes est-il vrai que la *raison* soit une faculté *spéciale et supérieure?*

Remarquons d'abord que sur ce sujet les rationalistes ne s'accordent entre eux ni pour le fonds des idées, ni pour le langage : quelques-uns admettent simplement une *raison pure;* Jouffroy semble poser en fait l'existence de deux *raisons distinctes :* la raison qui « comprend » et la raison qui « connaît » : « La raison, nous dit-il,
« la raison, dans sa définition la plus simple, est
« la faculté de comprendre, qu'il ne faut pas con-
« fondre avec la faculté de connaître (1). » Kant, bien qu'il distingue la raison (fernunft) de la sensibilité (sinlichkeit), accorde cependant à celle-ci le privilége de concevoir les idées du temps et de l'espace, et, bien qu'il la distingue aussi de l'entendement (ferstand), il laisse néanmoins à ce dernier le pouvoir de créer des *concepts purs* (2).

Ainsi les rationalistes ne s'entendent entre eux

---

(1) Jouffroy. *Droit naturel.* Tom. 1, p. 34
(2) Kant. *Critique de la raison pure.*

que sur un point qui est de reconnaître une raison supérieure à l'entendement. Je voudrais bien dire un mot de la *raison impersonnelle;* mais comment s'y prendre pour en parler? Quelle est-elle? Où est-elle, cette raison? A la première question on répond qu'elle est celle dont la fonction est de nous révéler les vérités absolues. Mais à la seconde on ne répond rien. Nous avons droit cependant d'exiger une réponse; et, puisqu'on n'en fait aucune, nous supposerons toutes les réponses possibles : la *raison impersonnelle* appartient ou à l'individu, ou à l'humanité, ou à Dieu, ou bien, indépendante, elle voltige dans l'espace côte à côte avec les prototypes platoniciens. Mais elle ne peut pas appartenir à l'individu, puisqu'elle est impersonnelle, ni à l'humanité, puisque celle-ci n'est qu'une collection d'individus, ou simplement un mot générique. C'est donc en Dieu qu'elle réside, ou dans les profondeurs de l'espace. C'est de là qu'elle vient se mettre en rapport avec nous. Elle ne peut se tromper, je vous l'accorde; ce sont des oracles qu'elle révèle. Mais à quoi lui servira-t-il d'être infaillible si moi-même je ne le suis pas? Ce qu'elle me dira, pourrai-je le comprendre autrement qu'à l'aide de ma raison personnelle? J'aurai beau enfler mes conceptions, je ne pourrai jamais saisir que ce qui sera à ma portée. Je proportionnerai tout à ma faible capacité.

Vous avez soif et vous voulez boire; que vous puisiez à un grand fleuve ou à un ruisseau, vous ne pourrez jamais qu'emplir votre tasse. La vérité, comme le métal fondu qu'on verse dans un moule, prend, si l'on peut s'exprimer ainsi, toutes les formes des intelligences qu'elle pénètre. Enfin dans ce commerce extraordinaire entre la *raison personnelle* et la *raison impersonnelle,* il faudrait que l'infaillibilité fût réciproque. Mais, comme la première est naturellement incapable de se surpasser elle-même, il est évident que la seconde serait réduite ou à se taire, ou à prêcher dans le désert. La *raison impersonnelle* n'explique donc rien, n'ajoute rien à la certitude, et par conséquent surcharge le catalogue des facultés intellectuelles. D'ailleurs, incompatible avec la liberté, elle peut conduire au mysticisme, à l'illuminisme, et enfin à la plus détestable de toutes les intolérances, l'intolérance philosophique.

Quant au système de Kant, nous ne comprenons pas bien ce qu'il peut rester à faire à la *raison pure,* après qu'on a accordé à la sensibilité le privilége de concevoir l'*infini* (1), et à l'entendement celui d'engendrer les *concepts universels.*

Reste la *raison* qui « comprend » et la *raison*

(1) C'est à la sensibilité (Sinnlichkeit) que Kant rapporte les notions de temps et d'espace, qu'il dit être infinis.

qui « connaît. » Est-il bien vrai que ce soient là deux facultés distinctes? Ne semble-t-il pas, au contraire, qu'une seule suffit pour expliquer l'origine de toutes nos connaissances? Si j'interroge d'abord ma conscience, elle m'atteste que je perçois des vérités, telles que celles-ci : J'existe; le monde extérieur existe; et qu'en même temps que je perçois ces choses, j'en conçois d'autres, telles que des causes, des forces, des rapports; mais elle ne m'atteste pas que je sois obligé de déployer une plus grande puissance intellectuelle dans un cas que dans l'autre; elle ne m'atteste pas, qu'après avoir perçu ou conçu une vérité concrète, je sois obligé de recourir à une faculté distincte de mon entendement pour concevoir que « deux et deux font quatre », que « le tout est plus grand que sa partie », que « toute qualité suppose une substance. » Ainsi la conscience dépose contre le *rationalisme;* et, à la rigueur, nous pourrions nous en tenir à son témoignage, car en pareille matière son autorité est irrécusable et absolue.

Cependant nous essaierons de confirmer cette vérité par le raisonnement. Constatons d'abord le fait : Que toutes les vérités universelles et nécessaires des rationalistes sont des vérités abstraites. Ceci est évident d'abord pour les axiomes, tels que « deux et deux font quatre »; « la ligne droite est la distance d'un point à un autre », etc.; évident encore pour les idées de temps et d'espace ; évident aussi pour l'idée d'infini, de même que pour celles de cause et de substance, puisque ces deux dernières idées sont ainsi formulées par eux : « Tout phénomène qui commence de paraître a une cause » ; « toute qualité suppose une substance. » Ces principes sont donc d'abord des abstractions ; et, d'après les rationalistes, le rôle de la *raison* serait de concevoir ces vérités abstraites, et celui de l'*entendement* de percevoir les vérités concrètes. Or, nous le demandons une seconde fois à quiconque voudra s'élever au-dessus des préjugés de l'école, faut-il à la première, pour concevoir que deux et deux font quatre, une plus grande puissance qu'au second, pour percevoir que deux objets déterminés font quatre objets déterminés? Et s'il y avait une différence à établir en faveur de l'une ou de l'autre de ces deux facultés, ne serait-elle pas, au contraire, à l'avantage de l'entendement, puisqu'il y a, si l'on peut s'exprimer ainsi, plus de *matière*, plus d'*être* dans une donnée expérimentale que dans une donnée rationnelle, en d'autres termes, quelque chose de plus dans une idée concrète que dans une idée abstraite? Enfin, pour parler le langage de nos adversaires, est-il moins facile de percevoir que *deux chapeaux plus deux chapeaux* font quatre chapeaux, que de concevoir que deux et deux font quatre? Et qu'on ne nous objecte pas que la première de ces idées est une vérité particulière, tandis que la seconde est une vérité universelle, car cette objection tournerait en notre faveur : qu'y a-t-il, par exemple, de plus général que la notion de l'être? Et cependant peut-on dire qu'il soit plus difficile de concevoir la substance en général, qu'il ne l'est de percevoir une réalité particulière? Si vous voulez nous forcer d'admettre qu'il est nécessaire d'inventer une faculté distincte pour expliquer l'origine des idées universelles et nécessaires, prouvez-nous donc qu'il faut plus d'esprit pour comprendre que *ce qui est vrai maintenant* est vrai, que pour comprendre que *ce qui a été vrai dans le passé*, et *ce qui sera vrai dans l'avenir*, l'a toujours été et le sera toujours.

Les rationalistes ne s'expliquent pas d'ailleurs très-catégoriquement sur ce qu'ils entendent par vérités nécessaires. Cette proposition : *Ce qui est est*, renferme-t-elle une vérité moins nécessaire que celle qui est renfermée dans cette autre proposition : *Ce qui ne peut pas ne pas être est?* Au point de vue de la certitude, il n'y a donc pas non plus de différence entre les données de l'*entendement* et celles de la *raison*.

Mais l'usage des mots vagues et pompeux nous a tellement habitués à soupçonner dans cette question quelque chose de caché et de mystérieux, qu'il ne sera peut-être pas inutile d'insister.

Ce que nous voulons établir, c'est qu'entre la *raison qui comprend* et *la raison qui connaît*, il est impossible de trouver, nous ne dirons pas une différence de nature, mais même une différence de degré.

Dans une logique allemande on démontre, ou l'on croit démontrer, que tout ce que nous pouvons concevoir, nous le concevons sous le rapport du *contenant au contenu*. Or, si nous comprenons bien la pensée des rationalistes, la fonction de la *raison supérieure* sera de comprendre le contenant; celle de la *raison inférieure*, de connaître le contenu. Mais pour que cette dernière connaisse le contenu, ne faut-il pas qu'elle connaisse en même temps le contenant? Il y a donc en elle au moins autant de puissance que dans la première.

Présentons l'argument sous une autre forme, en tâchant de nous conformer toujours au langage même des rationalistes. Ce que l'entendement (la raison inférieure) *connaît*, il le *connaît* sous la catégorie de la différence; donc il existe une *raison supérieure* qui *comprend* le genre. Dans cet argument qu'on nous oppose, la conclusion serait légitime, si l'entendement pouvait connaître l'espèce sans avoir en même temps l'idée du genre. D'ailleurs, les rationalistes ne semblent-ils pas oublier que la conception de l'espèce contient un élément de plus que la conception du genre, puisque seule elle contient l'idée de différence? Par conséquent, la conclusion qu'il faudrait tirer des prémisses semble être précisément le contraire de ce que le partisan de la raison affirme, à savoir : que l'entendement est en quelque sorte supérieur en puissance à la raison. Dans tous les cas, pour *connaître,* comme pour *comprendre,* il faut au moins une faculté de même nature.

A des jeux de logique nous avons peut-être répondu par des jeux de logique. Mais, quand on poursuit un fantôme, on s'expose à frapper dans le vide. Nous ajouterons cependant une dernière observation qui seule eût suffi, selon nous, pour trancher la difficulté d'un seul coup.

Une analyse est défectueuse, lorsqu'avec les éléments qu'elle croit avoir séparés, il est impossible de recomposer le tout qu'elle a divisé en ses parties. Eh bien! nous le demandons, serait-il possible au rationaliste le plus subtil de reconstruire, avec les éléments qu'il prétend avoir trouvés dans l'âme, la réalité primitive, et surtout de la reconstruire vivante et agissante? Les idées qui nous viennent de la *raison pure,* disent les rationalistes, sont antérieures aux données du sens intime et de la perception externe, sinon dans l'ordre *chronologique*, du moins dans l'ordre *logique*. On pourrait dire tout au plus que les unes et les autres sont simultanées; car autrement, une idée n'étant rien autre chose que l'esprit lui-même exerçant sa faculté de penser, nous l'avons déjà dit, ce serait affirmer que l'âme a pensé avant de penser. Que dirait-on d'un physicien qui prétendrait que l'impénétrabilité préexiste à la matière? Si le rationaliste veut dire qu'avant d'acquérir les connaissances qui ont leur origine dans l'expérience, l'âme existe et possède la faculté de penser, pourquoi ne pas le dire? pourquoi chercher bien loin un langage abstrait, vague et mystérieux?

Dans l'ordre chronologique, les idées rationnelles sont postérieures aux données expérimentales! Ainsi voilà les vérités de sens intime et de perception externe condamnées à rester, du moins pendant quelque temps, privées de la lumière de la *raison pure!* Tout à l'heure les idées universelles n'y étaient pas encore; maintenant elles y sont! qui donc a opéré tout à coup ce prodige? La *raison* est intervenue! mais celle-ci a trouvé ces idées, ou bien elle les a créées. Si elle les a trouvées, elles y étaient donc déjà; si elle les a créées, il s'est donc opéré un miracle; car, pour que l'esprit, qui tout à l'heure n'était que le simple *entendement,* devienne tout à coup la *raison,* il faut que l'on ait recours à une véritable création.

L'hypothèse d'un ordre successif dans l'acquisition de nos idées est non-seulement incompatible avec l'explication des phénomènes psychologiques, mais elle présente encore une contradiction. L'un des principes du rationalisme, c'est que les idées universelles sont celles sans lesquelles l'esprit ne pourrait pas penser ; et c'est pour cela qu'elles sont appelées *lois formelles de la pensée ;* les données de la raison ne sont donc pas postérieues à celles de l'expérience, puisque celle-ci ne sont possibles que par l'intermédiaire de celles-là. Le sens intime fait parti de ce qu'on appelle expérience ; c'est au sens intime qu'on rapporte la notion du *moi ;* or, cette idée du *moi* implique l'idée de substance ; et, d'après les rationalistes, l'idée de substance a son origine dans la raison !

On parle de *lois formelles de la pensée !* Que nous apprend au juste cette expression ? Que les opérations de l'esprit ne peuvent avoir lieu, à moins que certaines conditions nécessaires ne soient remplies. Il n'y a donc rien de bien profond à dire que l'esprit a ses *lois formelles.* Ce n'est qu'une manière fort obscure de dire une chose fort simple et que tout le monde sait. C'est comme si l'on disait que, pour qu'une chose se fasse, il faut qu'elle se fasse d'une certaine manière ; que, pour qu'un corps tombe, par exemple, il faut que l'on coupe la corde qui le soutient, et que dans sa chute il parcoure un certain espace en un certain temps. Il n'est donc pas étonnant que, de son côté, l'esprit humain soit soumis à des lois, et, si l'on veut, à des *lois formelles.*

Le langage des rationalistes aboutit, selon nous, à l'introduction d'énigmes indéchiffrables et à la destruction de toute vraie psychologie. Si on remontait au principe du système de Kant, on trouverait que ce système doit sa célébrité au génie de l'auteur sans doute, mais aussi à une étude incomplète et superficielle des phénomènes psychologiques.

Le raisonnement, appuyé sur le témoignage de la conscience, nous démontre que la *raison pure* n'est pas une faculté *spéciale et distincte,* et bien moins encore une faculté *supérieure.* Nous avons vu en outre qu'en dénaturant plusieurs principes intuitifs, et qu'en mettant sur la même ligne des vérités d'une importance relative bien différente, les idées de temps et d'espace, par exemple, à côté des principes de causalité et des substances, la théorie des rationalistes ouvre la porte au scepticisme, qui, pouvant ébranler l'autorité de la raison sur un point, est dès lors en droit de la contester sur tous. Nous avons vu enfin qu'en expliquant l'idée de l'infini contradictoirement au principe des substances, et au sens de Descartes (1), elle conduit rigoureusement, si tou-

(1) « Il s'en faut bien que les prétendus principes physiques de Descartes conduisent l'esprit à la connaissance de son Créateur

tefois on veut être conséquent, comme l'a été Spinoza, au panthéisme, et par conséquent à l'athéisme; enfin qu'elle ouvre un abîme sans fond où tout pourrait s'engloutir, l'esprit et la matière, la liberté et la morale, la personnalité humaine et la personnalité divine. N'y aurait-il que ces conséquences dangereuses que le rationalisme traîne fatalement après soi, cela suffirait, je crois, pour le discréditer à jamais.

Telle est en partie la théorie de la raison *pure et impersonnelle !* Cette théorie, qui a fait tant de bruit, et de laquelle on eût dit que dépendait l'avenir de la science et de la société tout entière ! Voilà la doctrine que l'on a voulu substituer à la philosophie française.

A Dieu ne plaise que par une calomnie horrible j'accuse ce grand homme d'avoir méconnu la suprême intelligence à laquelle il devait tout, et qui l'avait élevé au-dessus de presque tous les hommes de son siècle ! Je dis seulement que l'abus qu'il a fait quelquefois de son esprit a conduit ses disciples à des précipices dont le maître était fort éloigné ; je dis que le système cartésien a produit celui de Spinoza, je dis que j'ai connu beaucoup de personnes que le cartésianisme a conduites à n'admettre d'autre Dieu que l'immensité des choses et que je n'ai vu, au contraire, aucun newtonien qui ne fût théiste dans le sens le plus rigoureux. » (VOLTAIRE, *Philosophie de Newton*.)

CHAPITRE III

PRINCIPES DE CAUSALITÉ ET DE FINALITÉ.

Nous avons examiné un certain nombre des éléments qui figurent sur la liste des catégories de la *raison*, le principe des substances, les idées de l'infini, du temps et de l'espace, et enfin les axiomes des mathématiques. Nous allons parler maintenant des deux principes de causalité et de finalité. De tous les principes intuitifs que nous venons d'énumérer, ils sont sans contredit les plus importants, avec le principe des substances ; car si celui-ci nous conduit à la notion de deux substances distinctes, l'une immatérielle, l'autre matérielle ; le principe de causalité nous conduit à l'idée d'un Dieu ; et celui de finalité, au dogme de l'immortalité de l'âme. Mais si, à l'aide de ces deux données intuitives, une méthode bien comprise et légitimement appliquée nous mène à la certitude sur tout ce qui peut intéresser l'homme ;

lorsqu'elle est au contraire mal entendue, et qu'elle part de principes mal définis ou mal formulés, elle détruit nos croyances les plus chères et flétrit nos espérances les plus douces; elle aboutit au scepticisme. C'est à cela que mène le rationalisme bâtard de ces derniers temps ; c'est le résultat nécessaire, la conséquence forcée de l'usage que, dans cette école, on a fait des vérités intuitives en général, et en particulier des deux principes dont il est ici question.

Nous avons vu ce que les rationalistes ont fait du principe des substances, devenu stérile entre leurs mains ; ce qu'ils ont fait de l'idée de l'infini qu'ils ne parviennent à expliquer que par une hypothèse destructive de toute psychologie sérieuse. Enfin nous avons vu qu'en réalisant l'idée du temps et de l'espace, ils vont jusqu'à ébranler l'autorité même de la raison. Si nous passons maintenant au principe de causalité, nous verrons qu'ils l'ont également méconnu dans sa nature, sa valeur et sa portée.

« Le principe de causalité, dit Royer-Collard,
« s'énonce ainsi : « *Tout ce qui commence d'exister*
« *a une cause;* » et plus loin : « Ce principe n'est
« point une proposition identique, il ne faut point
« la confondre avec cette autre proposition : Point
« d'effet sans cause ; celle-ci est identique, parce
« que cause et effet sont deux termes relatifs.

« Quand vous imposez à un événement le nom
« d'effet, vous supposez ce qui est en question,
« savoir, une cause ; vous faites une pétition de
« principe. Point d'effet sans cause est la même
« chose *que point de mari sans femme;* de ce
« qu'il n'y a point de mari sans femme, il ne suit
« pas qu'il n'y ait point d'homme qui ne soit
« mari ; de même quand on dit : Point d'effet sans
« cause, on ne dit pas que tout ce qui arrive soit
« un effet et soit produit par une cause (1). »

M. Cousin s'est peut-être souvenu de ce passage, lorsqu'il a dit : « On ne fait pas une pro-
« position identique et frivole, quand on affirme
« que *tout phénomène qui commence à exister a*
« *nécessairement une cause,* les deux termes de
« cette proposition ne se contiennent pas réci-
« proquement, l'un n'est pas l'autre, ils ne sont
« pas identiques l'un à l'autre, et cependant l'esprit
« met entre eux un lien nécessaire. C'est là ce
« qu'on appelle le principe de causalité (2). »

Cette assertion présente une double méprise : d'abord, tout en croyant formuler le principe de causalité, on n'énonce au fond que la simple notion de cause. En second lieu, s'imaginer qu'on puisse éviter ici ce qu'on appelle *cercle vicieux,* c'est croire qu'on peut expliquer une vérité pre-

---
(1) Fragments. *Œuvres de Reid.* Tom. IV, p. 274.
(2) Cours de 1829. Tom. II, p. 197.

mière par une idée qui lui serait antérieure, c'est encourir les reproches que Pascal adresse à ceux qui veulent définir l'*être;* et surtout, c'est méconnaître la portée du langage humain, la nature d'une proposition et l'essence même de ces principes immédiats, universels et nécessaires que, par une inconcevable prétention, l'école rationaliste revendique pour elle seule.

Point d'effet sans cause, voilà la proposition qu'il faut remplacer par une autre qui ne soit ni *identique* ni *frivole*. Pour éviter l'identité, il faut, dit-on, trouver *un terme qui ne contienne pas l'attribut*. Supposons que l'on ait trouvé ce que l'on cherche, quel lien mettra-t-on entre des termes qui ne se contiennent pas? Si par un moyen quelconque on parvenait à les unir, la phrase peut-être cesserait d'être *frivole;* mais, à coup sûr, elle deviendrait pire, car elle serait insignifiante.

Toute proposition se compose de deux termes et d'une copule; celle-ci exprime nécessairement l'un ou l'autre des trois rapports que l'on nous permettra de marquer par les signes algébriques $=, +, -$. Si les deux termes s'unissent par un rapport d'égalité, la phrase est proprement une *définition* dont l'essence est d'exprimer une identité absolue (1); si au contraire l'*attribut* ne dé-

---

(1) Laromiguière. Leç. XI.

veloppe qu'une partie des éléments qui peuvent être renfermés dans le *sujet*, vous n'avez plus qu'une *proposition* simple, mais qui néanmoins exprime une identité relative; mais si la compréhension de l'attribut excédait celle du sujet, c'est alors que vous auriez une proposition réellement *frivole*, ou plutôt tout à fait inintelligible. Ainsi il ne peut y avoir de propositions vraies que celles qui expriment une identité absolue ou du moins une identité relative (1).

Prenons un moyen de démonstration plus simple et ne craignons pas d'opposer la grammaire à la métaphysique. *Point d'effet sans cause* est la même chose que : *un effet a une cause;* on reproche au premier terme de contenir le second, au point de lui être identique, et on veut le remplacer par un autre. Mais, si on lui substitue un autre mot, ce sera de toute nécessité un verbe ou un substantif ou un adjectif. Or un verbe exprime une action ou un état; et l'action implique une cause, et l'état un effet; un substantif ou l'idée de substance implique une collection de propriétés actives, un assemblage de phénomènes ou d'effets produits; enfin l'essence de l'adjectif est d'exprimer

---

(1) « *L'or est malléable* est une proposition où la même idée est affirmée d'elle-même; car elle signifie, *un corps que j'ai observé être malléable et que je nomme or est malléable.* (Condillac. Logique. Part. II, ch. 9.)

le rapport même de la cause à l'effet. Il est donc impossible, quelque expression qu'on cherche, d'en trouver une qui ne contienne déjà l'idée d'effet et par conséquent de cause. Ici le langage lui-même empêche l'esprit de s'égarer, et le ramène malgré lui dans la voie de la vérité dont il voudrait en vain s'écarter.

Les deux illustres philosophes dont nous parlons ici n'ont donc pas évité le défaut qu'ils reprochent à leurs devanciers; ils se flattent en vain d'avoir évité la *pétition de principe;* et, loin de les en blâmer, il faut, au contraire, si l'on se met à leur point de vue, les féliciter de n'avoir point réussi dans leur tentative, car leurs efforts ne tendaient à rien moins qu'à compromettre ou plutôt à ruiner le principe même qu'ils cherchaient à établir sur une base plus solide.

En effet, dans la proposition qu'ils adoptent : « *tout ce qui commence à exister a une cause,* » si le sujet ne contenait pas l'attribut, s'il ne lui était pas exactement égal, il suivrait que l'idée de cause (1), qui forme le second membre de la phrase, contiendrait un certain nombre d'éléments de plus ou de moins que l'idée exprimée dans le sujet; mais ce qui renferme en soi des éléments est nécessairement composé; l'idée de cause ne

---

(1) Nous prouverons que la formule des rationalistes contient la *notion de cause,* mais non le *principe de causalité.*

serait donc plus une idée simple, et par conséquent leur prétendu principe de causalité ne serait plus un *premier* principe, car s'il contenait des éléments, ceux-ci seraient au moins au nombre de deux, et il est par trop évident que l'un et l'autre ne pourrait être en même temps le premier.

Ainsi la meilleure et l'unique manière d'énoncer la notion de cause sera toujours l'expression vulgaire : *point d'effet sans cause*, ou, *point de cause sans effet;* pure tautologie! c'est vrai ; mais inévitable et qui même est ici la marque de la vérité. Qu'est-ce au fond qu'une cause, selon notre manière de concevoir, sinon un effet qui se produit? et qu'est-ce qu'un effet, sinon une cause qui se développe ? « Toute cause, dit Condillac, est
« égale à son effet. La plus légère réflexion sur
« les idées de cause et d'effet nous convaincra de
« cette vérité. Si vous supposez l'effet plus grand,
« ce qui dans l'effet excèderait la cause serait un
« effet sans cause; si vous supposez la cause plus
« grande, ce qui dans la cause excèderait l'effet,
« serait une cause sans effet, ce ne serait donc
« plus une cause (1). »

Que l'orgueil de l'esprit métaphysique ne s'irrite pas ici de son impuissance à franchir des bornes infranchissables. Que l'on considère à quoi peu-

---

(1) *Art de raisonner*, liv. II, ch. 3.

vent aboutir les méditations les plus profondes et les plus sublimes! quelle est la conclusion dernière de toute science? le résultat de toute philosophie? quelle est, par exemple, la conséquence à tirer de tout le système de Kant? N'est-ce pas ceci : La raison = la raison? Et Fichte, le grand rationaliste, Fichte n'a-t-il pas dit : Moi = moi? Cette formule a appelé le sourire sur bien des lèvres, nous le savons; mais a-t-on oublié que l'auteur des êtres, lorsqu'il veut se révéler à Moïse, ne peut trouver d'autres expressions que celles-ci : *Ego sum qui sum?* La vérité complète ne peut s'exprimer que par une proposition dont les termes ont une même étendue et une compréhension égale; la formule la plus haute que la spéculation puisse atteindre dans son vol le plus hardi est celle-ci : Ce qui est, est. La science aboutit à une équation. Sur ce point nous craignons d'autant moins la contradiction, que les rationalistes eux-mêmes ont à leur insu abouti au principe tant de fois reproché à l'école française, nous voulons dire le *principe de l'identité* (1).

Ainsi, malgré tous les subterfuges du langage, il était impossible à Royer-Collard, ainsi qu'à

---

(1) Nous verrons dans la suite que, d'après Condillac, l'*identité* n'est pas le *critérium* de la vérité en général, mais seulement la *marque* de l'*évidence de raisonnement*.

M. Cousin, d'éviter la tautologie ou ce qu'ils appellent le *cercle vicieux*. D'un autre côté, quand bien même ils auraient réussi dans leurs prétentions, il resterait toujours établi qu'ils ne sont parvenus en aucune manière à séparer de l'idée de cause le principe de causalité.

Cependant il ne faut pas qu'une des données les plus importantes et les plus fécondes de l'intuition reste sans valeur et sans portée. Essayons de distinguer ce qu'on a confondu et de rétablir ce qu'on a dénaturé.

Dans la conception étiologique je sépare deux choses profondément distinctes : l'idée de cause et le principe de causalité. Pour tracer en quelques mots leurs caractères essentiels, qu'il nous soit permis de remonter à leur origine, et cela au moyen de la supposition suivante : l'âme vient d'être modifiée pour la première fois, n'importe comment. Elle a conscience de cette modification, car autrement rien n'existerait pour elle. Puisqu'elle a conscience de ce qu'elle éprouve, elle conçoit donc quelque chose, elle affirme quelque chose. Quel est l'objet de cette conception, de cette affirmation primordiale? Prêtez à cette âme des organes matériels et la faculté de s'exprimer au moyen du langage : ne sera-t-elle pas forcée d'employer les mots mêmes que l'usage a consacrés à l'expression des phénomènes de l'esprit?

modification, changement, opération, souffrance ou jouissance, conception, etc., tels seront à peu près les mots auxquels elle aura nécessairement recours. Or quelle est l'idée générale et commune attachée à toutes ces expressions analogues ? L'idée d'action. L'idée d'une action, quelle qu'elle soit, exercée ou subie, n'est sans doute rien autre chose que l'idée de force, de puissance, de causation enfin. Mais une action, une opération ne se révèle pas immédiatement à la raison ; ce qui se conçoit d'abord, ce qui se perçoit même, c'est l'acte soit intérieur soit extérieur, en un mot, c'est l'effet. Arrêtons-nous ici : l'*effet* est donc l'objet de l'affirmation qui marque le premier développement de l'intelligence humaine. Voilà dans la synthèse de la conception primitive l'élément qui domine et apparaît au premier plan sur le théâtre de la conscience. On aurait beau tourmenter sa pensée, pour lui faire rendre quelque chose qui fût antérieur. Dans l'ordre ontologique, il est vrai, la substance préexiste à tout effet produit; mais l'idée d'*effet* est peut-être la première dont l'âme puisse avoir conscience ; elle semble provoquer la notion du *moi* et du *non-moi;* elle commence la série de tous les phénomènes intellectuels ; elle est la condition même de tout exercice de la pensée; c'est la naissance et, pour ainsi dire, la création de l'entendement.

Par un principe constitutif de son être, l'esprit humain a donc nécessairement la notion de l'effet; de là je conclus qu'il a en même temps l'idée nécessaire de la *cause*. Sur quoi repose l'évidence de cette nécessité ? Serait-ce sur un simple rapport de corrélation ? Il est incontestable sans doute qu'on peut appliquer ici la théorie des logiciens sur les relatifs, et que, l'effet supposant la cause, l'idée de celle-ci est nécessairement contemporaine de l'idée de celui-là. Mais si, ne s'arrêtant pas à la surface des choses, on veut pénétrer plus avant, on s'aperçoit bientôt que, dans les profondeurs de la pensée, les deux termes de la formule de l'idée de cause et d'effet cessent de se poser en relation mutuelle, et que les deux idées qu'ils semblaient distinguer, finissent par s'identifier dans un concept unique et simple.

Voilà l'idée de cause, mais de cause seconde et contingente. Si j'examine l'état de mon esprit lorsqu'il conçoit cette idée, la lumière qui éclaire toute intelligence, celle de l'ignorant aussi bien que celle de l'homme instruit, vient aussitôt m'ouvrir un horizon illimité : à côté et au delà de toute cause particulière et contingente, au delà de toutes les séries possibles de causes secondes imaginables, je conçois la cause première et nécessaire, celle qui communique à moi, à tout ce qui m'entoure, l'être, le mouvement et la vie.

Voilà le principe de causalité ; révélé intuitivement à l'esprit, d'une évidence immédiate et d'une certitude absolue, il peut et doit se formuler non plus, comme dans le langage vulgaire, par cette proposition qu'on dit être *puérile et frivole : Point d'effet sans cause ;* ni même par celle de Royer-Collard : « *Tout ce qui commence d'exister a une cause* », ou bien : « *Tout phénomène qui commence à exister a nécessairement une cause* » ; propositions également tautologiques et qui n'apprennent absolument rien ; mais par celle-ci : *Point d'effet sans cause première :* proposition qui, grammaticalement du moins, n'est pas identique, et à laquelle on ne refusera pas le mérite d'apprendre quelque chose.

Ce principe éclaire et domine presque toute la philosophie ; car, ayant son origine dans les conditions mêmes de l'existence de l'âme humaine, c'est-à-dire dans l'activité spontanée de l'esprit, en un mot dans la faculté de penser, il engendre presque tout ; il est le germe et comme la racine de toute science abstraite et positive même ; car, dans sa compréhension, il embrasse, collatérales ou impliquées, toutes ces idées (1), toutes

---

(1) Idée du moi et du non-moi, et par conséquent de l'extériorité ou de l'espace ; idée de durée, c'est-à-dire du temps et de ses trois moments, et par conséquent du nombre, c'est-à-dire de l'un et du multiple.

ces vérités premières et nécessaires que l'intuition nous révèle, et qui servent de point de départ à toutes les branches des connaissances humaines.

Le principe de causalité seul est le fondement de la théodicée, il nous débarrasse de ce pompeux appareil de preuves *physiques, métaphysiques et morales* qui, pour établir l'existence de la Divinité, n'ont d'autre valeur que celle qu'elles reçoivent de lui, et qui finissent même quelquefois par obscurcir la lumière qu'il verse dans toutes les intelligences. Si on s'était appliqué à le dégager nettement, et à lui donner sa véritable formule, on se serait épargné, pour démontrer des choses indémontrables, la peine de chercher bien loin des arguments qui, après tout, pourraient bien n'être que de simples combinaisons logiques : pour prouver l'existence de Dieu, on n'aurait pas eu recours aux syllogismes de saint Anselme, de Descartes et de Leibnitz; mais on se serait aperçu qu'en pareille matière le paralogisme est inévitable, que la cause première ne se prouve pas, mais se constate, en un mot qu'on ne démontre pas Dieu, mais qu'on le nomme.

Ainsi l'existence de l'Être suprême n'est plus pour moi le résultat d'un raisonnement abstrait, d'un jeu de logique; mais elle est un *fait*, dont je suis aussi sûr que de ma propre existence; car l'*effet* existant, la *cause* existe aussi. Mais entre ces deux termes je trouve un rapport nécessaire : un rapport d'égalité non absolue sans doute, mais relative; je dois donc retrouver dans la cause toutes les qualités positives que je trouve dans l'effet (1); or j'ai le sentiment de mon identité, de ma personnalité, donc la cause, dont je dépends, possède ces deux attributs, outre tous ceux qui peuvent lui appartenir en qualité de cause première; donc il existe un Dieu personnel.

C'est ainsi que, pour échapper à l'athéisme et au panthéisme, l'école française, posant en fait l'existence de la cause première, s'efforce, par un procédé qui n'appartient qu'à elle, de joindre la certitude physique à la certitude métaphysique. Elle se garde bien de déduire l'existence de Dieu d'un principe abstrait ; car elle n'ignore pas que d'une abstraction on ne pourra jamais tirer une réalité concrète. « Plus une vérité est importante, dit Condillac, plus on doit avoir soin de ne l'appuyer que sur de solides raisons. L'existence de Dieu en est une, contre laquelle s'émoussent tous les traits des athées. Mais

---

(1) Ici cependant s'ouvre pour nous le champ illimité des conjectures. L'esprit humain s'est trop souvent égaré dans des recherches inutiles sur l'essence propre des êtres. Au moyen âge, par exemple, on posait et on agitait gravement cette question : « Là où se trouve un ange, y a-t-il encore le vide ? » A toutes les questions du même genre ne pourrait-on pas opposer une fin de non-recevoir?

si nous l'établissons sur de faibles principes, n'est-il pas à craindre que l'incrédule ne s'imagine avoir sur la vérité même un avantage qu'il n'aurait que sur nos frivoles raisonnements, et que cette fausse victoire ne le retienne dans l'erreur ? N'est-il pas à craindre qu'il ne nous dise, comme aux cartésiens : *A quoi servent des principes métaphysiques, qui portent sur des hypothèses toutes gratuites? Croyez-vous raisonner d'après une notion fort exacte, lorsque vous parlez de l'idée d'un être infiniment parfait, comme d'une idée qui renferme une infinité de réalités? N'y reconnaissez-vous pas l'ouvrage de votre imagination, et ne voyez-vous pas que vous supposez ce que vous avez dessein de prouver* (1) ?

Pour éviter de prêter le flanc aux attaques de l'incrédulité, il suffit, selon lui, de constater l'existence de la cause première. « Nous avons jugé, dit-il, que le mouvement a une cause, parce qu'il est un effet; nous jugerons que l'univers a également une cause, parce qu'il est un effet lui-même; et cette cause, nous la nommerons *Dieu*. » — « Dieu, il est vrai, ne tombe pas sous les sens; mais il a imprimé son caractère dans les choses sensibles; nous l'y voyons, et les sens nous élèvent jusqu'à lui. En effet, lorsque je re-

---

(1) *Traité des animaux*, ch. 6.

marque que les phénomènes naissent les uns des autres, comme une suite d'effets et de causes, je vois nécessairement une première cause; et c'est à l'idée de cause première que commence l'idée que je me fais de Dieu (1). »

De cette notion il tire tous les attributs divins (2), et il s'élève au dogme de la Providence; ou plutôt ce dogme est également pour lui une vérité *d'expérience*. En effet, la Providence ne se révèle-t-elle pas partout à nos yeux par des traits éclatants de puissance, de sagesse et de bonté? Ne se révèle-t-elle pas au sens intime dans cette croyance invincible que nous avons tous à la stabilité et à la généralité des lois de la nature, dans ce principe constitutif de notre être que nous appelons *principe d'induction,* et qu'on peut identifier avec le principe des *causes finales*.

Si le principe de *causalité* nous révèle l'existence d'un Dieu, le principe des *causes finales* nous révèle sa providence. Impliqué dans le principe de *causalité*, auquel il rend une partie de la force qu'il lui emprunte, il sert de base à la méthode inductive tout entière; il est le seul

---

(1) Logique, ch. 5.

(2) « Une cause première, indépendante, unique, immense, éternelle, toute-puissante, immuable, intelligente, libre, et dont la providence s'étend à tout : voilà la notion la plus parfaite que nous puissions, dans cette vie, nous former de Dieu. » (*Traité des animaux,* ch 6.)

qui permette de soulever un coin du voile épais qui nous cache le système du monde, le plan et le but de la création, de déterminer jusqu'à un certain point la destinée des êtres, les lois de leur perfectibilité indéfinie, et d'asseoir sur un fondement solide le dogme de l'immortalité des âmes; le seul enfin qui puisse inviter l'homme à s'associer dès ici-bas aux vues providentielles, et à concourir en quelque sorte avec l'Être suprême à l'ordre et au bonheur universel.

Ce principe si fécond, qu'est-il devenu entre les mains des rationalistes? Puisqu'ils ont dénaturé le principe des substances et celui de causalité, ne pouvons-nous pas nous attendre à les voir ou bien n'en tenir aucun compte, ou bien le réduire aux proportions d'une phrase tautologique et insignifiante? En effet, si nous ouvrons leurs livres (1), ceux-ci n'en disent pas un mot, et c'est le plus grand nombre; ceux-là vont jusqu'à lui refuser toute valeur apodictique, et prétendent qu'il ne peut nous donner que des *croyances;* les autres le formulent ainsi : « Tout moyen suppose une fin. »

Pour arriver à ce résultat, peut-être n'était-il pas nécessaire d'inventer une faculté *spéciale et*

---

(1) Nous ne voulons parler ici que des rationalistes français adversaires ou détracteurs de Condillac et de la philosophie nationale.

supérieure. Toutefois, cette proposition, telle quelle, renferme quelque vérité; et la justice et l'impartialité exigent que nous la fassions ressortir.

Que je rentre en moi-même, ou que je porte autour de moi mes regards, tous les phénomènes m'apparaissent liés entre eux non-seulement par le rapport de la cause à l'effet, mais encore par le rapport du moyen à la fin. De plus, je m'aperçois que l'idée de fin existe dans l'esprit de tous les hommes, sans exception, et qu'elle y existe tout aussi nécessairement que l'idée de *cause :* car de même que tout ce qui se passe en nous et en dehors de nous nous apparaît comme un *effet*, et qu'en percevant l'*effet* nous concevons nécessairement la *cause;* de même tout ce qui se passe en nous et en dehors de nous nous apparaît comme *moyen*, et, en percevant le *moyen*, nous concevons nécessairement la *fin*. Cela est si vrai, que l'enfant, qui commence à parler, pose déjà, à la vue d'un phénomène quelconque, ces deux questions : *Comment? Pourquoi?* de même qu'il demande la cause de tout ce qu'il sent, de tout ce qu'il voit. La notion de *fin* est donc primitive, c'est-à-dire immédiate ou intuitive, et par conséquent *nécessaire*. Voilà ce que nous accorderons aux rationalistes. Mais formuler ainsi cette idée : « Tout moyen suppose une fin », n'est-ce pas nous laisser encore dans l'*empirisme*, tel qu'on affecte de le comprendre? Qu'aurons-nous à répondre à ce naturaliste qui s'est acquis une si triste célébrité en disant : « La nature fait tout pour l'espèce, rien pour l'individu. » Nous aurons beau lui dire : Si la nature ne fait rien pour les individus, mais tout pour l'espèce, elle ne fait rien pour l'*espèce*, mais tout pour le *genre;* rien pour le *genre*, tout pour les *familles;* rien pour les *familles*, tout pour les *ordres;* rien pour les ordres, tout pour les *classes;* rien pour les *classes*, tout pour les *embranchements;* mais tous les termes de votre nomenclature ne sont que des abstractions. Qu'est-ce que l'espèce sans les individus qui la composent? Et quel singulier raisonnement que de dire : La nature fait tout pour l'espèce, qui n'est rien, et rien pour les individus, qui sont tout! Ce naturaliste ne fera point difficulté d'admettre ces conclusions; et il nous répondra qu'il en est ainsi; que tout tourne dans un cercle; que la Providence s'amuse dans l'univers :

Ludit in humanis divina potentia rebus.

Voilà les conséquences où nous serons fatalement amenés; et cela, parce qu'au lieu d'une formule complète et féconde vous ne nous avez donné qu'une proposition dont on ne peut absolument rien tirer, et qui de plus mutile la vérité.

En effet, qui dit *moyen* dit *fin*. *Moyen* et *fin!* *fin* et *moyen!* sont deux idées non-seulement corrélatives, mais impliquées l'une dans l'autre. Dans la proposition qu'on nous présente, la compréhension de l'attribut est égale à celle du sujet, et par conséquent, c'est une phrase aussi stérile que si l'on disait d'un père qu'il a des enfants, d'un frère qu'il a une sœur ou un frère. On s'imagine bien que l'*identité* n'est pas ce que nous blâmons ici, puisqu'avec Condillac et Laromiguière nous la reconnaissons dans certains cas comme la marque de l'*évidence* et de la vérité. Mais les rationalistes n'admettant pas ce *criterium*, et de plus, ayant la prétention de n'avoir adopté aucune formule *identique* pour les *catégories de la raison*, nous sommes obligés de faire remarquer, en passant, qu'ici comme ailleurs ils échouent contre l'écueil même qu'ils avaient voulu éviter. Ce n'est donc pas parce qu'elle est identique que nous rejetterons la formule ou plutôt la phrase qu'on nous propose ; c'est parce qu'elle n'exprime qu'une partie de la vérité, une très-faible partie de ce que l'esprit humain peut concevoir à la vue des phénomènes qui se succèdent soit dans le monde des corps, soit dans le monde des esprits. *Moyen* et *fin! fin* et *moyen!* Ces deux termes sans doute nous laissent saisir entre eux un rapport nécessaire : un rapport d'égalité; et la conception de ce rapport peut nous conduire sans intermédiaire au célèbre principe de la *raison suffisante*, lequel, si nous le voulons, nous donnera la loi du développement des substances ici-bas. Mais ceci même épuiserait-il toute la fécondité du principe que nous cherchons? Nous ne le croyons pas.

De la simple notion de cause, nous nous sommes élevés au *principe de causalité;* de la simple notion de fin, nous nous élèverons ici au *principe de finalité;* et de même que nous avons formulé le premier en disant : *Tout effet suppose une cause première;* de même nous formulerons le second, en disant : *Tout moyen suppose une fin ultérieure et dernière.*

Ainsi, de même que dans la théorie des *causes efficientes*, les rationalistes n'ont pas distingué le *principe de causalité* de l'*idée de cause;* de même, dans la théorie des *causes finales*, ils n'ont pas séparé le *principe de finalité* de l'*idée de fin*. Par conséquent, si leurs attaques contre la philosophie française sont justes, ils nous laissent ici dans ce qu'ils appellent le *domaine de l'expérience*, et nous voilà condamnés à n'avoir aucune base à la méthode inductive et à la certitude morale, ou du moins à n'avoir en cette matière que des idées vagues, et qui ne seront ni rattachées entre elles, ni ramenées à un principe unique; et, pour ce qui regarde le dogme de l'immortalité de l'âme, nous voilà réduits à la seule preuve qui se tire de la nécessité d'une sanction à la loi morale, preuve suffisante, il est vrai, pourvu qu'elle soit présentée comme elle doit l'être (1), mais qu'il n'est pas défendu de corroborer par d'autres preuves, si on le peut.

Ce défaut que nous reprochons à certains rationalistes, nous savons qu'on peut le reprocher également à Condillac. Ce dernier n'établit l'immortalité de l'âme que sur la justice divine.

« Nous sommes, dit-il, capables de mérite ou de démérite envers Dieu même; il est de sa justice de nous punir ou de nous récompenser. Mais ce n'est pas dans ce monde que les biens et les maux sont proportionnés au mérite et au démérite. Il y a donc une autre vie où le juste sera récompensé, où le méchant sera puni, et notre âme est immortelle. Cependant, si nous ne considérons

---

(1) Il faut ajouter cette condition, car l'argument des logiciens : « La loi morale doit avoir sa sanction, or elle ne l'a pas en ce monde, donc elle l'aura dans un autre », revient à ceci : « Les choses vont mal ici-bas; donc elles iront bien ailleurs. » Mais ces deux propositions ne se contiennent pas l'une l'autre : Si vous avouez que les choses vont mal en ce monde, la seule conclusion que vous puissiez en tirer est celle-ci : donc elles peuvent aller mal dans l'autre. Voilà, entre mille, un exemple qui nous montre le danger qu'il y a à séparer l'*évidence de fait* de l'*évidence de raison*, la *certitude physique* de la *certitude métaphysique*.

que sa nature, elle peut cesser d'être. Celui qui l'a créée peut la laisser rentrer dans le néant. Elle ne continuera donc d'exister que parce que Dieu est juste. Mais par là, l'immortalité lui est aussi assurée que si elle était une suite de sa nature (1). »

Cependant Condillac ne démêle pas bien le principe de finalité ; et, quoiqu'il ait, mieux que Bacon peut-être, décrit les différents procédés de la méthode *inductive*, cependant il ne paraît pas avoir nettement distingué le principe immédiat de la certitude morale. C'est une lacune que nous ne craindrons pas de signaler en lui. Mais nous nous hâterons de dire que, si sur ce point il ne nous a rien laissé de véritablement scientifique, on trouve dans les ouvrages de l'un de ses disciples de quoi suppléer au silence du maître. Un philosophe illustre, un sage vénéré, quoiqu'on ait essayé de le flétrir sous les noms odieux de *sensualiste* et de *matérialiste*, Charles Bonnet, dont tous les écrits ne sont, pour ainsi dire, qu'un hymne continuel à la Providence, a consacré son vaste savoir à tirer du principe des causes finales toutes les conséquences qu'il renferme, et surtout le dogme de l'immortalité de l'âme. Établissant une étroite solidarité entre ce principe et celui de causalité, il fonde sur l'autorité de l'expérience elle-même la

(1) *Traité des animaux*, ch. 7.

certitude d'un avenir et de nos destinées immortelles, parce que cette grande vérité se déduit pour lui comme un fait de deux autres faits sensibles : L'existence d'un Dieu et sa providence universelle.

« Un matérialiste, dit-il, serait bien peu avancé dans ses projets contre la religion, quand il serait parvenu à démontrer la matérialité de l'âme : il faudrait encore qu'il démontrât la fausseté des faits qui établissent la vérité de la religion ; je ne dis pas seulement de la religion *révélée*, je dis encore de la religion *naturelle ;* car l'univers est un *fait*, qui suppose une *cause*, et nous déduisons du fait l'existence et les attributs de la cause. Or parmi ces attributs, il en est qui supposent la conservation de l'âme, quelle que soit sa nature, ou matérielle, ou spirituelle (1). »

Plus tard, lorsqu'il sera question des caractères

---

(1) *Essai analytique sur l'âme*, ch. 24. Ce n'est pas une profession de matérialisme qu'il faut voir ici. Si cet auteur ne déduit pas l'immortalité de l'âme de sa spiritualité, c'est que, plus une vérité est importante, plus il faut avoir soin de ne l'appuyer que sur de bonnes raisons. Si l'âme ne peut périr parce qu'elle est spirituelle, il s'ensuit qu'elle n'a pu naître.

D'ailleurs, si l'on accuse Ch. Bonnet de *matérialisme*, parce qu'il fait l'aveu que nous ne connaissons que l'*essence seconde* des substances, et qu'il développe en grande partie la *monadologie* de Leibnitz, pourquoi n'en accuse-t-on pas de même ce dernier, qui en fait presque ouvertement profession ?

propres de l'*empirisme*, tel qu'il est entendu dans l'école française, nous démontrerons que son originalité consiste non pas à faire dériver nos idées d'une source plutôt que d'une autre, ce qui serait une prétention puérile, mais à distinguer la vérité concrète de la vérité abstraite; et que, de tous les systèmes, il est le seul qui soit en possession d'atteindre ce but, parce qu'il est le seul qui ne sépare jamais ni les trois espèces d'évidence, ni les trois espèces de certitude.

Outre l'imprudence d'avoir placé sur la même ligne des vérités qui n'ont que l'évidence de raison telles que celles-ci : « Tout événement a lieu dans le temps », « tout corps est dans l'espace », « deux et deux font quatre », etc., à côté de vérités qui ont à la fois l'évidence de raison et l'évidence de fait, comme celle-ci : « Il existe une cause première qui se propose une fin et assigne à tout ce qui existe une destinée ultérieure et dernière » ; outre l'inconvénient, résultat nécessaire de cette première imprudence, d'avoir transformé les principes de causalité et de finalité en simples conceptions de l'esprit, c'est-à-dire en simples modifications subjectives, ce qui nous réduit à la nécessité de tirer le concret de l'abstrait. Les rationalistes, nous venons de le voir, n'ont pas même épuisé la compréhension de ces deux principes; les formules par lesquelles ils les expriment ne nous apprennent absolument rien ; et de plus ils ne sont pas même parvenus à éviter ce qu'ils prétendent avoir évité, la tautologie ou l'identité : prétention d'ailleurs contraire aux lois de la grammaire et de la logique, du moins en ce qui concerne l'évidence de raisonnement, comme l'ont démontré Condillac (1) et Laromiguière (2).

Nous allons voir que les rationalistes n'ont pas été plus heureux relativement aux idées de beauté et de moralité, qui, on ne sait pourquoi, figurent aux mêmes titres sur la liste des catégories de la raison.

(1) Logique. Part. II. *Art de raisonner*. Part. I.
(2) *Leçons de philosophie*. Leç. XIII.

CHAPITRE IV

ESTHÉTIQUE.

Nous venons de passer en revue le plus grand nombre des catégories de la raison; pour en épuiser la liste, il nous reste à examiner les notions de *beauté* et de *moralité*. Comme on n'ignore pas que de très-grands esprits regardent le beau comme n'ayant rien d'absolu, tandis qu'à l'exception d'un très-petit nombre de sophistes tout le monde s'accorde sur l'immuable vérité des conceptions qui servent de base à la morale, nous pourrions demander ici, comme nous l'avons fait plus haut relativement à certaines données rationnelles, si l'on a eu raison d'accorder une même importance à deux principes qui ont été l'objet d'appréciations si différentes; mais la réponse à cette question se présentera d'elle-même, lorsque ces deux principes auront été soumis l'un après l'autre à l'examen qu'ils comportent et qu'ils méritent.

L'esthétique est la théorie philosophique du goût, considéré en lui-même, dans ses préférences et dans ses répugnances soit naturelles soit acquises. Pour qu'elle fût complète, il faudrait qu'elle embrassât tous les phénomènes qui se rapportent à la sensibilité physique, intellectuelle et morale, et qu'elle étudiât dans leurs nuances et dans leurs gradations diverses tous les plaisirs et toutes les peines qui dérivent de cette source. De plus, comme toute science aspire à un triple but : la connaissance des faits, celle des lois, et la reproduction des faits au moyen des lois connues, l'esthétique devrait avoir pour couronnement une théorie de l'art. La question est trop vaste pour que nous l'embrassions dans toute son étendue. Nous nous bornerons ici à l'étude du sentiment et de l'idée du beau.

Le beau est-il une réalité objective? Quel est le rôle du jugement dans la formation de cette idée dans l'esprit humain? Telles sont les deux questions qui doivent avant tout fixer notre attention; c'est à ces deux points de vue que nous opposerons l'une à l'autre l'école rationaliste et l'école sentimentale.

Nous verrons que la première ne parvient à expliquer l'origine de l'idée du beau qu'à la faveur d'un paralogisme; qu'avec des prétentions à l'*idéalisme*, elle n'aboutit au fond qu'à une sorte de matérialisme mal déguisé sous les ornements d'un langage admirable sans doute, mais très-vague et presque toujours mystique ; enfin qu'elle n'a aucune valeur scientifique, et que du reste la célèbre *théorie de la beauté morale* qu'elle s'approprie, elle l'emprunte, sans le savoir, à l'école qu'elle appelle *sensualiste*.

D'un autre côté, nous verrons que la solution *sentimentale,* quoique infiniment supérieure à la première, n'est cependant pas tout à fait légitime. Nous essaierons de suppléer à ce qui lui manque, et nous indiquerons, en terminant, le but, l'objet et la règle de l'art.

Sur la question du beau, deux écoles opposées ont toujours été et sont encore en présence : certains philosophes croient à l'existence objective d'un beau en soi, d'un beau absolu, ou du moins d'une qualité commune à tous les objets beaux : ce sont les platoniciens. D'autres, au contraire, ne considèrent le beau que comme un phénomène purement subjectif, comme une simple affection de l'âme. Pour ces derniers, il n'est point de beau absolu, ni même de beauté générale ; il existe à peine des objets beaux par eux-mêmes, car ils ne regardent ceux-ci que comme les *causes occasionnelles* d'une émotion agréable *sui generis :* ce sont les cartésiens ; c'est l'école presque exclusivement française, l'école de Condillac surtout, et de Laromiguière.

Ceux qui vont puiser leurs inspirations dans les esthétiques allemandes, ou qui vivent encore des miettes du banquet de Platon, accusent les philosophes français de n'avoir fait, dans leur *étroite philosophie*, aucune place à l'*esthétique*, et de n'avoir pas même laissé *une seule page sur le beau* (1). Mais la critique, avant de se montrer si sévère, n'aurait-elle pas dû considérer les grands noms de ceux qui, avant Condillac et Laromiguière, avaient professé la même doctrine que ces deux philosophes, et la faiblesse des systèmes qui la combattent, soit dans l'antiquité, soit dans les temps modernes? Condillac, outre l'autorité du bon sens et des principes, comme nous le verrons bientôt, a d'abord pour lui presque tous les écrivains français, à commencer par Descartes.

On sait que Reid reproche à Descartes, ainsi qu'à Locke, de ne point réaliser au dehors nos sensations et nos sentiments. « Selon eux, dit-il, la chaleur et la saveur n'ont d'existence que dans la personne qui les sent; il en est de même de la beauté; elle n'existe point dans les objets, elle n'est que le sentiment de l'être qui les perçoit (2). »

L'opinion de Malebranche est bien connue;

---

(1) *Traité du vrai, du beau et du bien,* par M. Cousin.
(2) REID. *Essai VIII,* ch. 4.

on sait avec quelle verve moqueuse il s'élève contre la chimère des *formes substantielles;* il attribue leur origine à « ce préjugé commun à tous les hommes, que les sensations sont dans les objets qu'ils sentent (1). » Ce qu'il dit ici des sensations, il l'appliquait aux sentiments. Du reste, on n'ignore pas qu'il confondait presque ces deux choses.

Ailleurs, il s'exprime ainsi : « L'âme se plaît, pour ainsi dire, à se répandre sur tous les objets qu'elle considère en se dépouillant de ce qu'elle a pour les en revêtir (2). »

Montesquieu dit : « Lorsque nous trouvons du plaisir à voir une chose avec utilité pour nous, nous disons qu'elle est bonne; lorsque nous trouvons du plaisir à la voir sans que nous y démêlions une utilité présente, nous l'appelons belle. » — « Les anciens n'avaient pas bien démêlé ceci; ils regardaient comme des qualités positives toutes les qualités relatives de notre âme; ce qui fait que ces dialogues où Platon fait raisonner Socrate, ces dialogues, si admirés des anciens, sont aujourd'hui insoutenables, parce qu'ils sont fondés sur une philosophie fausse. Car tous ces raisonnements tirés sur le bon, le beau, le parfait, le sage, le fou, le dur, le mou, le sec, l'humide, traités comme des

---

(1) *Recherche de la vérité.* Liv. I, ch. 16.
(2) *Ibid.*, Liv. I, ch. 12.

choses positives, ne signifient plus rien (1). »

L'esthétique de Voltaire (2) est trop connue pour que nous en parlions ici.

D. Stewart, après avoir combattu les philo-

(1) *Essai sur le goût.* Tom. X. Ed. Didot, 1795.

(2) « Demandez à un crapaud ce que c'est que la beauté, le grand beau, le τὸ καλὸν, il vous répondra que c'est sa femelle avec deux gros yeux ronds, sortant de sa petite tête, une gueule large et plate, un ventre jaune, un dos brun. Interrogez un nègre de Guinée, le beau est pour lui une peau noire, huileuse, des yeux enfoncés, un nez épaté.

Interrogez le diable, il vous dira que le beau est une paire de cornes, quatre griffes et une queue. Consultez enfin les philosophes, ils vous répondront par du galimatias; il leur faut quelque chose de conforme à l'archétype du beau en essence, au τὸ καλὸν.

J'assistais un jour à une tragédie auprès d'un philosophe; que cela est beau! disait-il. Que trouvez-vous là de beau? lui dis-je! —C'est, dit-il, que l'auteur a atteint son but. Le lendemain il prit une médecine qui lui fit du bien. Elle a atteint son but, lui dis-je; voilà une belle médecine. Il comprit qu'on ne peut dire qu'une médecine est belle et que, pour donner à quelque chose le nom de beauté, il faut qu'elle vous cause de l'admiration et du plaisir. Il convint que cette tragédie lui avait inspiré ces deux sentiments, et que c'était là le τὸ καλὸν, le beau.

Nous fîmes un voyage en Angleterre; on y joua la même pièce, parfaitement traduite; elle fit bâiller tous les spectateurs. Oh, oh! dit-il, le τὸ καλὸν n'est pas le même pour les Anglais et pour les Français. Il conclut après bien des réflexions, que le beau est très-relatif, comme ce qui est décent au Japon est indécent à Rome, et ce qui est de mode à Paris ne l'est pas à Pékin; et il s'épargna la peine de composer un long traité sur le beau. » (*Dict. phil.*)

sophes qui réalisent l'idée de la beauté relative et celle du beau absolu, ajoute : « Les spéculations de ces philosophes ont évidemment leur origine dans un préjugé transmis du moyen âge aux temps modernes, savoir : que, quand un mot a plusieurs sens, ces différentes significations doivent toutes exprimer des espèces d'un même genre, et doivent conséquemment renfermer quelque idée essentielle commune à chaque individu auquel le terme générique peut s'appliquer (1). »

Ainsi ces grands hommes que, d'un consentement universel, on regarde comme les esprits les plus fermes et les plus pénétrants qui aient jamais existé : Descartes, Locke, Malebranche, Montesquieu, Voltaire, s'appuient tous sur un même principe et s'entendent sur un même point.

A cet accord unanime sur une même doctrine, que peut-on opposer? Des systèmes différents, des opinions contradictoires. Passons-les rapidement en revue, et remontons, s'il le faut, jusqu'à ceux qui, les premiers, ont agité cette question, jusqu'à Socrate.

On sait qu'il y a deux Socrate : celui de Xénophon et celui de Platon. On lit dans les *Entretiens mémorables* la conversation suivante entre Aristippe et Socrate : « Aristippe lui ayant demandé

---

(1) *On the beautiful.* Essay I, ch. 1, p. 194.

s'il connaissait quelque chose de bon : « Me demandes-tu, lui dit Socrate, si je connais quelque chose de bon pour la fièvre? — Non. — Pour les maux d'yeux? — Pas davantage. — Pour la faim? — Pas encore. — Eh bien! si tu me demandes si je connais quelque chose de bon qui ne soit bon à rien, je ne le connais pas et n'ai nul besoin de le connaître. »

« Aristippe lui demanda une autre fois s'il connaissait quelques belles choses. — Oui, et j'en connais beaucoup, répondit Socrate. — Eh bien! sont-elles toutes semblables? — Il y en a qui diffèrent les unes des autres autant qu'il est possible. — Et comment ce qui diffère du beau peut-il être beau? — Comme un homme habile à la course diffère d'un autre homme adroit à la lutte; comme la beauté d'un bouclier, qui est fait pour protéger le corps, diffère de celle d'un javelot qui est fait pour voler avec force et vitesse (1). »

Il est évident que Socrate ne partage pas l'opinion d'Aristippe qui paraît croire au beau en essence, et qu'il ne trouve tout au plus que des objets beaux dans la nature. Nous pourrions donc ajouter le Socrate de Xénophon à la liste des philosophes que nous avons donnée plus haut.

---

(1) *Entretiens mémorables.* Liv. III, ch. 8.

Mais, nous dira-t-on, il existe un autre Socrate que Platon fait raisonner dans ses dialogues; et celui-là possède beaucoup plus d'esprit, de grâce et d'élévation; nous sommes les premiers à lui reconnaître ces nobles qualités de l'écrivain, du poëte et de l'orateur; mais si l'on entend le considérer comme dialecticien et comme philosophe, nous nous rangeons du côté de Cicéron, qui lui trouve trop d'esprit et de subtilité, et nous ajouterons même qu'on ne le distingue pas toujours des sophistes qu'il prétend confondre. Dans l'*Hippias major,* par exemple, le plus sophiste des deux interlocuteurs n'est pas celui qu'on pense; car Hippias, ne cherchant ses réponses que dans son bon sens naturel et ne s'attachant qu'à citer des objets beaux, reste plus près de la vérité que Socrate, qui s'en éloigne à chaque pas qu'il fait à la recherche d'un beau en essence qui le fuit toujours et dont il ne peut rien dire de satisfaisant. Mais il vaut mieux nous en rapporter au jugement d'un platonicien même ou du moins qui l'est sans le savoir. Voici l'opinion du père André sur l'Hippias et le Phèdre : « Comme dans le premier, dit-il, Platon enseigne plutôt ce que le beau n'est pas que ce qu'il est; comme dans le second, il parle moins du beau que de l'amour naturel qu'on a pour lui, comme dans l'un et l'autre il étale à son ordinaire plus d'esprit et d'éloquence que de véritable philosophie, je renonce à la gloire de prouver ma thèse en grec (1). »

André ne parle pas même du *Banquet*. C'est une preuve qu'il en était encore moins satisfait que de l'Hippias et du Phèdre. Et, en effet, il n'est que fort peu question du beau dans ce dialogue, si ce n'est à la fin, dans le discours de Diotime, lequel n'est lui-même après tout qu'un hymne sublime en l'honneur de la Divinité.

Platon, par sa divine éloquence, n'était donc parvenu qu'à inspirer l'amour du beau, sans avoir jamais pu dire ce que c'est que le beau *idéal*, ni même ce que c'est que le beau *réel*. Sur la foi du maître, les disciples à leur tour se sont mis à la recherche de cette même chimère qu'il avait vainement poursuivie. Tous sont arrivés à des résultats différents. Leurs systèmes contraires succombent d'abord, selon nous, sous l'objection générale qu'on peut leur faire au point de vue cartésien. Tous sont en outre incomplets, c'est-à-dire que, même dans ce qu'ils renferment de vrai, ils ne rendent compte que d'une faible partie des faits; de plus, considérés en eux-mêmes, chacun en particulier, d'une manière ou d'une autre, prête le flanc au doute et à la con-

(1) *Essai sur le beau*. Disc. 1, p. 6.

tradiction; poussés jusqu'à leurs dernières conséquences, ils aboutissent souvent à l'inintelligible, quelquefois même à l'absurde.

Plotin, suivi en cela par Hutcheson et d'autres modernes, Plotin place le beau dans l'unité et la variété et dans le rapport de l'une à l'autre. C'est là sans doute une source féconde des plaisirs du goût, mais ce n'est pas la seule; il existe même un grand nombre d'objets beaux qui n'ont ni unité ni variété. Ajoutez que, comme ces auteurs aiment à planer dans les hauteurs de la métaphysique, et à remonter toujours au premier principe de tout, l'idée du beau (quoique fixe et absolue selon eux) se perfectionnant graduellement dans leur esprit, les porte naturellement jusqu'à Dieu. Nous concevons très-bien cette élévation naturelle de l'âme vers son premier principe et vers sa fin dernière; mais ce que nous ne concevons pas, c'est que l'unité aille s'épurant et se perfectionnant sans cesse; nous ne concevons pas non plus la variété dans l'Être suprême, dont le principal attribut est pour nous l'unité et la simplicité. Nous concevons peut-être la variété en Dieu, considéré comme créateur; mais nous ne la concevons pas dans le Dieu des Alexandrins, qui n'est qu'une idée, la conception abstraite de l'*unité absolue.*

Saint Augustin qui, d'après le père André, « a traité la question plus en philosophe que Platon, » place le beau dans l'unité seulement : *Omnis porro pulchritudinis forma unitas est* (1).

Dans son *Traité du beau,* « ouvrage insipide et ennuyeux, » si nous en croyons M. Cousin, de Crouzas fait consister la beauté dans l'unité, la variété, l'ordre et la proportion.

C'est aux philosophes que nous venons de citer que Diderot emprunte la plupart de ses opinions sur le beau ; il reproduit presque toutes leurs idées, et surtout celles du père André dont il ne diffère que par un enthousiasme plus marqué et mieux senti, et par la conclusion différente qu'il tire des mêmes principes : D'après lui, « le goût en général consiste dans la perception des rapports (2). » D'où je conclus que le beau est le laid, car on perçoit au moins autant de rapports dans l'un que dans l'autre ; ou plutôt puisque, suivant la théorie de Buffier (la plus ingénieuse et la plus plausible de toutes les théories incomplètes sur le beau), on est plus frappé des rapports qu'on découvre dans ce qui est laid que de ceux qu'on découvre dans ce qui est beau, je conclus que plus une chose est laide, plus elle est belle. Il faudra donc dire, d'après Diderot, que la tête de Thersite, par exemple, est plus belle que celle d'Achille.

(1) S. Augustin. Epist. 18.
(2) *Lettre sur les sourds et muets.* — Encycl., art. Beau.

Remarquons cependant que la théorie de ce célèbre écrivain est plutôt favorable que contraire à l'opinion qui ne fait point du beau une réalité objective.

Cette revue rapide des systèmes platoniciens, considérés dans leurs résultats généraux, nous autorise du moins, à cause des incertitudes, des contradictions et des erreurs qu'on y rencontre, à nous ranger du côté de Descartes, Malebranche, Locke, Montesquieu, Voltaire, Condillac et Laromiguière.

Fort de l'autorité de ces grands hommes, nous pouvons sans témérité passer à l'examen de la solution rationaliste et de la solution sentimentale.

Les rationalistes, sur la question du beau, se divisent en deux écoles : celle de Reid et celle de Kant.

On peut en deux mots faire connaître la théorie du premier : selon lui, il y a « tout à la fois un jugement et un sentiment dans chaque opération du goût, et c'est le jugement qui détermine le sentiment. » C'est à propos de cette étonnante assertion que M. Cousin félicite Reid de sa supériorité sur ses devanciers. D'après l'illustre critique (1), « c'est là avec la théorie de la beauté morale, ce qui fait le prix et l'originalité de son essai sur le goût. »

(1) *Philosophie écossaise.* Leç. X, p. 426.

Le jugement précède le sentiment! « On me fit accroire autrefois, » dit un personnage bien connu, en parlant d'un livre ancien, « que j'avais du plaisir en le lisant. » Cette plaisanterie renferme tout un traité de philosophie, et peut-être a-t-elle fait rire Candide. Mais ce que dit le philosophe de Glascow nous paraît beaucoup plus fort : qu'on y réfléchisse un peu, et l'on verra qu'au fond il affirme ceci : que l'on peut *juger* du plaisir de lire un livre avant de le lire.

Dire que nous commençons par *juger* qu'une chose est belle, c'est-à-dire qu'elle nous est agréable d'une certaine manière, c'est dire que nous jugeons d'un plaisir que nous n'éprouvons pas encore, c'est dire une chose qui n'a jamais été et qui ne sera jamais possible.

L'inconcevable erreur de Reid vient d'abord de ce qu'il n'a pas distingué dans le phénomène esthétique la double fonction du *jugement*.

Pour faire comprendre notre pensée, voyons comment les choses se passent dans la réalité; mettons-nous en présence d'un bel objet, quel qu'il soit, et, puisque c'est l'habitude de prendre toujours pour exemples les chefs-d'œuvre de la sculpture antique, ce sera, si vous le voulez, la tête de l'Apollon du Belvédère. La voilà sous nos yeux! Je raisonne dans l'hypothèse que vous avez faite : je suppose que je suis borné au seul *jugement;* ne voyez-vous pas qu'il me sera impossible d'éprouver autre chose qu'une modification intellectuelle, impossible de sortir de la sphère du vrai? Je dirai bien : toutes les parties de cette tête sont proportionnées entre elles; il en résulte un ensemble harmonieux; la bouche exprime telle chose; le nez, les yeux, telle autre chose, etc.; ceci est vrai, naturel, etc.; mais tant que la perception de ces vérités ne produira en moi aucun plaisir particulier, jamais il ne me viendra à l'esprit d'inventer un mot pour exprimer un plaisir que je ne connais pas encore; jamais je ne dirai : Ceci est beau! Mais sitôt que ma sensibilité aura été affectée, mon jugement se portant alors non plus sur l'objet extérieur, mais sur la modification interne que je viens d'éprouver, et l'appréciant dans ses gradations, dans ses nuances diverses, je dirai: Ceci est joli, gracieux, beau ou sublime! Enfin je sortirai du domaine du *vrai* pour entrer dans celui du *beau.*

Voilà la première cause de l'erreur de Reid. Il n'a pas même soupçonné le double rôle du jugement dans le fait esthétique. On peut lui pardonner une méprise, que l'inattention explique, et dans laquelle sont d'ailleurs tombés presque tous les philosophes, ses disciples. Mais ce qu'on ne s'expliquera jamais, c'est que, dans la patrie de Locke et de Hume, il soit venu à l'esprit d'un philosophe l'idée de faire revivre le préjugé vulgaire, contre lequel nous avons vu s'élever Malebranche, le préjugé qui réalise les qualités secondes de la matière, en un mot la chimère des *formes substantielles*. S'il faut en croire Reid, *la chaleur est dans le feu, l'odeur dans la rose, la saveur dans le vin !* C'est tout simplement revenir à la doctrine platonicienne, qui, pour répéter les paroles de Montesquieu, fait « des choses particulières du beau, du parfait, du sage, du fou, du dur, du mou, du sec et de l'humide. »

Voilà pourtant ce que le disciple français de Reid signale non comme une découverte sans doute, mais comme un *retour à la vérité*.

Mais si j'adopte le principe de Reid, il m'est impossible d'en tirer une seule conséquence qui ne provoque à l'instant un sourire involontaire. Que je dise à quelqu'un : Les rapports des objets entre eux, les propriétés de la matière, le froid et le chaud, etc., ont leur existence à part; peut-être qu'étonné d'un pareil langage il me répondra en raisonnant d'après mes principes : Si, par exemple, j'abattais la tête d'une statue, je ferais donc tomber non-seulement une certaine quantité de particules matérielles, mais encore un certain nombre de rapports ! Si je vois le feu fondre de la cire et durcir un œuf, ou si, plongeant mes mains dans un même liquide, il arrive que celui-ci paraisse chaud à ma main droite, et froid à ma main gauche, je serai donc obligé de croire que le même degré de calorique renferme en soi deux entités distinctes, puisqu'il produit deux effets différents! et quand j'irai à la pêche, et que j'arrangerai mon filet, désormais je verrai en lui non-seulement des mailles d'une certaine grandeur, mais encore deux pouvoirs différents, l'un d'emprisonner le gros poisson, l'autre de ne pas retenir le fretin! Me poussant ainsi de conséquence en conséquence, il ne manquerait pas de s'apercevoir que mes principes ne tendraient à rien moins qu'à le ramener à cette vieille théorie que Molière n'a pas dédaigné de livrer aux risées du parterre, en mettant sur la scène deux personnages qui se demandent s'ils doivent dire la *forme* ou la *figure* de leur chapeau; et certainement il finirait par me faire observer que la forme ou la figure d'un chapeau n'est rien, puisque c'est l'endroit où le chapeau cesse d'être ce qu'il est.

Le docteur Reid s'étant imaginé que le beau est une réalité objective, aussi bien que l'amer et le doux, le froid et le chaud, etc., devait nécessairement se méprendre sur le rôle des facultés qui entrent en exercice dans la perception et le sentiment esthétiques. C'est là, selon nous, la seconde cause de l'erreur que nous avons signalée plus haut dans sa théorie.

Mais de l'Écosse passons en Allemagne, la patrie du rationalisme proprement dit.

Le plus brillant interprète du rationalisme allemand parmi nous, le plus terrible ennemi de la philosophie française, c'est, sans contredit, l'éloquent et illustre auteur du traité « *du vrai, du beau et du bien*. C'est dans ce livre que la haute critique littéraire et philosophique va puiser ses inspirations et prendre les traits qu'elle décoche régulièrement à la *philosophie de la sensation*. C'est donc dans cet ouvrage qu'il nous faut chercher la théorie rationaliste du beau.

L'auteur commence par réfuter une opinion qu'il prête à Condillac, à savoir : que le beau n'est ni une *sensation* ni un *désir* ; et après ce facile triomphe sur un adversaire qu'il s'est créé lui-même, il étudie « le beau de deux façons : hors de nous, en lui-même et dans les objets, quels qu'ils soient, qui en offrent l'image; et dans l'esprit de l'homme, dans les facultés qui l'atteignent, dans les idées ou les sentiments qu'il excite en nous. » *(Leç. 6)*.

L'idée du beau existe-t-elle dans l'esprit humain et comment s'y forme-t-elle? Voilà la première question. L'auteur se sert du témoignage de la conscience pour prouver l'existence dans l'esprit de la notion du beau et du sublime; il établit entre ces deux idées une distinction qui paraît satisfaisante d'abord, mais qui finit par nous laisser dans le doute, si ce n'est point par un pur hasard qu'il a rencontré sur ce point la vérité (1). Quoi qu'il en soit, c'est un fait incontestable que nous trouvons en nous l'idée du beau et du sublime. Elle a son origine dans quatre facultés distinctes : la raison, le sentiment, l'imagination et le goût. Mais le rôle de chacune d'elles n'est pas le même : « la raison seule nous donne l'idée du beau ; » le sentiment, l'imagination et le goût ne font que l'apprécier ou la féconder.

Quel est le beau dans les objets? deuxième question. Après avoir prouvé « que le beau ne peut se ramener ni à ce qui est utile, ni à la convenance, ni à la proportion, » l'auteur distingue « trois espèces de beautés : beauté physique, beauté intellectuelle, beauté morale; » la beauté a deux degrés : le beau et le sublime; les caractères essentiels du beau ne sont ni l'*ordre*, ni l'*harmonie*, etc., qui ne sont pas « la beauté tout entière. » — « La plus vraisemblable théorie du beau est encore celle qui le compose de deux éléments contraires et également nécessaires, l'unité et la variété. » Mais en philosophie il ne faut point se contenter de vraisemblances; l'esprit ne peut se reposer que dans la vérité; il faut donc

(1) Voir notre *Critique de la philosophie de Th. Brown*, p. 169.

« rechercher l'unité des trois sortes de beauté. »
« Or nous pensons, dit l'auteur, qu'elles se résolvent dans une seule et même beauté, la beauté morale, entendant par là, avec la beauté morale proprement dite, toute beauté spirituelle. » Voilà pour le *beau réel.* « Mais au-dessus de la beauté réelle est une beauté d'un autre ordre, la beauté idéale. » — « L'idéal ne réside ni dans un individu, ni dans une collection d'individus. » — « L'idéal recule sans cesse à mesure qu'on en approche davantage. » Dieu est le premier principe du beau.

Telle est la théorie rationaliste ! Elle se résume en deux mots : le beau est une réalité objective, perçue ou conçue par la raison. C'est, comme on le voit, la théorie de Platon, et à peu de choses près celle de Reid, si au jugement on substitue la raison. Essayer de la réfuter, serait s'exposer à des répétitions inévitables, s'exposer à démontrer quelquefois l'évidence. Irez-vous, par exemple, abuser de l'autorité de Descartes, de Malebranche, de Locke, de Buffier, de Montesquieu, de Voltaire, etc., pour prouver qu'il n'y a dans l'univers que Dieu et les réalités individuelles qu'il a créées, et que les rapports de ces choses entre elles n'ont pas une existence à part, mais ne sont que des manières d'être des intelligences qui peuvent les percevoir ou les concevoir? et si quelqu'un vient vous affirmer que le τὸ καλόν est une *réalité objective,* irez-vous sérieusement lui dérouler la longue suite des conséquences bizarres qui découlent d'un pareil principe? Lui ferez-vous observer que, s'il y a un beau et un sublime en soi, il doit y avoir aussi le *bas* et le *laid* en soi ; que désormais, pour être conséquent, il faudra donner également la théorie de l'agréable et de l'utile en soi, l'idéal de l'amer et du sucré en soi, etc.? Car, après tout, quoique ces rapports des objets avec nous aient beaucoup moins de noblesse et d'importance, ils ne sont cependant pas indignes de la science, qui ne néglige rien, qui s'occupe des lois qui président à la végétation d'une mousse aussi bien que de celles qui gouvernent le monde des corps et des esprits.

Non-seulement le rationalisme tend à renouveler la croyance aux idées éternelles, aux archétypes de Platon, mais il tranche encore et d'un seul coup le nœud même de la question, en affirmant, sans plus d'ambages, que *la raison seule et tout d'abord nous révèle le beau.* C'est tomber dans le paralogisme le plus manifeste; car il est évident que la raison ne peut, directement du moins, nous révéler rien autre chose que le vrai. Les mots *agréable, joli, beau, sublime,* n'ayant été inventés que pour exprimer des sentiments qui s'ajoutent à la perception ou à la conception de la vérité, comment la raison pourrait-elle prendre connaissance de phénomènes qui n'ont pas encore eu lieu? Ne faut-il pas qu'une modification ait été éprouvée, avant d'être connue? C'est donc uniquement après que la sensibilité a opéré, que la raison, réfléchissant sur les phénomènes qui viennent de se passer, peut les connaître et les apprécier.

Le rationalisme ne parvient donc pas à résoudre le problème fondamental de l'esthétique; il est impuissant à expliquer la formation de l'idée du beau dans l'esprit humain; en un mot il repose sur une pétition de principe et n'aboutit à aucun résultat scientifique. Nous le laisserons donc de côté, pour demander à la théorie sentimentale la solution que nous cherchons.

Cette seconde école reproche à la première de transformer un phénomène affectif en un phénomène purement intellectuel, et en cela elle a raison; mais elle a tort, lorsque dans le fait esthétique elle suppose la séparation du sentiment et du jugement. Prétendre que ces deux opérations se succèdent et ne coexistent pas, c'est pour le moins ouvrir la porte à l'arbitraire; car combien de temps faudra-t-il qu'elles restent séparées? On n'a pas le droit de déterminer un intervalle plutôt qu'un autre.

Otez cette imperfection du système sentimental, et il vous devient facile d'asseoir sur une base solide la théorie du beau. Partez du principe incontestable posé par Condillac : que le vrai, le beau et le bien sont en même temps connus, goûtés et voulus comme tels, et vous échappez au paralogisme dans lequel tombe nécessairement le rationalisme, en même temps que vous évitez le défaut qui dépare le plus souvent le sentimentalisme ; enfin vous expliquez les faits de la manière la plus simple et la plus naturelle.

La faculté de penser nous met en rapport avec le vrai ; tant que la sensibilité n'a point agi, cette apperception n'est pour nous qu'une lumière, un spectacle auquel nous sommes indifférents. Mais intervienne la sensibilité, et aussitôt le vrai, sans changer de nature, se transforme pour nous en une jouissance, un plaisir, un bien. Le jugement, se portant alors sur ces deux phénomènes intérieurs et les combinant en un seul, donne à leur union le nom de *beau*. Celui-ci, étant un bien, agrée nécessairement à notre nature ; or nous ne pouvons pas ne pas vouloir ce qui nous agrée ; la volonté s'attache donc à ce bien comme à une fin. C'est ainsi que toutes nos facultés s'exercent en même temps. Toutes ces opérations nous paraissent successives, parce que le langage nous force à les séparer ; mais, dans la réalité, elles sont inséparables et simultanées.

La perception, le sentiment et l'amour du beau

constituent un état de l'âme. Cet état est simple de sa nature, et par conséquent ne peut être décomposé. Mais s'il est indécomposable, il est au moins susceptible de degrés; il varie du plus au moins. Quelle est donc la cause qui augmente ou diminue son intensité? Ou, si l'on veut, quel est le fonds commun de toutes les beautés particulières? En d'autres termes, quelle est la matière du beau?

Le beau est avant tout un sentiment; et nous avons vu que toutes les modifications affectives de notre âme se ramènent à la joie et à la tristesse. Par conséquent, le phénomène esthétique n'est qu'un mode spécial de la joie. Or, pour parler avec Spinoza, « la joie est cette manière d'être de l'âme, qui persévère dans un certain état de perfection, ou qui tend à passer à une perfection plus grande; » elle n'est donc, ainsi considérée, rien autre chose que le sentiment de la vie, ou l'amour de l'être; de sorte que le sentiment de l'*être* pourrait très-bien se considérer comme la substance même et la mesure du sentiment de la joie, et partant du sentiment du beau. Or, en définissant la vérité, n'a-t-on pas dit : « Elle est ce qui est? » Donc le vrai, mais le vrai senti et goûté, est le beau; et puisqu'il en est la substance et la mesure, plus il y aura d'être, si l'on peut s'exprimer ainsi, dans un phénomène quelconque, plus il y aura en lui de beauté.

Nous arrivons ainsi à la célèbre sentence de Platon, qui, d'après certains critiques, définit le beau la *splendeur du vrai*. Nous pourrions bien nous en tenir à ces belles paroles. Mais comme il est assez difficile de savoir au juste dans quelles limites se renferme ici le chef de l'Académie; on nous permettra sans doute d'invoquer en même temps l'autorité d'un homme chez lequel on est presque sûr de ne jamais trouver aucune opinion fausse ou chimérique, et nous dirons avec Despréaux, le poëte philosophe :

Rien n'est beau que le vrai, le vrai seul est aimable.

Les théories du beau se terminent en général par une théorie de l'art. Car aujourd'hui il n'est presque pas d'écrivain qui n'essaie de donner son avis sur la *reproduction du beau soit réel, soit idéal,* sur l'*imitation de la nature,* le *système de l'illusion, etc.* Ne pourrions-nous pas nous dispenser de lire les interminables disputes des *réalistes* et des *idéalistes*, en tirant tout simplement les conséquences qui découlent des principes que nous avons posés ?

Une théorie complète de l'art exige une réponse aux quatre questions suivantes : Quel est le but de l'art ? Quel est l'objet sur lequel il opère ? Quel est l'instrument dont il se sert ? Enfin quelle est la règle suprême qui doit diriger ses opérations?

Quel est le but de l'art? La réponse est contenue dans la définition même de l'art en général. Puisqu'un art, quel qu'il soit, est la reproduction des faits au moyen des lois connues et appliquées, il est évident que le but des beaux arts consiste à produire en soi ou dans autrui les faits esthétiques, c'est-à-dire les sentiments du beau et du sublime avec leurs nuances et leurs gradations diverses.

Quel est l'objet de l'art? Ici nous sommes obligés de reprendre aux rationalistes la théorie qu'ils ont empruntée, sans s'en douter peut-être, mais à coup sûr sans le dire, à l'école française : la théorie de la *beauté morale ou spirituelle*. Dans le système de ceux qui font du beau une sorte d'*universel a parte rei*, l'artiste peut et doit se poser en simple copiste devant la réalité extérieure, puisque celle-ci, d'après eux, contient le τὸ καλόν. Mais pour nous, qui posons en principe que le beau n'existe que dans l'âme, nous voulons par cela même que l'artiste se propose toute autre chose que l'imitation de la nature et des apparences sensibles. Ce qu'il tâchera de reproduire, de manifester au dehors, c'est la réalité intérieure, invisible et toute spirituelle; ce sera, si l'on veut, l'*idéal*, mais l'idéal philosophiquement entendu.

L'idéal, tel est l'objet de l'art. Mais cette généralité trop élevée nous laisse dans le vague et dans l'incertitude. Essayons de séparer les éléments qu'elle enveloppe.

Au début de la pensée, dans un concept unique, se révèle à nous l'idée de l'être, idée synthétique, parce qu'elle embrasse deux termes en relation mutuelle et nécessaire : la substance créée et la substance incréée. Ces deux substances ne nous laissant point saisir leur nature propre, nous ne les connaissons que par leurs rapports entre elles, rapports entre la cause et l'effet, entre Dieu et l'univers : voilà ce qu'étudiera d'abord l'artiste, le poëte. Ces rapports se manifestent à nos yeux par des signes extérieurs. L'univers est un vaste symbole qui nous cache et nous révèle à la fois une réalité invisible, mais toujours agissante : la Providence se développant dans le temps et l'espace. Or cette idée de providence se décompose pour notre pensée : puissance, sagesse et bonté infinies, voilà les trois éléments de la beauté que l'art doit aspirer à reproduire, s'il veut rester ce qu'il doit être, un reflet, une imitation de l'art divin. Cette beauté idéale, il la rendra sensible à l'aide des signes divers que la nature a mis à la disposition des hommes, pour rendre possible entre eux la communication des idées et des sentiments. Et s'il veut faire un sage et légitime emploi de ces instruments divers, il apprendra que le signe par lui-même n'est rien, qu'il n'a de valeur que par la réalité invisible qu'il manifeste. Il apprendra de plus, dans la contemplation de l'art divin, le précepte qui renferme tout ce qui est relatif à l'exécution et à la forme, la règle universelle, dont l'univers nous offre partout l'application et l'exemple dans de vivants modèles : *l'union harmonieuse de la force et de la grâce.*

> In human works, tho' labour'd on with pain
> A thousand movements scarce one purpose gain;
> In god's, one single can its end produce,
> Yet serves to second too, some other use (1).
>
> (POPE, *Essay on man.*)

En résumé, nous croyons avoir démontré que l'école rationaliste et l'école sentimentale sont impuissantes à expliquer l'origine et la formation de l'idée du beau dans l'esprit humain, et qu'on ne parvient à résoudre ce problème, qu'en partant du principe posé par Condillac comme la condition de toute psychologie vraiment digne de ce nom. Enfin nous avons dû rendre à l'école française un bien qui lui appartient en propre, et dont le rationalisme avait voulu s'emparer : *la théorie de la beauté morale et spirituelle.*

(1) Dans nos faibles travaux, que tant d'efforts polissent
    Pour produire un effet cent mouvements s'unissent,
    Mais dans ceux du Très-Haut, un seul remplit sa fin,
    Et concourt à la fois pour un autre dessein
                        (DELILLE.)

CHAPITRE V

MORALE.

Jusqu'ici, dans nos efforts pour concilier entre eux le rationalisme et le sentimentalisme, nous avons opposé l'une à l'autre ces deux écoles. Nous avons demandé à chacune des principes et une méthode; mais, les ayant trouvées diversement défectueuses, nous avons été forcé de recourir à une autorité supérieure pour résoudre les questions fondamentales de la psychologie, de la théodicée et de l'esthétique. Nous suivrons la même marche dans ce chapitre.

Pour apprécier la valeur respective des solutions diverses qu'on a données du problème moral, nous nous attacherons surtout à la doctrine de ces philosophes qui font dériver l'idée du devoir, les uns du *sentiment*, les autres de la *raison*.

Mais avant de rechercher la notion du *bien*,

telle qu'elle nous est présentée dans ces deux systèmes, pour la comparer ensuite à ce qu'elle est dans la conscience, c'est-à-dire à son type universel dans l'esprit humain, jetons un coup d'œil rapide sur le domaine de la morale, et tâchons d'en mesurer l'étendue.

Posons d'abord le problème, et indiquons en courant les questions principales dont il exige la solution.

Que cherche le philosophe, quand il veut remonter aux principes de la morale? Une réponse aux trois questions suivantes : Que veut faire l'homme? Que peut-il faire? Et enfin que doit-il faire? Volonté, pouvoir et devoir : tels sont les trois chefs sous lesquels viennent se ranger toutes les questions que l'on peut et que l'on doit agiter en morale.

L'homme est un être imparfait, sensible et actif; donc il tend à compléter son être, du moins à y persévérer; donc il *veut*. Mais que veut-il? Ici le philosophe doit étudier toutes les tendances primitives de l'activité humaine, en déterminer le principe, en distinguer la diversité, en marquer la subordination, en décrire le jeu, le parallélisme ou l'opposition, et enfin les suivre dans leurs développements, et constater leurs différents modes ou moments, selon qu'elles obéissent à l'impulsion de l'instinct ou à l'empire de la réflexion.

Ainsi nous affirmons *a priori* que l'homme, en tant qu'être borné, sensible et actif, se porte nécessairement vers une fin, révélée expérimentalement par les tendances primitives de sa nature. Cette première vérité en implique une autre : puisque l'homme est borné, imparfait, il dépend d'un être souverainement parfait qui l'a créé ; et puisque, en vertu de sa nature, il tend à perfectionner son être, il a reçu de son Créateur les facultés nécessaires à l'accomplissement de sa fin. Donc il a le pouvoir de faire ce que lui impose sa nature ; donc il est *libre*.

Puisque l'homme est libre et que d'ailleurs il est intelligent, et que, d'un autre côté, sa nature complexe et mixte le pousse dans des directions différentes, il résulte qu'il doit, en certains cas, agir d'une manière plutôt que d'une autre. De là la question la plus importante de toutes : *Que doit faire l'homme ?*

La notion du devoir implique deux idées : celle d'un but et celle d'un mobile, ou, si l'on veut, la *matière* et la *forme* de la volonté libre, ou encore la *fin* et l'*intention*. Telle sera donc ici la tâche du philosophe moraliste : déterminer le but et le mobile de l'activité humaine, et non pas un but et un mobile quelconque, mais le but le plus élevé et le mobile le plus parfait qu'il soit donné à l'intelligence de concevoir et même d'imaginer. Et encore n'est-ce point là tout : subordonner tous les buts particuliers au but universel, les fins spéciales à la fin totale et dernière; distinguer dans le but les trois modes sous lesquels il peut se présenter : l'intérêt privé, l'intérêt général et le désintéressement; distinguer également dans le mobile les trois formes qu'il peut revêtir : le mobile instinctif, le mobile rationnel et le mobile moral, en d'autres termes, l'instinct, l'obligation logique et l'obligation morale ou la légalité et la moralité; et enfin décrire les opérations et assigner le rôle de toutes les facultés qui interviennent et concourent dans les phénomènes de l'activité volontaire en général, et dans le phénomène moral en particulier.

Telles sont, grossièrement esquissées, les principales questions que doit résoudre la morale générale.

Quelques-unes de ces questions se trouveront résolues, du moins nous l'espérons, lorsque nous aurons comparé entre eux le système rationaliste et le système sentimental.

Mais, avant de procéder à cet examen comparatif, nous devons nous assurer d'une chose, savoir : si nous ne laissons pas en dehors quelque autre système digne d'être pris en considération.

Un exposé succinct des faits principaux qui

précèdent, accompagnent ou suivent les déterminations de la volonté humaine, nous permettra de compter tous les systèmes possibles; car autant il y aura de faits réels et distincts, autant il y en aura à méconnaître ou à confondre, et par conséquent autant il pourra y avoir de théories incomplètes ou fausses.

L'homme, créature finie, sensible et active, tend nécessairement à compléter son être. De plus, sa nature étant complexe, ses tendances sont nécessairement diverses. Or à chacune de ces tendances primitives correspond un bien particulier; il y aura donc autant d'espèces de biens qu'il y aura de tendances distinctes.

On peut compter quatre tendances générales dans l'homme, et par conséquent quatre espèces de biens.

La satisfaction d'une tendance, ou, si l'on veut, l'acquisition d'un bien, renferme toujours trois choses qu'il ne faut point confondre : le mobile, le but ou la loi, et la sanction.

Je mange un fruit : la faim est mon mobile; la conservation de ma santé, mon but; le plaisir, ma récompense.

J'ouvre un livre : la curiosité est mon mobile; le perfectionnement de mon esprit, mon but; un plaisir intellectuel, ma récompense.

Mon semblable court un danger; je vole à son

secours : mon mobile est la bienveillance; mon but, la conservation d'autrui; ma récompense, les joies du dévouement.

Voilà trois inclinations primitives de la volonté humaine; voilà les trois espèces de biens auxquels elle aspire.

Si ces tendances ne se combattaient pas quelquefois, si l'acquisition d'un bien ne s'opposait pas souvent à l'acquisition d'un autre, l'homme arriverait, jusqu'à un certain point, au but que lui a fixé la nature : la conservation et le perfectionnement de l'individu et de l'espèce.

Mais ces tendances naturelles se livrent souvent en nous de douloureux combats, et la recherche exclusive d'un bien nous fait négliger tous les autres; de sorte que, s'il n'existait pas en nous une quatrième puissance qui pût maintenir l'équilibre entre toutes les forces de notre âme, il nous serait très-difficile, ou plutôt impossible, de jamais arriver à notre fin.

Par une sage prévoyance de l'auteur de notre être, ou peut-être par une nécessité inhérente à sa nature immuable, il se trouve en nous une tendance d'un ordre supérieur, une faculté souveraine qui domine et gouverne toutes les autres, et qui nous pousse vers un bien correspondant qui embrasse tous les biens inférieurs et particuliers.

Sollicité par différents mobiles, l'homme peut

se soustraire à l'un pour céder à l'autre ; poussé vers différents biens, il peut négliger celui-ci pour poursuivre celui-là ; en un mot, il est libre.

D'un autre côté il est intelligent. Lorsqu'il balance entre plusieurs déterminations à prendre, il conçoit donc nécessairement qu'il *doit* agir d'une certaine manière et non point d'une autre, puisque d'un côté sa liberté lui permet de le faire, et que de l'autre sa raison l'oblige à se conformer à la vérité des choses.

Ce jugement pratique cependant ne sort pas de la sphère du vrai ; il ne suffit point pour constituer la faculté morale que nous cherchons. Il lui fournit, il est vrai, sa *matière* ou son but, et c'est pour cela que certains philosophes l'ont à tort confondu avec elle ; mais la conception d'une loi, c'est-à-dire d'une régularité constante dans la succession de certains faits, n'est point encore la conception d'une loi moralement obligatoire. La nécessité ne regarde ici que la raison ; ou, si l'on veut, l'obligation n'est qu'un jugement nécessaire, qui nous révèle bien une vérité, mais jamais un *bien,* pas même en ce qui touche à l'appétit, au désir de connaître et à la bienveillance. Par l'intermédiaire de la raison seule nous aurions pu sans doute avoir l'idée de ce à quoi nous poussent ces trois tendances ; mais, si aux opérations de l'intelligence n'étaient venues se joindre celles de la volonté et de la sensibilité, nous n'aurions jamais eu l'idée ni du bien physique, ni du bien intellectuel, ni enfin, si l'on peut s'exprimer ainsi, du bien sympathique, qui sont les objets des trois tendances dont il a été question.

Il faut donc qu'il en soit de même pour la tendance particulière que nous cherchons, c'est-à-dire la tendance morale. Pour que nous arrivions à la connaissance du bien particulier qu'elle a pour objet, il faut que d'autres facultés unissent leurs opérations à celles de la raison, et transforment pour nous le vrai en un bien particulier, qui sera le bien moral.

C'est ce qui arrive en effet : que l'homme se trouve placé entre deux déterminations à prendre, il conçoit, en vertu des lois constitutives de sa raison, qu'il est conforme à l'ordre, à la vérité d'agir d'une manière plutôt que d'une autre; et, se sentant libre, il conçoit en outre qu'il *doit* prendre cette détermination, et non point l'autre. Voilà bien l'idée du *devoir*, l'idée de *loi*, mais du devoir simplement conçu, et qui n'est ni *senti*, ni *aimé*; mais d'une loi impersonnelle, et qui m'est indifférente; ou plutôt ce n'est pas une loi, puisqu'il lui manque et son mobile et sa sanction; ce n'est pas non plus un devoir proprement dit, mais une obligation purement idéale qui n'a presque rien à voir avec mes facultés actives, et qui n'est pour moi qu'un objet de contemplation, et ne peut me donner d'autre plaisir que celui qui s'attache à la conception de la vérité. Mais faites intervenir la volonté et la sensibilité; faites que ces deux facultés nous donnent un mobile et une sanction, et aussitôt la loi, d'impersonnelle qu'elle était, devient personnelle, et de logiquement obligatoire, elle devient moralement obligatoire; en un mot le vrai se convertit en un bien, le bien moral.

Voici la tendance morale : comme les autres lois inférieures de notre nature, elle contient trois éléments : le mobile, le but et la sanction; trois choses qui, dans la réalité, coexistent et ne peuvent pas ne pas coexister, et qui supposent par conséquent l'exercice simultané de toutes les facultés intellectuelles : de la raison, de la sensibilité et de la volonté; vérité méconnue de tous ceux qui se sont placés au point de vue de la philosophie nouvelle qu'on a voulu substituer à la philosophie française; vérité incontestable, qui frappe du même coup tous ces systèmes qui font agir nos facultés indépendamment les unes des autres, et particulièrement le système rationaliste qui rapporte à la raison seule l'idée du bien moral, et le système sentimental qui la fait dériver de la sensibilité.

Ainsi la faculté morale a pour conditions de son exercice la conception du vrai et la conscience de la liberté; pour mobile, le sentiment et l'amour spontanés et naturels d'un bien particulier, le bien moral; pour but, l'obéissance à la loi moralement obligatoire; et pour sanction ou pour mobile accessoire, les joies et les plaisirs de la conscience satisfaite. La raison conçoit la *matière* du bien; la volonté et la *sensibilité* en constituent la *forme;* la liberté l'accomplit et le réalise. Mais ce que l'analyse et le langage séparent se combine dans la réalité : conception du vrai, jouissance et amour du bien, tout cela coexiste, parce que l'âme, substance une et indivisible, développe à la fois toutes ses puissances dans le moindre exercice de son activité.

En résumé, il existe pour l'homme quatre espèces de bien : le bien physique, le bien intellectuel, le bien sympathique, et le bien moral; et pour y parvenir, quatre tendances ou facultés primitives : l'appétit, qui résulte de l'union de l'âme avec un système d'organes corporels, et qui préside à la conservation de l'individu et de l'espèce; la curiosité, dont l'objet est le perfectionnement de l'esprit; la bienveillance, qui pousse l'homme à la conservation de ses semblables, c'est-à-dire à leur procurer, autant qu'il est en lui, le bien physique, intellectuel et moral; et enfin la conscience morale, qui a pour fonction de suppléer aux mobiles et aux sanctions des trois lois inférieures, et d'en assurer l'observation, elle-même étant à son tour dirigée par un mobile et par une sanction particulière.

Une courte explication dissipera l'obscurité que nécessite peut-être ici l'insuffisance du langage.

La loi morale, avons-nous dit, domine et embrasse toutes les autres lois inférieures. Seule, en effet, elle peut suppléer leurs mobiles et leurs sanctions différentes, et garantir leur observation, parce que la fonction propre de la loi morale est de mener les êtres libres au but, qui est la fin même que Dieu s'est proposée dans l'établissement des autres lois, et de rendre, pour ainsi dire, leurs mobiles et leurs sanctions particulières inutiles.

Si, par exemple, une maladie m'a ôté la faim, et m'a rendu toute espèce d'aliments désagréables, je n'en mangerai pas moins, parce que c'est mon devoir de conserver ma santé.

La curiosité peut être éteinte en moi, et le plaisir de connaître nul, je n'en cultiverai pas moins l'étude, parce que le devoir m'oblige de perfectionner mon esprit.

J'ai contre cet homme un juste sujet de ressentiment, et, si je suivais mon instinct, j'aurais plus de plaisir à satisfaire ma vengeance qu'à lui faire aucun bien; cependant, si sa vie est en danger, je vole à son secours, parce que la loi morale me l'ordonne.

La tendance morale seule peut donc conduire l'homme à sa fin, parce qu'elle peut suppléer à toutes les autres tendances. Cette loi a son application partout où il y a une détermination à prendre. En est-il de même des autres tendances? En est-il une qui puisse sortir de sa sphère? Il est évident d'abord que leurs fins sont différentes : le bien physique ne peut remplacer le bien intellectuel, ni celui-ci les joies de la sympathie; chacune a donc sa *matière* propre. Il en est de même des autres éléments : le mobile et le plaisir physiques peuvent-ils pousser l'homme au perfectionnement de son esprit? La curiosité et le plaisir de connaître pourront-ils le conduire au secours de son semblable? Et la bienveillance et le plaisir sympathique suppléeront-ils au mobile et à la satisfaction morale? Ainsi, même en supposant dans les lois inférieures la suppression de leurs mobiles et de leurs sanctions respectives, leur observation n'en est pas moins garantie, autant qu'elle peut l'être, en vertu du mobile moral.

La *matière* du phénomène moral n'est donc rien autre chose que le résultat utile que se propose la nature même dans la satisfaction de nos trois tendances primitives; sa *forme,* au contraire, consiste dans l'ensemble des éléments qui décomposent la conscience morale et qui sont la conception, le sentiment et l'amour du devoir.

Tels sont les ressorts par lesquels la nature pousse l'homme à sa fin, et par lesquels elle arrive elle-même au but qu'elle s'est proposé dans la création : la conservation et le perfectionnement de l'individu et de l'espèce, l'ordre et le bonheur universel.

Nous avons essayé de compter tous les faits moraux de la nature humaine, et nous l'avons fait, afin d'arriver autant que possible à une énumération complète des différents systèmes qui ont cherché la solution du problème moral, et afin de n'omettre aucun de ceux qui seraient dignes d'être pris en considération et examinés en même temps que le système *sentimental* et le système *rationaliste*.

Dans le développement de l'activité humaine, nous avons constaté quatre ordres de faits, lesquels, se renouvelant régulièrement, constituent autant de lois correspondantes; dans chacune de ces lois, nous avons distingué trois choses : le mobile, la fin et la sanction; et dans ces trois choses mêmes, nous avons séparé la *matière* de la *forme*, ou, si l'on veut, l'*objectif* du *subjectif;* ce qui nous a conduits à la connaissance des facultés qui concourent à la production des phénomènes de l'activité volontaire et libre, à savoir : l'intelligence ou la raison qui conçoit la *matière* du bien, la sensibilité et la volonté qui en donnent la *forme*, c'est-à-dire l'ensemble des modifications subjectives qui transforment les données de la raison en un bien particulier, que la liberté réalise.

Voilà les faits, tels que nous croyons les avoir constatés dans la réalité. Pour comprendre le mécanisme de nos déterminations volontaires et pour en saisir le jeu, il faut tenir compte de tous ces ressorts et les maintenir à leur place respective. Mais une analyse précipitée peut intervertir l'ordre de la nature; et, comme les faits que nous avons suivis dans leur génération peuvent être transposés, méconnus, altérés ou combinés d'une infinité de manières, il peut en résulter un nombre indéfini de systèmes erronés, qu'il serait impossible d'énumérer, peut-être même d'imaginer. Nous devons donc nous contenter ici d'indiquer les principaux.

Des quatre lois énoncées plus haut, une seule est morale; nous aurons donc deux classes de systèmes : des systèmes moraux proprement dits et des systèmes qui ne peuvent prétendre à ce titre. Nous devons rechercher ici les subdivisions de chacune de ces deux catégories, et remonter jusqu'à l'origine de tous les systèmes particuliers, vrais ou faux, qu'elles peuvent renfermer.

Cherchons d'abord le nombre des systèmes qui n'ont aucun caractère moral. Essayons, à ce point de vue, de surprendre tous les mobiles possibles de l'activité humaine.

Afin d'éviter le danger des abstractions, et pour ne raisonner que sur les faits mêmes, reprenons, sans crainte de nous répéter et dans l'intérêt de la clarté, reprenons l'une après l'autre les tendances naturelles dont nous avons déjà parlé : l'appétit, l'instinct de curiosité et l'instinct de bienveillance.

Vous cédez à un appétit, à la faim, je suppose : vous ne pouvez avoir que trois mobiles : vous mangez, ou pour vous délivrer d'un besoin qui vous importune; ou pour goûter les plaisirs qui accompagnent cette action; ou bien pour obtenir le résultat utile que s'est proposé la nature en vous donnant cet appétit, c'est-à-dire pour conserver votre santé.

Vous vous livrez à l'étude : ou vous cédez au besoin inné de connaître; ou vous recherchez les plaisirs de la curiosité satisfaite; ou bien vous vous proposez la culture de votre esprit.

Vous volez au secours de quelqu'un qui se trouve dans la souffrance ou sur le point de périr : ce qu'il y a d'agréable dans la sympathie ou ce qu'il y a de douloureux dans la pitié vous pousse à cette action; ou vous voulez jouir des plaisirs qui, par une bonté gratuite de la nature, récompensent les actes désintéressés; peut-être même espérez-vous une récompense soit dans cette vie, soit dans l'autre; ou bien enfin vous ne vous proposez que le soulagement ou le salut de votre semblable.

Quelle que soit la tendance que vous supposiez, vous ne pourrez jamais, en obéissant à une loi naturelle, que céder à l'un ou à l'autre de ces trois mobiles : l'instinct, l'espérance de la sanction, ou l'intérêt bien entendu. Par conséquent la catégorie des systèmes immoraux n'en contient que trois qui soient réellement possibles : le *naturalisme*, le *système de l'égoïsme* et *le système de l'intérêt bien entendu* (1) ou le système rationnel.

Le premier laisse l'homme au niveau de la brute; le second l'asservirait à toutes ses passions; le troisième pourrait peut-être, mais jusqu'à un certain point seulement, le conduire à sa fin; mais s'il le place dans la conformité à l'ordre ou, si l'on peut s'exprimer ainsi, dans la *légalité*, jamais il ne pourra l'élever jusqu'à la *moralité*.

Nous laisserons donc de côté tous ces systèmes, puisque c'est à des systèmes moraux proprement dits que nous voulons comparer la théorie de l'école sentimentale et la théorie de l'école rationaliste.

(1) *L'intérêt bien entendu* se divise en intérêt privé et en intérêt général. Le système de l'intérêt général a trouvé son plus brillant interprète dans le philosophe anglais Bentham.

Mais avant d'apprécier ces deux systèmes, il faut que nous ayons nous-même une règle, une mesure ; il faut que nous sachions à quoi les comparer. Nous serons donc obligé de répéter ici une partie de ce que nous avons déjà dit, afin de séparer plus nettement, dans le phénomène moral, la *forme* de la *matière,* et d'indiquer avec plus de précision le rôle des facultés qui concourent à sa production.

Nous avons parlé plus haut d'une tendance particulière, qui embrasse et domine toutes les tendances inférieures de notre nature. C'est la tendance morale. Elle constitue une *loi,* et même une *loi* universelle, puisqu'elle commande à toutes les volontés. Par conséquent, nous devrons retrouver en elle les éléments qui existent dans toute espèce de *loi,* c'est-à-dire un mobile, un but et une sanction.

Pour arriver à ces trois éléments, il est nécessaire, comme nous l'allons voir, d'étudier le phénomène moral dans sa *forme* et dans sa *matière.* Mais avant de le considérer à ces deux points de vue, étudions-le d'abord à sa naissance et dans sa génération.

L'homme reste longtemps sous l'influence de la nature. Pendant longtemps il est guidé presque à son insu par l'appétit, la curiosité, la sympathie et par la tendance particulière dont il est ici question. Pendant presque toute son enfance, il cède instinctivement à ces quatre mobiles qui président à toutes ses déterminations. Mais il arrive un moment où son intelligence plus développée entrevoit dans cette impulsion toujours la même les intentions de cette puissance dont il dépend, et qui le conduit, comme par la main, à sa destination. Il finit par voir le but même de son activité dans ce à quoi le poussent non-seulement l'instinct et le plaisir, mais encore un sentiment désintéressé, et enfin une tendance supérieure qu'on peut assimiler à une espèce d'amour moral. Sitôt que par un retour sur lui-même il est parvenu à distinguer nettement ce quatrième mobile, il se sent obligé de tendre à certaines fins, non-seulement parce qu'elles sont conformes à la nature, à la raison, mais encore parce qu'elles lui sont recommandées par la voix de cette conscience qui parle à tous les êtres libres; il comprend qu'il doit tendre à ces fins non-seulement parce qu'elles peuvent être utiles à lui-même ou à ses semblables, mais encore parce qu'elles sont moralement bonnes. Enfin sitôt qu'il a compris qu'il existe certaines choses qu'il *doit* faire, fussent-elles d'ailleurs sans utilité actuelle ou même en apparence contraires à ses intérêts, on peut dire que de la conception du *mobile instinctif* et *rationnel* il s'est élevé à la conception du *mobile moral*.

Pour être plus sûr de la réalité de tous ces mobiles, pour mieux saisir les différences qui les séparent, vérifions sur un exemple ce que nous venons de dire.

Je suppose que j'accorde un secours à un homme qui en a besoin. Si je ne cède qu'à la pitié, mon mobile est intéressé; je me débarrasse d'une émotion importune. Si je cherche à m'applaudir et à me complaire dans ma générosité, mon but est encore intéressé; je suis presque égoïste. Si, au contraire, j'agis uniquement pour être utile à mon semblable, mon action est désintéressée; ma conduite est conforme à la raison, à l'ordre, à la nature; mon mobile est *rationnel*. Mais, si je fais cette action non plus parce qu'elle est ou peut être utile, mais parce que ma conscience me l'ordonne, m'y oblige; j'accomplis mon *devoir par devoir;* mon mobile est *moral*.

Une fois que le *devoir a été accompli par devoir*, il se produit dans la sensibilité d'autres phénomènes difficiles à méconnaître; ce sont des plaisirs particuliers, des jouissances morales.

Considérée dans sa *forme*, c'est-à-dire dans l'ensemble des circonstances qui peuvent se résumer dans un seul mot, l'*intention*, la loi morale paraît contenir trois éléments : un *mobile*, l'instinct, le sentiment, l'amour moral, un *but*, l'accomplissement du devoir par devoir; une *sanc-*

tion, les plaisirs, les jouissances, les satisfactions morales.

Ces trois éléments sont-ils réels, distincts, irréductibles les uns aux autres? La *sanction* d'abord ne pourrait-elle pas rentrer soit dans le *but*, soit dans le *mobile?* Il est par trop évident qu'on ne peut l'identifier avec le *but;* car ce serait confondre l'effet avec la cause, puisqu'elle est la conséquence de l'acte moral. Mais ne pourrait-elle pas se ramener au *mobile?* Il est vrai qu'elle devient quelquefois un second mobile qui s'ajoute au mobile proprement dit et lui donne plus de force. Mais ceci, au lieu de diminuer son importance, ne fait, au contraire, que l'augmenter; car rien n'est plus conforme à la nature, plus digne de l'homme que d'aspirer aux joies d'une bonne conscience, et c'est une des plus belles harmonies morales et qui révèlent le mieux la sagesse du législateur que certains plaisirs soient en même temps le mobile et la récompense de la vertu. La sanction est donc un élément très-réel; et nous le maintiendrons.

Mais si la *sanction* est irréductible, peut-on en dire autant du *but?* Celui-ci ne pourrait-il pas s'identifier avec le *mobile?* D'abord ce que, dans la loi morale, au point de vue où nous la considérons maintenant, nous avons indiqué comme but, en est-il réellement un? Accomplir le *devoir par devoir* n'est qu'une formule abstraite, qui pourrait bien n'être rien autre chose qu'une direction, qu'une règle pour la volonté libre; et sous cette abstraction, si l'on voulait mettre une réalité, ce que l'on pourrait trouver de mieux serait de dire que le but de l'agent moral est l'empire sur soi, le développement et la plénitude de la liberté. Mais ces deux attributs de la volonté, si beaux qu'ils soient, peuvent-ils être considérés comme étant à eux-mêmes leur fin dernière? Nous verrons tout à l'heure qu'ils ont un but ultérieur; en d'autres termes qu'ils ne sont que des instruments, des moyens.

Dans toute détermination morale, outre la conscience de la liberté, il entre comme éléments nécessaires et inséparables la conception d'une vérité pratique, le sentiment et l'amour du bien, et le désir de le réaliser; or il est évident que tout cela constitue à la fois pour l'agent le mobile et le but de son activité. D'ailleurs, dire qu'il faut accomplir le *devoir par devoir*, n'est-ce pas dire que le devoir est à lui-même son principe et sa fin? Donc le but s'identifie avec le mobile, et forme avec lui ce que l'on peut appeler l'*intention*. Par conséquent, dans la loi morale considérée dans sa *forme*, on ne trouve absolument que deux éléments : le *mobile* et la *sanction*.

Cependant nous avons vu que dans une loi,

n'importe laquelle, on compte, ni plus ni moins, trois parties intégrantes, trois éléments constitutifs. Nous n'en avons trouvés que deux dans la loi morale considérée au point de vue de sa *forme*, nous devons donc, pour trouver le troisième, la considérer à un autre point de vue, c'est-à-dire dans sa *matière*.

Ici se pose pour nous une triple question : Ce but que nous cherchons, existe-t-il réellement? Quel est-il dans la pensée du législateur? Quel est-il relativement à l'agent moral?

La vertu est à elle-même son propre but, ont dit certains philosophes, et ils ont assez mal expliqué cette pensée, qui n'est vraie qu'en partie. En effet si elle était vraie d'une manière absolue, on pourrait raisonner ainsi : Si la vertu n'a point d'objet en dehors d'elle-même, le soldat, armé pour la patrie, n'aura plus pour but de vaincre l'ennemi, mais de déployer le plus de vertu guerrière qu'il pourra, son *devoir* sera de courir au-devant du danger, de supporter la faim, la soif, le plus de fatigues possible, et enfin de se hâter de répandre son sang. Cependant la loi morale elle-même condamnerait une pareille conduite.

Descartes est en butte aux fureurs de la jalousie et du fanatisme : Si la vertu est à elle-même sa fin dernière, le *devoir* du philosophe est de souffrir pour la vérité le plus qu'il pourra; il *doit* se livrer lui-même à ses ennemis, se jeter dans le bûcher que lui prépare Voetius. Mais il se dérobe à la rage de ses persécuteurs, emportant avec lui la vérité proscrite, dont il aime mieux être l'apôtre que le martyr; et cette conduite augmente notre reconnaissance et notre vénération pour le nom de Descartes.

L'empire sur soi, la liberté, la vertu, ont donc une fin ultérieure et dernière.

Quelle est cette fin dans la pensée du législateur et au point de vue de la Providence?

A cette question plusieurs réponses ont été faites depuis longtemps, et nous n'aurons que l'embarras du choix.

Certains philosophes, entre autres Malebranche et le théologien allemand Crusius, considérant le phénomène moral au point de vue où nous le considérons maintenant, ont prétendu que le but universel de la création est la manifestation de la gloire de Dieu. L'Être suprême, disent-ils, ne peut rien rapporter qu'à lui-même, puisqu'il est la fin dernière de tout ce qui existe et de tout ce qui peut exister. D'autres, au contraire, et surtout J.-J. Rousseau, croient que Dieu ne peut agir par des motifs analogues à ce que nous appelons *vanité* chez les hommes. D'après eux encore, l'Être suprême, ayant une bonté infinie, conséquence de sa puissance sans bornes, ne doit rien se rapporter à lui-même ; d'ailleurs, il ne le peut, puisqu'il ne lui manque rien ; son but, en créant le monde et en le conservant, a donc été le *bonheur universel.*

Comme nous ne devons prêter à Dieu que des motifs qui soient dignes de ses perfections infinies, et de sa majesté suprême, et que, d'un autre côté, la loi morale elle-même nous enseigne qu'il est plus beau d'agir par bonté que dans des vues personnelles, nous nous rangeons du côté de ces derniers philosophes, et nous croyons que Dieu, en instituant la loi morale, s'est proposé pour but de conduire l'homme au bonheur.

Mais, en appelant l'homme au bonheur, Dieu cependant lui défend d'y aspirer directement. Il parle à sa conscience et semble lui dire : Je garde pour toi des récompenses infaillibles ; mais pour les mériter, tu dois n'en rien savoir, car en te les proposant pour but immédiat, tes actions deviendraient par cela même intéressées, et, perdant ainsi tout caractère moral, te priveraient même de tes droits aux récompenses que ma bonté te réserve. Travailler d'abord à la conservation de toi-même et de tes semblables, et y travailler parce que c'est un devoir de le faire, voilà ta destinée sur la terre.

La conservation et le perfectionnement de l'individu et de l'espèce, tel est le but immédiat de la loi morale, considérée relativement à l'homme. Il serait d'ailleurs difficile, pour ne pas dire impossible, de concevoir un législateur qui ne se proposerait aucune fin, une législation qui n'aboutirait à aucun résultat utile.

La conception d'un but utile à atteindre se concilie très-bien avec la moralité d'une action ; car pour que cette action reste méritoire, vertueuse, il suffit qu'elle soit accomplie non parce qu'elle est utile, mais parce qu'elle est moralement obligatoire. Le chevalier d'Assas livre sa poitrine au fer de l'ennemi ; il sait, et il doit savoir qu'il se dévoue pour ses compagnons d'armes ; mais il se dévoue, parce qu'il sait que c'est son devoir de mourir.

Quelques philosophes ont redouté pour la vertu le contact de l'utile, et l'ont repoussé comme une souillure. Ils se sont efforcés de démontrer contre les stoïciens que l'utile n'est pas inséparablement lié avec l'honnête ; ils veulent qu'entre ces deux termes il y ait « opposition radicale : » autrement, disent-ils, que deviendrait la vertu, qui n'est qu'une lutte entre l'intérêt et le devoir ? » Et, pour prouver leur assertion, ils font la supposition d'un dépôt que l'on viole : « Si je m'approprie l'argent confié à ma foi, disent-ils, je m'enrichis, je fais une action qui m'est utile, mais qui n'est pas honnête. » Que de sophismes en quelques mots ! que d'erreurs mêlées à un peu de vérité! Entre l'utile et l'honnête il y a une *opposition radicale!* mais l'utile en général est un bien; l'honnête lui-même est un bien, et le plus grand de tous les biens : le bien moral! par conséquent, d'après vos principes, il y a une *opposition radicale* entre un bien et un bien; mais entre deux biens il ne peut y avoir qu'un rapport de différence et non un rapport d'opposition.

Je garde pour moi un trésor qui ne m'appartient pas, et je fais, dites-vous, une action qui m'est utile! Vous posez comme prouvé ce qui ne l'est pas du tout. Cicéron n'est pas de votre avis; il prétend, au contraire, que je fais l'action la plus nuisible qu'il soit possible de faire : je dégrade mon âme. Votre hypothèse revient donc à dire qu'entre un mal et l'honnête, c'est-à-dire entre le mal moral et le bien moral il y a une *opposition radicale;* mais personne ne vous contredit sur ce point; et vous n'avez pas démontré ce que vous aviez l'intention de démontrer : que l'utile n'est pas inséparablement lié à l'honnête.

Loin de trouver une *opposition* entre l'utile et l'honnête, nous les croyons, au contraire, liés entre eux par le plus intime des rapports, le rapport de la conséquence au principe ou de l'effet à la cause. Tout ce qui est honnête est nécessairement utile; et si la loi morale n'avait ni sanction ni but ultérieur, cela seul accuserait dans le législateur un défaut de sagesse ou de puissance. Ce qu'il y a de plus beau dans ce bel univers serait détruit, l'enchaînement des causes et des effets n'existerait plus, et le dogme de la perfectibilité humaine ne serait plus qu'un vain rêve, une chimère.

Chaque loi, chaque tendance naturelle a un *bien* correspondant auquel elle aspire. L'appétit tend au bien physique ou corporel; la curiosité, à la culture de l'esprit; la sympathie, à l'intérêt général; et enfin la loi morale, qui embrasse, comme nous l'avons dit, domine et dirige toutes les autres tendances, a pour objet l'ensemble de tous ces biens particuliers, qui se résument dans la conservation et le perfectionnement de l'individu et de l'espèce.

Voilà le dernier des trois éléments que nous cherchions dans la loi morale.

Considérée dans sa *forme*, elle nous en avait donnés deux : le mobile et la sanction.

Considéré dans sa *matière*, elle nous donne le troisième : le but. Mobile, but, sanction : telles sont les trois parties intégrantes et constitutives de cette loi qui commande aux êtres libres.

Par son mobile, elle détermine la volonté à l'accomplissement du devoir par devoir; elle montre à l'intelligence le but où doit tendre la liberté : la conservation et le perfectionnement de l'individu et de l'espèce ; enfin dans sa sanction elle récompense la vertu par des jouissances pures, par de saintes joies qui, retentissant dans la sensibilité, se convertissent bientôt elles-mêmes en seconds mobiles et deviennent ainsi pour l'agent libre le gage d'un perfectionnement moral illimité.

Il est facile maintenant d'indiquer, en courant, le rôle et le concours des facultés de l'âme dans la production du phénomène moral.

C'est à l'intelligence qu'il appartient de découvrir le but de la loi. Pour la sensibilité ce but se convertit en un bien : le bien moral. Pour la volonté il devient un devoir.

La raison fournit une sorte d'obligation logique ; la sensibilité, l'obligation morale. Ces deux obligations se combinent en une seule : c'est l'union de la lumière et de la force ; la volonté a trouvé son guide et son impulsion naturelle.

Séparez ces deux éléments, la liberté marche en aveugle, vous portez le désordre et la confusion dans la science des devoirs de l'homme soit envers lui-même, soit envers ses semblables, soit envers Dieu. Avec les rationalistes, vous arriverez peut-être à la fameuse maxime : « La fin justifie les moyens ; » ou bien, avec les philosophes de l'école sentimentale, vous serez exposé à consacrer sous le nom de vertus, je ne dirai pas des crimes, puisque c'est dans l'intention seule que réside la culpabilité, mais des actions tout à fait contraires aux vues providentielles, et qui porteront le trouble dans l'ordre social et religieux.

Telles seraient les conséquences nécessaires de tout système de morale qui ferait agir les facultés intellectuelles indépendamment l'une de l'autre. Supposez les opérations de l'âme successives, vous rendez le phénomène moral tout à fait inexplicable, et vous affaiblissez par là l'autorité de la conscience. Supposez-les, au contraire, simultanées, le fait s'explique de lui-même, et de plus, selon l'esprit de la philosophie française, vous avez l'avantage de réunir les trois sortes d'évidence : *l'évidence de raison, l'évidence de fait et l'évidence de sentiment;* avantage que vous n'aurez point si, comme dans l'école rationaliste, par la plus inconcevable des prétentions, vous vous obstinez à séparer et à désunir les différentes espèces de certitude, comme si le but du philosophe devait être d'enlever à la vérité une partie de la lumière qui l'éclaire.

Nous sommes maintenant en mesure d'apprécier les différents systèmes qui ont essayé la solution du problème moral.

Peuvent-ils tous supporter la confrontation avec le tableau des faits moraux de la nature humaine?

Nous avons déjà mis hors de cause les systèmes *égoïstes*, tels que ceux de Hobbes et de Bentham.

Nous ne voulons nous occuper ici que des systèmes moraux proprement dits; encore faudra-t-il, dans le nombre, laisser de côté ceux qui ne rendent compte que d'une partie des faits : les systèmes de Montesquieu, de Clarke, etc., aussi bien que ceux de Pufendorf, de Cumberland, etc.

Montesquieu fait consister la loi dans la conformité à la raison et aux rapports nécessaires qui dérivent de la nature des choses. Il était impossible, sans doute, de déterminer plus nettement le but et la règle de l'activité volontaire et libre; mais pourquoi ce grand homme n'a-t-il pas fait pour la morale ce qu'il avait fait pour l'esthétique? Pourquoi ne nous a-t-il rien dit ni des caractères ni de la valeur de la notion et du sentiment du devoir, tels qu'ils existent dans la conscience? Personne sans doute n'eût été plus capable que lui de nous éclairer sur ce point.

Dans son traité de la *religion naturelle*, l'illustre Clarke a montré la grandeur de son génie; mais, à l'exemple de Montesquieu, il s'est occupé plutôt de la *matière* que de la *forme* de la loi morale.

Suivant Pufendorf, le principe de la morale et la règle de la conduite humaine se trouvent dans l'obéissance à la volonté divine. Sans doute, c'est Dieu qui est le législateur du monde moral; c'est lui qui parle à ma conscience; il ne peut me tromper, je vous l'accorde; mais je puis me tromper moi-même, je puis croire que Dieu me parle, quand il ne me parle pas; je puis aussi mal interpréter ses paroles. Dites-moi donc quelle confiance je dois avoir en moi-même; montrez-moi la légitimité de mes facultés morales; et puis ignorez-vous qu'on a abusé de ces mots : « Dieu le veut (1). »

Ces systèmes, trop incomplets, ne méritent donc pas un examen approfondi; nous les mettons à l'écart, ainsi que beaucoup d'autres plus imparfaits encore, pour nous occuper exclusivement de ceux qui se sont approchés de plus près de la vérité, c'est-à-dire du système sentimental et du système rationnel.

Si l'on jette un premier regard sur ces deux

---

(1) Barbeyrac et d'autres savants commentateurs de Pufendorf ont trouvé quelque profondeur dans la question suivante : *Quel est le fondement de l'obligation morale?* La question cependant est tout aussi philosophique que cette autre : Quel est le fondement des vérités mathématiques? Aussi, en voulant démontrer que la volonté divine est le fondement de l'obligation morale, n'ont-ils fait que tourner dans ce cercle : Pourquoi est-ce mon devoir de faire telle ou telle chose? Parce que j'y suis obligé. Pourquoi y suis-je obligé? Parce que Dieu le veut. Pourquoi Dieu le veut-il? Parce que c'est mon devoir.

systèmes, on trouve entre eux des différences qui les séparent, et des points de contact qui les rapprochent.

Ils diffèrent entre eux en ce que l'un place l'origine du fait moral dans la sensibilité; l'autre, dans la raison.

Ils se ressemblent d'abord en ce que tous deux supposent que la raison et la sensibilité peuvent agir séparément; en second lieu, en ce qu'ils paraissent n'avoir pas compris que si quelque chose peut permettre de faire à chacune de ces deux facultés sa part respective dans l'acquisition de nos idées morales, c'est de distinguer nettement, dans la notion du devoir, la *forme* et la *matière*, l'obligation morale et l'obligation logique ou rationnelle.

L'examen successif de l'un et l'autre système justifiera ces assertions.

Les philosophes de l'école sentimentale ont un mérite incontestable et très-grand : c'est de ne partir presque jamais de principes abstraits, et d'éviter ainsi toute espèce de mysticisme philosophique. Partant des faits eux-mêmes, tels qu'ils existent dans la conscience, ils considèrent d'abord l'homme dans son état naturel, c'est-à-dire dans l'état de société : « Celui-ci, vivant avec ses semblables, peut être l'objet de leur bienfaisance ou de leur injustice, et lui-même à son tour peut les servir ou leur nuire. Or, disent-ils, il n'en est pas des actions des êtres libres, comme de celles des objets inanimés. Dans l'action du soleil qui mûrit nos moissons, ou dans celle de l'orage qui les détruit, nous ne voyons qu'une chose : le bien ou le mal physique. Dans les actes des êtres doués d'une volonté, au contraire, le résultat matériel n'est pas la seule chose qui nous frappe; nous considérons en outre l'intention qui les a dirigés. Chaque fois qu'un agent nous apparaît comme ayant voulu le bien ou le mal particulier qu'il a fait, il se produit en nous, d'une manière immédiate, certaines émotions d'une nature particulière : ce sont des sentiments d'approbation ou de désapprobation morale. Si nous sommes persuadés que l'intention de l'agent était de produire le bien ou le mal, son action ne nous apparaît pas seulement comme avantageuse ou nuisible, mais encore comme moralement bonne ou mauvaise. Nous jugeons de même de nos propres actions, nous leur donnons une qualification relative à toute autre chose que l'avantage ou le désavantage qui en résultent pour les autres ou pour nous. »

Cette école s'approche si près de la vérité que nous ne comprenons pas bien pourquoi certains critiques ont donné à sa doctrine le nom de *système*. Toutefois, en plaçant l'origine de la notion du devoir dans une modification de la sensibilité, dans un sentiment, et en posant en fait l'impuissance de la raison à révéler à l'homme son bien et à exercer aucune influence sur son activité, elle nous paraît avoir omis certains faits ou du avoir négligé certaines nuances.

Sans doute la raison ne peut nous révéler que le vrai, sans doute la volonté puise sa force dans l'impulsion des mobiles sensibles. Mais sembler croire que, si nous étions purement raisonnables, tout pour nous demeurerait indifférent, n'est-ce pas aller trop loin? En nous supposant réduits à la seule intelligence, à la raison, on serait toujours forcé de nous laisser au moins l'activité; or cette activité constituerait pour nous une sorte de *liberté d'indifférence;* et dans cet état il y aurait encore pour nous des jugements *pratiques,* comme il en est de spéculatifs. L'homme, être doué de raison, ne peut pas ne pas concevoir certaines vérités, et, comme il est actif en même temps qu'intelligent, il ne peut pas ne pas concevoir que, dans certaines circonstances, il doit agir d'une manière plutôt que d'une autre. Ces jugements nécessaires suffiraient pour déterminer son activité, et cela indépendamment de toute impulsion sensible et de toute considération de résultats ultérieurs. Pourquoi l'homme, en effet, agirait-il contrairement à la vérité? Étant raisonnable et actif, il doit se croire obligé de se conformer aux rapports qu'il soutient avec ce qui l'entoure. Cette croyance nécessaire constitue une obligation particulière qu'il ne faut point confondre avec l'obligation morale et que nous appelons obligation logique ou rationnelle.

Un autre défaut que nous croyons avoir remarqué dans les philosophes de l'école sentimentale, dans un certain nombre du moins, c'est de ne pas séparer assez nettement dans la faculté morale ses deux modes d'exercice : le mode spontané et le mode réfléchi. En effet, en lisant quelques-uns de ces auteurs, on peut se demander si les faits qu'il leur plaît d'appeler moraux ont réellement droit à cette qualification, et si, tout en croyant atteindre la sphère de la moralité, ils ne restent pas dans celle de l'instinct. Ne semblent-ils pas quelquefois ignorer que, pour qu'une action soit vertueuse, il ne suffit pas que son mobile soit désintéressé et son résultat impersonnel? Combien d'actes, en apparence très-méritoires, ne peuvent être pourtant attribués qu'aux tendances instinctives? Combien de caractères bienveillants s'abandonnent à leur bonté naturelle, sans acquérir aucun droit à l'approbation morale? La sympathie, la bienveillance, l'héroïsme lui-même, quoique toujours conformes à l'ordre, n'ont souvent rien à voir avec la vertu. Le mérite qu'on prête quelquefois gratuitement, c'est la nature seule qui le réclame. Quoi de plus désintéressé et de plus beau que le dévouement d'une mère pour son enfant? Et cependant l'amour maternel trouve en lui-même sa récompense, son mobile et sa fin. Il n'y a là qu'instinct; instinct, connu de la brute même, car la nature la plus féroce obéit à ce doux et impérieux penchant.

Pour qu'une action soit moralement bonne, il faut qu'elle soit précédée, je ne dirai pas d'une lutte intérieure entre plusieurs motifs, mais de la conception de la loi obligatoire révélée par la conscience, et que la volonté se conforme à cette loi, abstraction faite des résultats, quelle qu'en soit d'ailleurs l'utilité particulière ou générale; enfin, il faut que cette action soit libre, car la liberté est la condition *sine qua non* de la moralité. A l'instinct bienfaisant nous accordons notre amour; mais notre approbation morale ou notre admiration, nous ne l'accordons qu'à la liberté déployée dans l'exercice de la vertu. Voilà ce que les philosophes sentimentalistes nous paraissent oublier quelquefois. Ce défaut, ils l'eussent évité sans doute, si, dans l'activité volontaire, ils avaient distingué nettement la spontanéité de la réflexion. Mais, en général, ils ne paraissent pas avoir bien compris que la solution complète du problème moral exige une réponse catégorique à chacune de ces trois questions : Que veut faire l'homme? Que peut-il faire? Que doit-il faire? Du moins ne nous ont-ils laissé là-dessus rien qui soit tout à fait systématique.

Mais le vice capital de la théorie sentimentale, c'est de prétendre expliquer l'origine de l'idée du bien moral à l'aide de la sensibilité entendue comme elle l'est par tous ceux qui rejettent les principes posés par Condillac sur la simultanéité des opérations intellectuelles.

Les adversaires de l'école française considèrent la sensibilité comme une faculté à part, susceptible d'être affectée indépendamment de l'intelligence et de la volonté. S'il en est ainsi, la raison n'intervient qu'avant ou qu'après le phénomène sensible; et dans le phénomène moral elle juge d'abord des circonstances où se trouve placé l'agent, et puis elle opère sur les données de la sensibilité, après que celle-ci a agi. Mais nous demandons comment une opération de la raison peut précéder l'exercice de la sensibilité? Que serait-ce qu'un phénomène psychique quelconque sans le concours du sens intime? La raison, dit-on, agit sur les données de la sensibilité? Mais ces données sont déjà connues avant que la raison opère sur elles; autrement sur quoi opèrerait-elle? Nous le répèterons encore une fois, il est impossible qu'une modification de la sensibilité ait lieu sans la coexistence d'une modification de l'intelligence, c'est-à-dire d'une perception ou d'une conception. Enfin, si, comme les philosophes sentimentalistes semblent le faire quelquefois, on assimile le phénomène sensible à un phénomène volontaire, qu'on nous dise comment la volonté peut avoir un objet sans que l'intelligence intervienne pour le concevoir, et ce que l'on veut faire de l'adage vulgaire : *ignoti nulla cupido*. A quelque point de vue que l'on considère le phénomène, il nous semble impossible de l'expliquer, à moins qu'on ne se fasse des idées plus justes sur la nature des facultés de l'âme, sur leur concours et leur subordination respective.

Ce vice de méthode, qui a sa source dans la théorie vulgaire des facultés intellectuelles, n'est point particulier à l'école sentimentale; il est commun à presque tous les philosophes modernes, surtout à ceux de l'école rationaliste. Toutes choses cependant ne sont pas égales entre ces deux écoles, car la première explique du moins tant bien que mal l'origine de l'idée du bien moral, tandis que la seconde, au contraire, ne parvient pas à en rendre compte, ou n'y parvient qu'à la faveur d'un paragisme. Pour s'en convaincre, il suffira d'un exposé rapide de ses principaux caractères.

L'école rationaliste a, dans ses théories morales, plusieurs défauts qui lui sont communs avec l'école sentimentale; mais elle en a un plus grand nombre qui lui sont propres. Les principaux sont de professer une doctrine mystérieuse sur la nature et le rôle de la *raison;* de transformer en réalités objectives les abstractions de l'esprit; de multiplier indéfiniment les mots, d'en dénaturer la signification et de croire qu'à chacun d'eux correspond un phénomène réel et distinct; d'ôter à la morale son plus ferme appui en transformant l'idée, le sentiment et l'amour du devoir en un simple jugement pratique, et de substituer jusqu'à un certain point la justice à la bienfaisance; et enfin de ne pouvoir arriver, je ne dirai pas à la notion du bien moral, mais même à la notion du bien en général, ou du moins de n'y arriver qu'à la faveur d'un cercle vicieux, en un mot, de rester toujours renfermés dans la simple légalité, tout en croyant atteindre la sphère de la moralité.

Outre le défaut d'avoir, comme l'école sentimentale, mal compris le rôle de la sensibilité et de l'avoir, dans un autre sens, séparée de la raison d'une manière absolue, le rationalisme, nous le savons, pose en fait l'existence de deux raisons distinctes : la raison qui « connaît » et la raison qui « comprend. » Nous avons réfuté ailleurs l'hypothèse d'une *raison*, considérée comme faculté *spéciale* et *supérieure;* nous ne répéterons pas ici les arguments que nous avons opposés aux rationalistes.

Qu'il y ait deux raisons, ou qu'il n'y en ait qu'une, peu importe; il ne s'agit ici que d'une chose : de prouver que la raison toute seule ne peut arriver à l'idée du bien qu'à la faveur d'un paralogisme. Nous accorderons sans doute que les idées de loi, d'obligation, de bien et de fin, peuvent être l'objet de jugements spéculatifs et même de jugements *pratiques;* nous accorderons aussi que ces idées sont, à certains égards, absolues, c'est-à-dire que leur vérité ne dépend de la vérité d'aucune autre idée; mais ce que nous n'accorderons pas, c'est qu'à ces idées la raison puisse ajouter *a priori* aucun attribut relatif, tel que ceux qui sont exprimés par certaines épithètes destinées à désigner les diverses espèces de biens, comme l'*utile*, l'*agréable*, le *beau*, etc. En effet, le bien, quel qu'il soit, ne se révèle à l'entendement qu'à la suite de certaines modifications produites dans la sensibilité et dans la volonté; et l'on peut dire avec Spinoza que « ce qui fonde l'effort, le vouloir, l'appétit, le désir, ce n'est pas qu'on ait jugé qu'une chose est bonne; mais, au contraire, on juge qu'une chose est bonne par cela même qu'on y tend par l'effort, le vouloir, l'appétit, le désir (1). »

Un grand philosophe, Thomas Brown, a démontré (2) que les mots *bien, mérite, obligation morale, devoir, etc.,* sont synonymes et n'expriment

---

(1) Éthique. Part. III, prop. 9, scholie.
(2) Voyez notre *Critique de la philosophie de Th. Brown*, p. 185.

qu'un seul et même phénomène. Les rationalistes, au contraire, semblent croire que chacune de ces expressions désigne une réalité particulière. Voici ce qu'on lit dans un ouvrage publié, mais qui malheureusement n'a point paru : « Kant est le seul philosophe qui ait étudié en elle-même l'obligation morale. Au lieu de partir de l'idée du bien, pour expliquer la notion du devoir, il suit une marche inverse : il pose d'abord l'idée d'obligation, la soumet à une analyse profonde, et lui donne enfin pour but l'accomplissement du bien. » Les mots bien, obligation, devoir étant synonymes, la dernière phrase est équivalente à cette autre : « *Au lieu de partir de l'idée du devoir, pour expliquer la notion du devoir ; il pose d'abord l'idée du devoir, et lui donne enfin pour but l'accomplissement du devoir !* » Voilà un bel exemple de parfait galimatias. Cependant l'ingénieux auteur ajoute : « On peut contester la légitimité de cette méthode ; mais elle a du moins l'avantage de dégager l'obligation de tout autre principe, en sorte qu'on n'ait plus qu'à la considérer dans ses éléments essentiels et ses conséquences nécessaires, sans être arrêté par aucune idée préconçue. »

Il suffit de rendre leur sens usuel et leur valeur propre à certains mots, tels que loi, obligation, etc., pour montrer, dans l'abus qu'on a coutume d'en faire, la source des illusions du rationaliste.

On entend par *loi* la constance et la régularité des faits ou bien l'ordre ou la défense de faire une chose.

La première définition nous force d'admettre un grand nombre de lois, car il y en aura autant qu'il y a d'espèces différentes de faits se succédant régulièrement dans l'ordre physique, intellectuel et moral. En ce sens la loi ne s'adressera nullement à la volonté, car la succession régulière des faits ne peut être qu'un spectacle pour la raison. Cette définition nous montre en outre tout le vide des pompeuses épithètes que le rationaliste attache au mot loi : il n'y a pas de *loi en soi*, puisqu'il y a plusieurs lois; il n'y a pas de loi *absolue*, puisque toute loi dépend des faits; la connaissance de la loi n'est pas *a priori*, puisque les faits sont du domaine de l'observation et de l'expérience; la loi n'est pas *nécessaire*, car n'étant rien autre chose que la constance des faits, et les faits eux-mêmes n'étant rien autre chose que les êtres causant ou subissant des changements réguliers, dire que les lois sont nécessaires, c'est soumettre la création à la nécessité, c'est se déclarer gratuitement fataliste. Direz-vous que par rapport à Dieu la loi est *nécessaire?* Nous répondrons alors qu'il n'est pas philosophique de considérer la loi en Dieu, puisque dans l'être immuable il n'y a pas succession de faits.

Enfin, si l'on entend par *loi* l'ordre ou la défense de faire une chose, il est évident que la loi, en tant que concept de l'entendement pur, n'est pas *obligatoire,* du moins comme on voudrait l'entendre, puisque la coopération de la sensibilité et de la volonté étant exclue, la loi devient indifférente, impersonnelle, enfin tout aussi étrangère à la liberté de l'homme que les lois de la gravitation universelle.

Pour avoir l'idée de loi personnellement obligatoire, de loi morale, il ne suffit donc pas d'avoir l'idée de loi en général.

Enfin la raison seule est impuissante à nous donner l'idée du devoir ; car, pour nous borner ici à une seule preuve, l'idée du devoir implique la notion de la liberté; or l'idée de la liberté, je ne dis pas de la liberté en général, mais de notre liberté propre, ne nous est révélée que par le sens intime; il faut donc que la sensibilité au moins coopère avec la raison dans la formation de l'idée du devoir.

Que le rationaliste ne parvienne à expliquer l'origine des idées morales qu'à la faveur d'un cercle vicieux, c'est ce qui devient plus évident encore par l'abus qu'il fait du mot *bien.* Le bien en général est ce qui sert à la satisfaction de nos tendances naturelles ; il y a donc plusieurs espèces de biens : l'agréable, l'utile, le beau, le bien moral. Le rationaliste ne confond pas tous ces biens sans doute ; mais il nous parle du bien absolu, du bien en soi ; et il ajoute que ce dernier ne se révèle qu'à la *raison*. Mais, puisque vous rejetez l'intervention de toute autre faculté, comment avez-vous le droit de parler, je ne dirai pas du *bien en soi*, mais même d'un bien particulier quelconque ? Ce mot, n'ayant été inventé que pour désigner ce qui agrée à notre nature, si vous supprimez la sensibilité et la volonté et que vous n'invoquiez que la raison, ne voyez-vous pas que vous supprimez le bien, et qu'il ne nous reste plus que le vrai ? Ce bien dont vous parlez d'une manière si mystérieuse, l'avez-vous découvert *a priori* ? Avez-vous connu ce qui sert à la conservation et au perfectionnement de votre être, soit matériel, soit immatériel, avant d'en avoir fait l'expérience ? Avez-vous connu la saveur d'un fruit avant de l'avoir goûté ? le plaisir de l'étude, avant de l'avoir éprouvé ? la douceur des affections sociales, avant d'avoir été bienfaisant ? et enfin les joies de la conscience, avant d'avoir pratiqué le devoir ?

Ainsi le rationaliste se sert tacitement des données de la sensibilité et de la volonté, pour les nier aussitôt ou pour les attribuer à la raison, dont il veut fonder le pouvoir absolu.

Nous avons distingué plus haut deux espèces

d'obligation : l'une logique, l'autre morale. Le rationaliste les confond; il se contente de décrire la première, et il croit avoir le droit de lui donner le nom de la seconde.

Ces deux obligations sont cependant marquées de caractères bien différents. Supposons encore une fois l'homme dépourvu de sensibilité et de volonté : ne conservant pour toutes facultés que la raison et l'activité, il ne sera plus sans doute poussé à l'action par aucun motif sensible; mais croit-on qu'alors même il ne fût pas obligé d'agir d'une manière plutôt que d'une autre? N'y a-t-il pas nécessité dans les jugements pratiques aussi bien que dans les jugements moraux proprement dits? Pourquoi voudrait-on que l'homme agît contrairement à la nature des choses? Le principe de finalité qui se révèle intuitivement à l'intelligence ne prescrit-il pas d'une manière nécessaire et obligatoire pour la raison le choix des moyens qui conduisent à une fin? Il existe donc une obligation rationnelle, qu'il faut distinguer de l'obligation morale. La première peut exister sans la seconde; mais celle-ci suppose toujours celle-là, puisqu'elle la contient, plus l'impulsion qui vient de la volonté et de la sensibilité morales.

Nous venons d'insister une dernière fois sur les caractères de l'obligation logique, parce que, bien qu'elle n'ait été que vaguement décrite par les rationalistes eux-mêmes, cependant il est impossible de supposer qu'ils en aient eu une autre en vue; car, même lorsqu'ils affectent de parler de l'obligation morale, ils ne parlent au fond que de l'obligation rationnelle (1). Ils ont été conduits à n'en point admettre d'autre par l'incompatibilité apparente de l'immutabilité des vérités morales avec les variations de la sensibilité et l'inconstance de la volonté. Leur préoccupation était louable; mais, au lieu d'aborder la question, ils l'ont éludée. Il sera toujours difficile, pour ne pas dire impossible, de concilier ces apparentes contradictions, tant qu'on n'aura pas catégoriquement distingué, dans une action morale, la *forme* et la *matière*. Celle-ci est immuable comme le vrai, puisqu'elle consiste tout entière dans les rapports nécessaires des choses; celle-là est changeante comme l'ensemble des dispositions subjectives qui la constituent.

Allons donc ici au-devant de l'objection la plus triomphante du rationaliste. Vous introduisez, nous dira-t-il, la sensibilité et la volonté dans le phénomène moral! Mais ignorez-vous que ces

---

(1) Cette distinction ne pourrait-elle pas en outre servir jusqu'à un certain point à concilier le système sentimental et le système rationnel? Nous avons vu que celui-là ignore la première espèce d'obligation, et nous voyons que celui-ci ne veut presque reconnaître que la seconde.

deux facultés varient d'un individu à l'autre, et que dans le même homme elles sont soumises à des fluctuations continuelles? Que faites-vous alors du *bien en soi*, du bien immuable, éternel? Désormais ne sera-t-il plus vrai que, si le monde et tout ce qu'il renferme était détruit, la vertu ne serait pas anéantie, mais qu'elle demeurerait toujours la même, éternelle, inaltérable et indépendante de Dieu même? S'il fallait prendre au sérieux cette hypothèse si souvent renouvelée du monde anéanti et des idées survivant à cette destruction universelle, nous ferions nous-mêmes une question au rationaliste : N'admettez-vous pas, lui dirions-nous, qu'il n'y a au monde rien autre chose que des réalités et des rapports, des substances et des modes? Si vous détruisez les réalités, si vous anéantissez les substances, où seront les modes, où seront les rapports? Quand il n'y aura plus rien, où sera ce qui reste? Où sont les neiges d'antan.

Mais sans faire aucune supposition destructrice, et sans avoir recours à la phraséologie sacramentelle de quelques philosophes modernes, c'est la chose la plus simple du monde que de montrer que les notions morales sont fixes et immuables : dans l'idée du bien nous avons distingué le but et le mobile, la fin et l'intention, la *matière* et la *forme;* or la matière appartient tout entière à la raison, et par conséquent elle peut avoir tous les caractères propres du vrai et toute la certitude des axiomes mathématiques, supposé toutefois que les choses restent les mêmes et que leurs rapports ne changent pas. Nous ajoutons cette dernière condition, car les vérités morales ne sont pas plus indestructibles que les vérités mathématiques, lesquelles n'existeraient plus, si les quantités concrètes d'un côté, et de l'autre les intelligences capables de concevoir les quantités abstraites venaient une fois à être détruites. La *matière* du bien est donc inaltérable, et, si l'on y tient, éternelle. La *forme* sans doute n'est point marquée des mêmes caractères, car elle dépend de la sensibilité et de la volonté, facultés dont nous ne contesterons pas la nature changeante, bien qu'on l'ait souvent exagérée; car, après tout, on ne voit pas que la sensibilité se trompe à la fois et sur la fin et sur les moyens, ni que la volonté s'attache au mal, uniquement parce qu'il est le mal. D'ailleurs ces deux facultés n'opèrent jamais que sur les données de l'intelligence et, dans les phénomènes psychiques, l'*objectif* est, comme nous l'avons prouvé, tout à fait inséparable du *subjectif;* on peut même dire que l'un et l'autre ne font qu'un, puisque, rigoureusement parlant, l'âme ne peut jamais avoir conscience que d'elle-même.

Dans tous les cas, la variabilité de ces deux facultés n'était pas une raison pour leur refuser la part qu'elles ont dans la formation de nos idées morales. L'incompatibilité n'est qu'apparente, puisque, nous venons de le voir, l'on parvient de la manière la plus simple à concilier le *nécessaire* et le *contingent,* et cela sans être obligé d'admettre, comme le rationaliste, des modes existant en dehors des substances, des actions séparées des agents, et une vertu indépendante de l'homme vertueux.

Lorsque nous attribuons les erreurs des rationalistes et leur impuissance à concilier l'immutabilité des vérités morales avec les variations de la sensibilité et de la volonté à la non-distinction de la *matière* et de la *forme*, nous n'ignorons pas que dans leur école on a fait usage de ces deux mots; mais on les a pris au sens de Kant, et la distinction, ainsi comprise, loin de lever la difficulté, ne fait que l'augmenter et jeter sur la question l'obscurité qui résulte de la théorie des idées innées rajeunie et mal déguisée.

On peut faire un autre reproche au système rationnel : c'est de trop accorder à la raison et de refuser presque tout aux facultés qu'il prétend exclure. Sans doute tout repose en définitive sur la raison ; mais est-elle toujours infaillible ? Est-elle sujette à moins d'aberrations que nos autres facultés naturelles ? La sensibilité et la volonté

nous égarent-elles toujours? Ne dit-on pas dans tous les livres de philosophie que la sensation, par exemple, ne nous trompe presque jamais, et que l'erreur ne devient à craindre que lorsque le jugement intervient? Dans les questions de goût, les rhétoriques et les poétiques ne deviennent-elles pas des théories changeantes et des procédés arbitraires, sitôt que la raison ne prend plus la nature et le sentiment pour guides? Et enfin, dans la morale, la raison n'a-t-elle pas trop souvent enfanté des choses monstrueuses, lorsqu'elle a voulu se substituer à la conscience? Les institutions religieuses des anciens, qui certes étaient l'ouvrage de la raison, n'ont-elles pas consacré tous les crimes, et n'eussent-elles pas fini par faire triompher le vice, si elles avaient pu étouffer l'instinct moral? « L'ancien paganisme, dit J.-J. Rousseau,
« enfanta des dieux abominables qu'on eût puni ici-
« bas comme des scélérats, et qui n'offraient pour
« tableau du bonheur suprême que des forfaits à
« commettre et des passions à contenter. Mais le
« vice, armé d'une autorité sacrée, descendait en
« vain du séjour éternel; l'instinct moral le repous-
« sait du cœur des humains. En célébrant les dé-
« bauches de Jupiter, on admirait la continence de
« Xénocrate; la chaste Lucrèce adorait l'impudique
« Vénus; l'intrépide Romain sacrifiait à la peur;
« il invoquait le dieu qui mutila son père, et

« mourait sans murmure de la main du sien. Les
« plus méprisables divinités furent servies par les
« plus grands hommes. La sainte voix de la na-
« ture, plus forte que celle des dieux, se faisait
« respecter sur la terre, et semblait reléguer dans
« le ciel le crime avec les coupables (1). »

Les vérités morales sont assez évidentes par
elles-mêmes : la conscience les révèle à notre
esprit en même temps qu'à notre cœur; et une
seule chose est à craindre, c'est que la *raison*
des philosophes ne finisse par les obscurcir. N'est-
ce pas la raison, qui à certaines époques a accré-
dité la fameuse doctrine : « La fin justifie les
moyens? » N'est-ce pas elle enfin, qui dans tous
les temps a dicté à l'ambition ou au fanatisme
les prétextes du crime ou les sophismes d'une
absurde fureur? Le rationalisme rendrait donc un
mauvais service à l'humanité, si, pour tout accorder à la *raison*, il parvenait à ôter au sentiment
et à l'instinct moral leur influence sur nos déterminations et notre conduite. « Connaître le bien,
dit J.-J. Rousseau, ce n'est pas l'aimer. » — « On
a beau vouloir établir la vertu par la raison seule,
quelle base solide peut-on lui donner? La vertu,
disent-ils, est l'amour de l'ordre. Mais cet amour
peut-il donc et doit-il l'emporter en moi sur celui

(1) *Émile*, liv. IV.

de mon bien-être? Qu'ils me donnent une raison claire et suffisante pour la préférer. Dans le fond, leur prétendu principe est un pur jeu de mots; car je dis aussi, moi, que le vice est l'amour de l'ordre, pris dans un sens différent. » — « Comme nous n'apprenons point à vouloir notre bien et à fuir notre mal, mais que nous tenons cette volonté de la nature, de même l'amour du bon et la haine du mauvais nous sont aussi naturels que l'amour de nous-mêmes. Les actes de la conscience ne sont pas des jugements, mais des sentiments : quoique toutes nos idées nous viennent du dehors, les sentiments qui les apprécient sont au dedans de nous, et c'est par eux seuls que nous connaissons la convenance ou disconvenance qui existe entre nous et les choses que nous devons rechercher et fuir (1). »

Le rationalisme n'est pas seulement dangereux

(1) *Émile*, liv. IV. Malgré ces aveux, J.-Jacques eût été fort étonné, si on lui eût dit qu'il devait être un jour mis au nombre des *philosophes sentimentalistes*; car il est hors de doute qu'il ne sépare jamais l'intelligence de la sensibilité. Il est bien vrai qu'il dit : « Exister pour nous, c'est sentir ; notre sensibilité est incontestablement antérieure à notre intelligence, et nous avons eu des sentiments avant des idées. » Mais, dans une note, il ajoute un correctif à ces assertions : « A certains égards, dit-il, les idées sont des sentiments, et les sentiments sont des idées. Les deux noms conviennent à toute perception qui nous occupe et de son objet, et de nous-mêmes, qui en sommes affectés : il n'y a que l'ordre de cette affection qui détermine le

dans ses conséquences éloignées, il l'est encore dans ses principes avoués; il tend à dénaturer la loi morale; il en néglige, pour ainsi dire, l'esprit, et paraît ne s'attacher qu'à la lettre : trouvant plus facile d'appliquer l'apparente austérité de ses principes aux simples rapports d'équité, il substitue presque toujours la justice à la bienfaisance, c'est-à-dire un principe négatif à un principe positif. Je n'en veux qu'un exemple. Elle est connue, l'hypothèse célèbre du *dépôt*, l'hypothèse qui, dans cette école, est en possession de servir de matière à l'analyse de *tout ce qui se passe dans la conscience d'un homme placé entre son intérêt et son devoir*. On conçoit très-bien l'amertume des remords qui déchirent le cœur de celui qui viole un *dépôt;* mais on lit avec étonnement et presque avec scandale le tableau que nous fait le rationaliste des *transports* et des *saintes joies* qui s'élèvent dans l'âme de celui qui est supposé avoir rendu l'argent confié à sa foi. Où donc est-ce un si grand mérite de ne pas nuire à son semblable et de ne pas s'approprier le bien d'autrui? La philosophie, surtout lorsqu'elle se pique d'élever les âmes jusqu'à

nom qui lui convient. Lorsque, premièrement occupés de l'objet, nous ne pensons à nous que par réflexion c'est une idée; au contraire, quand l'impression reçue excite notre première attention, et que nous ne pensons que par réflexion à l'objet qui la cause, c'est un sentiment. » (*Émile*, liv. IV.)

l'*idéal*, devrait au moins rester à la hauteur de la réalité, ne point mutiler l'homme, ni calomnier la nature. La conscience ne réserve ses récompenses et ses joies qu'à ceux qui ont servi leurs semblables, et la morale a d'autres devoirs à prescrire que ceux de la justice : ce sont les devoirs de la bienveillance et de la charité.

Tous les défauts du système rationnel tiennent à un vice de méthode, à une erreur que nous avons signalée plusieurs fois. Ce système n'a point distingué la *forme* de la *matière* du bien ; il a confondu le principe de la loi morale avec les moyens que nous avons pour la connaître. Si l'on ne sépare pas nettement ces deux choses, le problème moral devient insoluble : « Il ne faut pas, « dit Condillac, confondre les moyens que nous « avons pour découvrir la loi morale avec le « principe qui en fait toute la force. Nos facultés « sont les moyens pour la connaître, Dieu est le « seul principe d'où elle émane. Elle était en lui « avant qu'il créât l'homme : c'est elle qu'il a « consultée lorsqu'il nous a formés, et c'est à elle « qu'il a voulu nous assujétir (1). » Les deux faces de la question sont ici catégoriquement indiquées. Le rationalisme ne s'est pas astreint à tant d'exactitude et de rigueur : il s'est presque exclu-

---

(1) *Traité des animaux*, part. II, ch. 7.

sivement attaché à la *matière du bien,* laissant de côté sa *forme;* aussi échoue-t-il complétement à expliquer l'intervention soit de la sensibilité, soit de la volonté dans l'origine et la formation de nos idées morales; confondant, je ne dirai pas les jugements pratiques, mais même les jugements spéculatifs avec les jugements moraux, il n'a presque aucune valeur scientifique, car il n'arrive pas même à l'idée du bien moral, ou du moins n'y arrive-t-il qu'à la faveur d'un paralogisme. Il parle, il est vrai, de l'obligation morale, mais, au fond, il ne décrit que l'obligation logique et rationnelle. A ce dernier point de vue, il faut l'avouer, les rationalistes ont rendu des services à la science : ils ont déterminé avec assez de précision le but universel de l'activité humaine et la formule qui doit servir de règle générale à la liberté; et, quoiqu'ils n'aient rien dit de nouveau sur l'immuable vérité des notions morales, cependant ils l'ont fait ressortir avec force et quelquefois même avec éloquence. Mais malheureusement ces beautés perdent beaucoup à côté des imperfections nombreuses que nous avons signalées : outre la pétition de principe qui ruine son système par la base, le rationaliste, altérant le sens des mots et dénaturant le langage philosophique, parvient à jeter de l'obscurité sur les vérités morales elles-mêmes; presque toujours perdu dans les hauteurs de ce qu'il appelle la grande métaphysique, il réalise toutes les abstractions possibles, et prête ainsi des armes au scepticisme et à la dérision; réduisant à une simple opération intellectuelle le phénomène moral qui contient à la fois le sentiment, l'amour et la notion du bien, il ôte toute sa force à la loi qui doit commander à la volonté, en un mot, il la rend *impersonnelle;* enfin, recherchant je ne sais quel *idéal*, il n'atteint pas même le réel, car il est forcé, par ses principes mêmes, de substituer la justice à la bienfaisance et de mutiler ainsi la nature humaine.

Si l'on compare entre eux le système rationnel et le système sentimental, on est forcé d'admettre que le premier est inférieur au second. Celui-ci, malgré tous les défauts qu'on lui attribue, parvient au moins à expliquer légitimement l'origine de la notion du devoir, ce que celui-là a tenté vainement. Toutefois, si la théorie sentimentale rend compte des phénomènes moraux considérés au point de vue du subjectif, elle néglige un peu trop de les étudier au point de vue de l'objectif, et sous ce rapport elle est au-dessous de la théorie rationnelle.

Ces deux systèmes ont donc chacun leur part de vérité, et au premier abord on est tenté de croire qu'ils pourraient se compléter l'un l'autre. Mais, en les considérant plus attentivement, on s'aperçoit bientôt que, même en réunissant ce que l'un et l'autre contient de vrai, on ne pourrait arriver à une solution complète du problème moral ; car tous deux pèchent par la base, en ce qu'ils reposent sur une théorie fausse des facultés intellectuelles et sur l'incompréhensible supposition qu'elles peuvent opérer les unes indépendamment des autres.

L'une et l'autre école a donc méconnu le principe fondamental sur lequel on peut asseoir la théorie de la morale.

Cependant ce principe avait été solidement établi ; mais l'école qui l'a posé est depuis longtemps décriée. La base de toute psychologie vraiment digne de ce nom et de toute métaphysique raisonnable est aujourd'hui couverte de débris, ou, si l'on veut, cachée par les fantastiques échafaudages qui s'élèvent à côté d'elle ; la tâche de la critique doit être d'écarter tout cela et de déblayer le terrain.

Qu'on nous permette donc de reproduire ici en peu de mots les phénomènes volontaires et moraux de la nature humaine, en partant du grand principe de Condillac et en nous inspirant de l'esprit de son école.

Il serait inutile de rappeler ici tout ce que nous avons dit de nos tendances primitives, des appétits, de la curiosité, de la bienveillance et du sentiment moral, et surtout de considérer les objets différents auxquels ces tendances aspirent. Il suffira d'examiner les états de l'âme en général et au point de vue purement subjectif.

L'homme est un être fini; donc il lui manque quelque chose; intelligent et sensible, il connaît et sent ce besoin; donc, puisqu'il est actif, il cherche nécessairement à compléter autant que possible son être, et la vie n'est pour lui qu'une inquiétude constante et une aspiration continuelle à passer d'une perfection moindre à une perfection plus grande. Cette aspiration est satisfaite ou contrariée, car l'activité trouve des obstacles ou se déploie librement. Dans l'un et l'autre cas, l'âme existe dans un état. Cet état est de toute nécessité relativement parfait ou imparfait, et par conséquent agréable ou désagréable, et partant accompagné d'un sentiment d'amour ou d'aversion. Ces deux affections deviennent à leur tour le principe d'une autre série de phénomènes qui peuvent bien varier au point de vue de l'objectif, mais qui sont toujours les mêmes pour le sens intime, et fournissent exactement le même nombre d'éléments : connaissance, jouissance et amour d'un état, en d'autres termes modification intellectuelle, sensible et volontaire.

Les philosophes qui attaquent l'école française prétendent que ces phénomènes se succèdent; nous prétendons, au contraire, qu'ils coexistent et

ne peuvent pas ne pas coexister, c'est-à-dire que dans un état de l'âme, quel qu'il soit, il y a en même temps connaissance, sentiment et amour, ou, en d'autres termes, exercice de la raison, de la sensibilité et de la volonté. Essayez, comme le voudrait le rationaliste, de faire agir la raison sans la sensibilité, que sera-ce pour nous qu'une pensée, si nous ignorons qu'elle est en nous, si nous n'en avons pas la conscience, le sentiment? Du reste, le rationaliste ne réfute-t-il pas lui-même, et sans s'en douter, toutes ses déclamations contre le *sensualisme,* lorsqu'il donne à la conscience le nom de *sens intime?* Si l'on s'était donné la peine d'étudier la signification des mots *sensation* et *sentir* dans Condillac, on eût vu que ce philosophe n'entend par là rien autre chose que ce que Descartes entend par le mot *conscience* et toutes les écoles par le mot *sens intime.* Destutt de Tracy commente la doctrine de son maître dans les paroles suivantes : « *Sentir* est pour nous la
« même chose qu'*exister;* car notre existence consiste à la sentir, et nos perceptions ne sont jamais
« que des manières d'*être* ou d'*exister.* Quelque
« chose que l'on sente, on ne sent jamais que *soi*
« *être d'une manière ou d'une autre* : aussi, dès
« que l'on sent quelque chose, on est existant et,
« quand on ne sent rien, l'existence est nulle, ou
« du moins n'est rien pour l'individu lui-même. »

Et plus loin : « Sentir est aussi la même chose
« que penser. Quand on donne à ces deux mots
« la signification la plus étendue qu'ils puissent
« recevoir, ils sont nécessairement et exactement sy-
« nonymes; car tous deux ils comprennent généra-
« lement toutes nos perceptions quelconques (1). »

Toute opération de l'entendement est donc nécessairement accompagnée d'une modification de
la sensibilité; et celle-ci à son tour suppose l'intervention de l'entendement, car il est impossible
qu'un phénomène sensible ne soit pas en même
temps un phénomène cognitif. Que serait-ce,
en effet, que sentir sans savoir que l'on sent?
J'accorde que, dans certains cas, l'âme n'a conscience de rien d'extérieur à elle-même, mais elle
a du moins connaissance de son état, et cela suffit
pour que le phénomène sensible ne soit pas,
comme voudrait le laisser entendre le rationaliste,
un phénomène purement végétatif.

Faut-il maintenant prouver qu'aux opérations
de ces deux facultés se mêlent également celles
de la volonté? D'abord l'exercice de la volonté est
inséparable de celui de la sensibilité, car com-

---

(1) DESTUTT DE TRACY, Logique, ch. 2, Bossuet ne pensait pas
autrement, lui qui définit « la sensation ou sentiment la *première perception* qui se fait en notre âme à la présence des
corps et à la suite de l'impression. » (*De la Conn. de Dieu et
de soi-même*, ch. I.)

ment séparer l'amour et l'aversion du plaisir et de la douleur? N'est-ce point précisément à cause de ces deux affections que nous avons inventé les deux mots *agréable* et *désagréable?* Pourquoi du sentiment de l'être voudrait-on séparer l'amour de l'être? L'homme peut-il être indifférent à ce qui le touche et se séparer, pour ainsi dire, de lui-même?

La volonté est donc d'abord inséparable de la sensibilité; elle ne l'est pas moins de la raison: d'abord, il est absolument impossible de vouloir sans connaître l'objet de ses désirs; et, en second lieu, il est également impossible que l'intelligence perçoive ou conçoive n'importe quoi sans que la volonté soit en même temps modifiée. En effet, par la perception ou la conception l'âme atteint l'une de ses fins, ce qui constitue pour elle un certain état de perfection relative, c'est-à-dire d'une perfection plus ou moins grande que celle qui la précédait; cet état, cette conscience de l'être étant nécessairement plus ou moins agréable, l'âme ne peut pas ne pas s'efforcer d'y persévérer ou d'en sortir. Toutes les facultés de l'âme humaine agissent donc simultanément.

Ce que nous venons de dire est vrai de tous les phénomènes intellectuels en général, et s'applique par conséquent aux phénomènes moraux en particulier. Nous pouvons donc conclure encore avec l'école française et contre l'école allemande et écossaise que l'objet d'un jugement pratique, c'est-à-dire d'un jugement où il s'agit de prendre une détermination, *est en même temps conçu comme vrai, senti comme bien et voulu comme fin.*

L'ensemble des modifications subjectives qui concourent à la production du phénomène moral constitue ce que nous avons appelé la *forme* du bien ; or nous avons prouvé ailleurs que, dans n'importe quel phénomène intellectuel, l'objectif est inséparable du subjectif. Donc, dans la conscience morale, la connaissance des différents buts de nos tendances primitives ou de ce que nous avons appelé la *matière du bien* se combine avec les modifications subjectives, et forme avec elles un tout indivisible, résultat de l'exercice simultané de toutes nos facultés.

Voilà l'origine et la formation des idées morales. C'est en partant des principes de Condillac seulement que l'on parvient à réfuter les erreurs du système rationnel et du système sentimental. C'est en partant de sa théorie des facultés intellectuelles que l'on arrive à faire à chacune d'elles la part qu'elle a dans l'origine de l'idée du bien considéré sous ses deux aspects, c'est-à-dire dans sa *forme* et dans sa *matière*, et à ôter sa raison d'être à toute théorie qui voudrait s'arroger le nom de système.

CHAPITRE VI

EMPIRISME.

Le mot *empirisme* est presque synonyme de *philosophie de la sensation*. Sujet aux mêmes attaques, au même dédain, il a subi la même condamnation.

Quoique ce nom soit devenu presque une injure, cependant l'école française l'accepte; elle s'en glorifie même, et elle le revendique presque pour elle seule; car c'est elle surtout qui, en assignant à *l'empirisme* son véritable but, lui a donné son importance et sa valeur scientifique.

Toute philosophie vraiment digne de ce nom doit se proposer avant tout d'affermir autant que possible les fondements de la certitude. Or le moyen d'arriver le plus directement et le plus sûrement à ce but, c'est sans contredit de séparer avec soin les vérités qui ont à la fois la certitude objective et la certitude subjective des vérités qui n'ont et ne peuvent avoir que la dernière espèce de certitude, et de n'admettre définitivement dans la science que ce qui est en même temps objet de perception et de conception, ou, en d'autres termes, ce qui à l'évidence de raison joint l'évidence de fait ou de sentiment, et à la certitude métaphysique la certitude physique. Puisque tel est le but que l'on doit se proposer, n'est-il pas évident que la philosophie qui l'aura atteint, ou du moins qui se sera efforcée de l'atteindre, et s'en sera approchée de plus près, sera la meilleure de toutes les philosophies? Or il n'est qu'une seule école qui ait parfaitement compris ce rôle, et qui ait constamment aspiré à ce but : c'est l'école française, c'est l'*empirisme!*

En nous efforçant de présenter l'empirisme sous son véritable aspect, et de lui rendre tous les caractères dont on a voulu le dépouiller, nous nous attacherons aux deux points de vue suivants : l'empirisme renferme tout ce qu'il y a dans le rationalisme, moins les erreurs; de plus il met la philosophie sur la véritable voie, et lui marque le but auquel elle doit tendre.

Ce n'est pas précisément avec le rationalisme allemand que nous avons affaire ici. Qu'en dehors de la philosophie *dogmatique* et de la philosophie *sceptique* il faille admettre une troisième espèce de philosophie : la philosophie *critique* ; que la révolution attribuée au logicien de Kœnigsberg n'ait abouti qu'à rassembler, comme parties d'un seul système, sans aucun égard à l'harmonie de l'ensemble, d'un côté les *capacités innées* de Leibnitz, et de l'autre l'idéalisme de Berkeley et le scepticisme de Hume; que le *criticisme* ne soit parvenu ni à fondre, ni même à assortir ces opinions discordantes, et qu'il ne présente au fond qu'un vaste assemblage de combinaisons logiques, capable tout au plus de prouver dans son auteur une admirable puissance de généralisation; ou bien que cette philosophie nouvelle soit une science définitivement constituée, et que la distinction sur laquelle elle paraît reposer tout entière, c'est-à-dire la distinction entre la *sensibilité*, l'*entendement* et la *raison*, soit réelle, et non purement verbale; peu importe. C'est au rationalisme, tel qu'il est professé parmi nous, que nous voulons opposer l'*empirisme*. Nous verrons que celui-ci a non-seulement reconnu l'autorité absolue de la raison, mais encore qu'il en a déterminé le véritable rôle, en montrant l'usage que l'on doit faire des données rationnelles pour constituer enfin une science positive; et par là nous nous convaincrons une fois de plus que celui-là ne doit sa vogue momentanée qu'aux talents supérieurs de ses défenseurs, et qu'en définitive il ne repose que sur une erreur de psychologie et sur un défaut de logique.

Origine des idées et génération des facultés de l'âme, et enfin méthode, évidence et certitude ou critérium de la vérité : voilà les trois questions fondamentales de la philosophie. C'est à ces trois points de vue qu'il faut opposer l'un à l'autre les deux systèmes dont il s'agit.

Pour ce qui concerne l'origine des idées et la génération des facultés intellectuelles, nous avons déjà et à plusieurs reprises montré la puissance organisatrice de l'empirisme et l'action dissolvante du rationalisme. Cette différence, nous l'avons vu, tient d'une part à l'emploi de l'*analyse philosophique*, de l'autre à l'emploi de l'*analyse descriptive*. Nous ne voulons pas répéter ici tout ce qui a été dit ailleurs. Cependant, comme il importe de constater que l'empirisme tient compte des données rationnelles, il ne sera pas inutile d'énumérer rapidement toutes les idées qui peuvent se trouver dans l'intelligence humaine, afin de nous assurer s'il n'en omet aucune, s'il les distingue, s'il en explique l'origine et s'il en reconnaît la valeur.

Tous les objets de nos connaissances sont à peu près les suivants :

1° Substance incréée, — immatérielle, — Dieu.

2° Cause première et nécessaire.

3° Espace sans bornes.

4° Temps illimité.

5° Rapports nécessaires.

6° Substance créée $\begin{cases} \text{immatérielle, — l'esprit humain.} \\ \text{matériel, — les corps.} \end{cases}$

7° Cause seconde et contingente.

8° Faits de l'esprit $\begin{cases} \text{sensibles.} \\ \text{intellectuels.} \\ \text{moraux.} \end{cases}$

9° Faits des corps $\begin{cases} \text{impénétrabilité.} \\ \text{étendue.} \end{cases}$

10° Faits éloignés de nous dans le temps et l'espace.

11° Lois — ou constance et généralité dans la reproduction des faits.

12° Rapports contingents.

13° Conceptions idéales ou créations de la fantaisie.

Dans l'une ou l'autre de ces catégories rentre nécessairement tout ce que nous pouvons savoir, croire et imaginer. Mais, pour arriver d'une manière plus prompte et plus sûre au résultat que nous cherchons, essayons de ramener ces divers objets de connaissance au plus petit nombre possible de chefs principaux, et tels qu'embrassant tous les autres ils soient eux-mêmes irréductibles. Or rien ne paraît et n'est plus facile que cette réduction : d'abord ce que nous avons désigné sous le nom de substance incréée, de cause première, d'espace, de temps et de rapports nécessaires, rentre évidemment dans une catégorie unique qui pourrait s'appeler la catégorie de *ce qui ne peut pas ne pas être*. En second lieu, ce que nous avons désigné sous le nom de substance créée, cause seconde, faits de l'esprit et des corps, rapports contingents, rentre aussi évidemment dans une seconde catégorie qui pourrait s'appeler la catégorie de *ce qui est*. Une troisième formule : *Ce qui a été*, embrasserait les faits passés, et une quatrième : *Ce qui sera*, les faits futurs. Enfin les créations de la fantaisie ou les conceptions idéales appartiendraient à une dernière catégorie : *Ce qui pourrait être*.

Nous arrivons ainsi à un nombre beaucoup plus restreint de catégories d'objets de connaissance :

1° Ce qui ne peut pas ne pas être ;
2° Ce qui est ;
3° Ce qui a été ;
4° Ce qui sera ;
5° Ce qui pourrait être.

Tâchons, s'il est possible, de pousser plus loin la réduction, en caractérisant les différentes idées qui correspondent à ces cinq espèces d'objets, et en remontant à leur origine respective.

La première de ces cinq formules peut se remplacer par celle-ci : *Ce qui est nécessaire;* la seconde, par cette autre : *Ce qui est contingent;* enfin les trois dernières peuvent se réduire à une seule : *Ce qui est possible.*

Puisqu'il y a trois catégories d'objets, il y a donc trois espèces d'idées correspondantes.

Si maintenant nous voulons déterminer les caractères propres de ces idées, n'est-il pas évident que ces caractères seront déterminés par la nature même des objets ? Or *ce qui est nécessaire* nous apparaît comme ne pouvant pas ne pas être, comme indépendant, comme *absolu. Ce qui est contingent* nous apparaît comme pouvant être ou n'être pas, comme dépendant, comme *relatif.* Enfin *ce qui est possible* (1) nous apparaît comme

---

(1) On voit dans quel sens il est ici question du *possible*. — Les scolastiques et les métaphysiciens ont distingué « le possible et l'impossible logiquement » et « le possible et l'impossible réellement ; » et ils ont dit là-dessus des choses très-subtiles et très-ingénieuses sans doute ; mais il leur est souvent arrivé de franchir les limites naturelles de la raison humaine, ces limites au delà desquelles tout n'est plus qu'obscurité, ténèbres et contradiction. Toutes les discussions à perte de vue sur le *possible logique* et le *possible réel* n'aboutissent en définitive qu'à des *antinomies*, c'est-à-dire à des propositions contradictoires, toutes également démontrables au grand scandale de la logique et à la honte du syllogisme. C'est au point qu'on peut dire : « le possible est l'impossible ; » et le démontrer par une hypothèse très-légitime : Supposons que Dieu se prenne à pro-

subordonné, conditionnel, comme *probable*. Nous n'avons donc que trois espèces d'idées : 1º Les idées *absolues;* 2º les idées *relatives;* 3º les idées *probables*.

noncer à chaque instant le mot de la création ; à chaque instant sans doute les mondes répondraient, comme disent les poëtes, au Verbe tout-puissant : Nous voilà ! Mais il est tout aussi évident qu'une infinité de mondes ne répondraient rien du tout ; que le temps et l'espace seraient toujours là ouvrant leur vaste sein pour recevoir les mondes et les systèmes de mondes, et par conséquent qu'il y aurait partout et toujours une infinité de créations possibles impossibles. « L'idée des créatures possibles, dit Condillac, n'est qu'une abstraction réalisée que nous avons formée, en cessant de penser à l'existence des choses, pour ne penser qu'aux autres qualités que nous leur connaissons. Nous avons pensé à l'étendue, à la figure, au mouvement et au repos des corps, et nous avons cessé de penser à leur existence. Voilà comment nous nous sommes fait l'idée des corps possibles : idée qui leur ôte toute leur réalité, puisqu'elle les suppose dans le néant ; et qui, par une contradiction évidente, la leur conserve, puisqu'elle nous les représente comme quelque chose d'étendu, de figuré, etc.

« Les philosophes, n'apercevant pas cette contradiction, n'ont pris cette idée que par ce dernier endroit. En conséquence, ils ont donné à ce qui n'est point les réalités de ce qui existe ; et quelques-uns ont cru résoudre d'une manière sensible les questions les plus épineuses de la création. »

Plus loin il donne des exemples du « jargon » des métaphysiciens sur le même sujet : « Après avoir, dit-il, défini l'impossible, par *ce qui implique contradiction;* le possible, par *ce qui ne l'implique pas;* et l'être, par *ce qui peut exister*, on n'a pas su donner d'autre définition de l'existence, sinon qu'elle est le *complément de la possibilité*. Mais je demande si cette

Les idées absolues sont celles dont la vérité ne dépend de la vérité d'aucune autre idée : par exemple, l'idée de la cause première.

Les idées relatives sont celles dont la vérité dépend de la vérité d'une autre idée : par exemple, l'idée des causes secondes.

Les idées probables sont celles dont la vérité n'est que conditionnelle ou hypothétique : par exemple, les données inductives, etc.

Avoir déterminé les caractères des idées, c'est avoir indiqué leurs diverses origines. Car, puisqu'il n'y a que trois espèces d'idées, il ne peut y avoir que trois sources d'idées :

1º L'intuition ou la raison pour les idées absolues ;

2º L'expérience pour les idées relatives ;

3º L'induction pour les idées probables.

Si l'on nous demandait pourquoi nous ne tenons aucun compte des idées qui nous viennent soit du raisonnement, soit du témoignage humain,

définition présente quelque idée, et si l'on ne serait pas en droit de jeter sur elle le ridicule qu'on a donné à quelques-unes de celles d'Aristote. Si le possible est *ce qui n'implique pas contradiction*, la possibilité est la *non-implication de contradiction*. L'existence est donc le *complément* de la *non-implication de contradiction*. Quel langage! En observant l'ordre naturel des idées, on aurait vu que la notion de la possibilité ne se forme que d'après celle de l'existence. » (*Art de penser*, part. I, ch. 8.)

soit même de l'imagination, nous répondrions que les déductions du raisonnement, les faits transmis par la tradition soit orale, soit écrite, et enfin les inventions du génie créateur rentrent nécessairement dans l'une ou l'autre des trois catégories que nous venons d'énumérer. D'ailleurs l'école française, de l'aveu même de ses adversaires, a décrit d'une manière à peu près irréprochable les procédés du raisonnement déductif, ainsi que ceux de la critique historique. Quant aux idées *factices*, qui ont leur principe dans l'imagination, elle ne les a pas méconnues sans doute, et tout ce qu'on peut lui reprocher sous ce rapport, c'est de ne pas admettre l'*idéal absolu, l'idéal en soi;* et encore avons-nous vu qu'en cela même elle n'a pas tout à fait tort; car l'idéal est essentiellement multiple, et de plus relatif, c'est-à-dire proportionné à l'intelligence qui le conçoit: Cicéron avait son idéal en éloquence, et Hortensius le sien; Virgile et Racine avaient leur idéal en poésie, Lucain et Pradon avaient le leur; Condillac et Laromiguière avaient leur idéal en philosophie, Kant et Hégel avaient aussi le leur.

Du reste, dans la question qui nous occupe, nous ne devons nous attacher qu'à ce qu'il y a de véritablement essentiel. Bornons-nous donc ici aux idées nécessaires, absolues, universelles, et aux idées contingentes, relatives, particulières. Touchant la dénomination, l'origine et les caractères de ces deux classes d'idées, l'école française professe-t-elle une autre doctrine que l'école rationaliste? Voilà la question! simple question de fait, car pour la résoudre il suffit d'ouvrir les livres de Condillac.

Partout nous verrons que ce philosophe reconnaît trois espèces d'évidence. Après avoir expliqué l'artifice du raisonnement, il s'exprime ainsi dans sa *Logique :* « L'évidence dont nous venons de parler, et que je nomme *évidence de raison*, consiste uniquement dans l'identité : c'est ce que nous avons démontré. Il faut que cette vérité soit bien simple pour avoir échappé à tous les philosophes, quoiqu'ils eussent tant d'intérêt à s'assurer de l'évidence, dont ils avaient continuellement le mot dans la bouche.

« Je sais qu'un triangle est évidemment une surface terminée par trois lignes, parce que, pour quiconque entend la valeur des termes, *surface terminée par trois lignes* est la même chose que *triangle*. Or, dès que je sais évidemment ce que c'est qu'un triangle, j'en connais l'essence; et je puis dans cette essence découvrir toutes les propriétés de cette figure.

« Je verrais également toutes les propriétés de l'or dans son essence, si je la connaissais. Sa pesanteur, sa ductilité, sa malléabilité, etc., ne seraient que son essence même qui se transformerait, et qui, dans ses transformations, m'offrirait différents phénomènes; et j'en pourrais découvrir toutes les propriétés par un raisonnement qui ne serait qu'une suite de propositions identiques (1). Mais ce n'est pas ainsi que je les connais. A la vérité, chaque proposition que je fais sur ce métal, si elle est vraie, est identique. Telle est celle-ci, *l'or est malléable;* car elle signifie, *un corps que j'ai observé être malléable, et que je nomme or, est malléable :* proposition où la même idée est affirmée d'elle-même.

« Lorsque je fais sur un corps plusieurs propositions également vraies, j'affirme donc dans chacune le même du même : mais je n'aperçois point d'identité d'une proposition à l'autre. Quoique la pesanteur, la ductilité, la malléabilité, ne soient vraisemblablement qu'une même chose qui se transforme différemment, je ne la vois pas. Je ne saurais donc arriver à la connaissance de ces phénomènes par l'évidence de raison : je ne les

---

(1) S'il est vrai que l'idée, le jugement, le raisonnement, ne sont rien autre chose que l'esprit lui-même diversement modifié; comme celui-ci est nécessairement égal à lui-même, et comme, dans tout phénomène intellectuel, l'*objectif* est toujours inséparable du *subjectif*, il s'ensuit que tout ce que l'auteur dit ici de l'*identité* n'est pas seulement une question de logique, mais encore une question de fait ou de psychologie.

connais qu'après les avoir observés, et j'appelle *évidence de fait* la certitude que j'en ai.

« Je pourrais également appeler évidence de fait la connaissance certaine des phénomènes que j'observe en moi : mais je la nomme *évidence de sentiment*, parce que c'est par le sentiment que ces sortes de faits me sont connus. »

Plus loin il emploie l'*évidence de raison* pour *démontrer l'existence des corps* : « Puisque les qualités absolues des corps sont hors de la portée de nos sens, et que nous n'en pouvons connaître que des qualités relatives, il s'ensuit que tout fait que nous découvrons, n'est autre chose qu'un rapport connu. Cependant dire que les corps ont des qualités relatives, c'est dire qu'ils sont quelque chose les uns par rapport aux autres; et dire qu'ils sont quelque chose les uns par rapport aux autres, c'est dire qu'ils sont chacun quelque chose, indépendamment de tout rapport, quelque chose d'absolu. L'évidence de raison nous apprend donc qu'il y a des qualités absolues, et par conséquent des corps (1); mais elle ne nous apprend que leur existence (2). »

Dans un autre ouvrage, il distingue les idées *nécessaires* des idées *contingentes*. « La vérité

---

(1) Elle n'existe donc nulle part cette phrase qu'on prête à Condillac : « La substance n'est qu'une collection de qualités! »

(2) *Logique*, part. II, ch. 9.

n'est qu'un rapport aperçu entre deux idées; et il y a deux sortes de vérités. Quand je dis, *cet arbre est plus grand que cet autre*, je porte un jugement qui peut cesser d'être vrai, parce que le plus petit peut devenir le plus grand. Il en est de même de tous nos jugements, lorsque nous nous bornons à observer des qualités qui ne sont pas essentielles aux choses. Ces sortes de vérités se nomment *contingentes*. »

« Mais ce qui est vrai ne peut cesser de l'être, lorsque nous raisonnons sur les qualités essentielles aux objets que nous étudions. L'idée d'un triangle représentera éternellement un triangle ; l'idée de deux angles droits représentera éternellement deux angles droits : il sera donc toujours vrai que les trois angles d'un triangle sont égaux à deux droits. Voilà tout le mystère des vérités, qu'on appelle *nécessaires* et *éternelles*. C'est par le moyen de quelques abstractions que les sens nous en donnent la connaissance (1). »

Qu'on ne se méprenne pas ici sur la pensée de l'auteur, lorsqu'il parle des *sens* et de l'*abstraction*. Les *sens*, comme on le sait, ne sont pour lui rien autre chose que des *causes occasionnelles*. Quant à l'*abstraction*, son rôle, d'après lui, n'est pas de créer les vérités nécessaires, mais de les

(1) *De l'art de penser*, part. I, ch. 2.

séparer des vérités contingentes auxquelles elles peuvent se trouver mêlées.

D'ailleurs, que pour le philosophe français une classe très-importante de nos idées n'aient leur principe que dans l'entendement pur, c'est ce qu'il affirme en maint endroit, entre autres dans celui que nous avons déjà cité : « Les idées abstraites de couleur, de son, etc., viennent immédiatement des sens; celles des facultés de notre âme sont dues tout à la fois aux sens et à l'esprit; et les idées de la Divinité et de la morale appartiennent à l'esprit seul (1). »

Ils s'en prennent donc à un adversaire qui n'existe que dans leur imagination, ceux qui pensent attaquer Condillac, en disant : « Ce n'est pas l'abstraction, mais la raison qui crée les axiomes; » ils tombent dans une double méprise : ils affirment d'abord, contrairement à la vérité, que le philosophe français n'accorde pas à l'esprit la puissance de produire par lui-même les notions universelles; en second lieu, ils lui opposent précisément ce langage que toute sa philosophie tend à détruire, que réellement elle a détruit ou du moins relégué dans les écoles, ce langage qui consiste à séparer les qualités du sujet, les modes de la substance, et qui, par une sorte d'hallucination,

---

(1) *Art de penser*, part. I, ch. 8.

nous fait voir plusieurs objets là où il n'y en a qu'un. Quand au moyen de l'abstraction nous séparons une idée d'une autre idée, il n'y a pas d'un côté l'esprit, de l'autre la raison, et puis l'abstraction. Il ne peut jamais y avoir qu'un même esprit, opérant tantôt d'une manière, tantôt d'une autre. D'ailleurs, en accordant à l'abstraction le privilége de dégager les axiomes, vous lui accordez au fond la même puissance qu'à la raison ; car pour être capable de distinguer, d'abstraire, il faut être au moins capable de comprendre.

Relativement à l'origine, aux caractères et à la dénomination des idées, je cherche la différence entre Condillac et ses détracteurs, et je ne la trouve pas.

Passons à la méthode et au critérium de la vérité ; et un parallèle rapide entre les deux systèmes fera ressortir l'excellence de la philosophie française et son incontestable supériorité.

La philosophie a un triple objet : 1º Des faits à constater ; 2º des problèmes à résoudre ; 3º des lois à établir. Il faut donc qu'il y ait, ni plus ni moins, trois méthodes qui correspondent à ces trois objets. — Comme la méthode n'est que la *marche* de l'esprit vers la vérité, elle suppose nécessairement un point de départ et un point d'arrivée. — Or le point de départ ne peut être rien autre chose que l'évidence, et le point d'arrivée, rien autre chose que la certitude. Par conséquent à chaque méthode correspondra une espèce particulière d'évidence et une espèce particulière de certitude.

Toute philosophie devra donc admettre et décrire trois espèces de méthodes, trois espèces d'évidence et trois espèces de certitude.

Pour les faits à observer : méthode expérimentale ; évidence de sentiment ou évidence de fait ; certitude physique.

Pour les problèmes à résoudre : méthode rationnelle ; évidence de raison ; certitude métaphysique.

Pour les lois à établir : méthode inductive ; évidence d'analogie ; certitude morale.

Et afin de réunir les choses de même nature : méthode expérimentale, méthode rationnelle, méthode inductive ;

Évidence de sentiment ou de fait, évidence de raison, évidence d'analogie ;

Certitude physique, certitude métaphysique, certitude morale.

Mais ces éléments que l'analyse sépare, la philosophie doit les combiner dans la pratique ; elle doit s'attacher surtout à contrôler l'une par l'autre la méthode expérimentale, la méthode rationnelle et la méthode inductive.

D'abord, au point de vue le plus général, si l'on compare l'empirisme et le rationalisme, on trouve entre eux une différence capitale ; et cette différence est tout à l'avantage du premier. Quelqu'un pourra-t-il ne pas reconnaître que la tendance du rationalisme ne soit de séparer, le plus qu'il est possible, les trois méthodes, les trois évidences et les trois certitudes ? On sait que c'est précisément en suivant cette tendance illogique que Kant a créé pour ses disciples et pour ses commentateurs des difficultés insurmontables, parce qu'elles sont imaginaires, et qu'il a définitivement introduit le scepticisme dans la science.

La tendance de l'empirisme, au contraire, est de ne jamais séparer dans le langage ce qui est inséparable dans la nature, et d'unir par des liens indissolubles ce que l'on a appelé l'objectif et le subjectif; en un mot, son but avoué, comme nous l'avons déjà dit, est de joindre la perception à la conception, l'évidence de fait à l'évidence de raison, la certitude physique à la certitude métaphysique; enfin son but ici, comme ailleurs, est d'éviter les abstractions, les distinctions verbales, et de ramener tout à un principe unique.

Ainsi, à ce premier point de vue, l'empirisme l'emporte de beaucoup sur le rationalisme.

Entrons maintenant dans les détails, et comparons entre eux ces deux systèmes sous tous les autres rapports successivement.

Méthode expérimentale. Elle consiste, avons-nous dit, dans l'observation des faits. Or ici l'observation ne peut tomber que sur deux choses : les substances et les phénomènes, ou les rapports qui se subdivisent en rapports de génération et en rapports de juxtaposition. Or, sur tous ces points, il faudrait être entièrement aveuglé par l'esprit de parti, pour ne pas être convaincu que le rationalisme ne soutient pas un instant la comparaison avec l'empirisme.

D'abord, pour ce qui concerne la distinction des deux substances immatérielle et matérielle, nous avons démontré que le rationalisme a défiguré ce qu'il appelle le *principe de substantialité ;* et que l'empirisme, bien qu'il n'ait pas verbalement énoncé ce principe, peut-être par horreur des grands mots, l'a néanmoins reconnu dans la pratique, l'a mieux compris et surtout mieux appliqué. Prenez tous les passages de Condillac où il fait usage de ce principe, et vous verrez, par la manière dont il le met en œuvre, que, s'il s'était donné la peine de le formuler, il l'eût fait ainsi : « Une différence dans les modes suppose une différence dans les substances, » tandis que les rationalistes se contentent de dire : « *Tout mode suppose une substance :* » formule qui n'apprend absolument rien. Aux pompeuses protestations de *spiritualisme* (1) faites si uniformément par les rationalistes, opposez la démonstration de la spiritualité de l'âme par Condillac et vous verrez qu'elle repose sur le principe des substances bien compris et bien appliqué, et que de plus elle aspire à la rigueur d'une démonstration mathématique (2).

(1) Ce mot ne serait-il pas le mot d'ordre destiné à donner le change à l'opinion publique? Ce doute est du moins autorisé par les paroles suivantes de Jouffroy : « Les deux principes vivants qu'on distingue dans l'homme, le principe de la vie physique et le principe de la vie intellectuelle, ne se rattachent-ils point dans les profondeurs de la nature à une substance commune? C'est une hypothèse qu'il n'est point donné à la raison humaine de vérifier. » (*Nouv. mélanges*).

Parce qu'on est *rationaliste*, on n'est donc pas pour cela nécessairement *spiritualiste*. Il est vrai que cet auteur a combattu un certain matérialisme, le matérialisme des médecins. Comment a-t-il pu le faire, tout en restant conséquent avec lui-même? Est-il bien philosophique de prendre au sérieux tous ceux auxquels il plaît de se déclarer matérialistes; l'essence première des substances nous étant inconnue, tous ces grands mots ne portent aucune idée à l'esprit, et ne servent qu'à enfler le discours.

(2) « Bien des philosophes ont confondu ces deux substances (l'âme et le corps). Ils ont cru que la première n'est que ce qu'il y a dans le corps de plus délié, de plus subtil, et de plus capable de mouvement : mais cette opinion est une suite du peu de soin qu'ils ont eu de raisonner d'après des idées exactes. Je leur demande ce qu'ils entendent par un corps. S'ils veulent répondre d'une manière précise, ils ne diront pas que c'est une substance

Pour ce qui regarde les phénomènes ou les rapports, nous avons montré que l'empirisme s'attache surtout aux rapports de *génération* et à l'analyse de *raisonnement,* tandis que le rationa-

unique; mais ils le regarderont comme un assemblage, une collection de substances. Si la pensée appartient au corps, ce sera donc en tant qu'il est assemblage et collection, ou parce qu'elle est une propriété de chaque substance qui le compose. Or ces mots *assemblage* et *collection* ne signifient qu'un rapport externe entre plusieurs choses, une manière d'exister dépendamment les unes des autres. Par cette union, nous les regardons comme formant un seul tout, quoique, dans la réalité, elles ne soient pas plus *une* que si elles étaient séparées. Ce ne sont là, par conséquent, que des termes abstraits, qui au dehors ne supposent pas une substance unique, mais une multitude de substances. Le corps, en tant qu'assemblage et collection, ne peut donc pas être le sujet de la pensée. Diviserons-nous la pensée entre toutes les substances dont il est composé? D'abord cela ne sera pas possible, quand elle ne sera qu'une perception unique et indivisible. En second lieu, il faudra encore rejeter cette supposition, quand la pensée sera formée d'un certain nombre de perceptions. Qu'A, B, C, trois substances qui entrent dans la composition du corps, se partagent en trois perceptions différentes, je demande où s'en fera la comparaison. Ce ne sera pas dans A, puisqu'il ne saurait comparer une perception qu'il a avec celles qu'il n'a pas. Par la même raison, ce ne sera ni dans B, ni dans C. Il faudra donc admettre un point de réunion; une substance qui soit en même temps un sujet simple et indivisible de ces trois perceptions; distincte, par conséquent, du corps; une âme, en un mot.

Je ne sais pas comment Locke a pu avancer qu'il nous sera peut-être éternellement impossible de connaître si Dieu n'a point donné à quelque amas de matière, disposée d'une certaine façon,

lisme s'occupe spécialement de rapports de *juxtaposition* et ne connaît presque d'autre méthode que l'analyse *descriptive;* il est donc inutile d'insister sur ce point. D'ailleurs, nous pouvons invoquer ici le témoignage des rationalistes eux-mêmes; et la différence des résultats attestera la différence des procédés de méthode : Que reproche-t-on surtout à Condillac? N'est-ce pas de n'avoir vu presque partout qu'un rapport d'*identité,* tout au plus des différences de degré, en un mot de simples *transformations?* De quoi se glorifient, au contraire, ses détracteurs? N'est-ce pas d'avoir *distingué* ce qu'on avait identifié avant eux, d'avoir vu le *multiple* dans ce qui paraissait *un,* et enfin d'avoir sû reconnaître les *véritables différences de nature* dans les modes d'une substance simple et indivisible?

la puissance de penser. Il ne faut pas s'imaginer que, pour résoudre cette question, il faille connaître l'essence et la nature de la matière. Les raisonnements qu'on fonde sur cette ignorance sont tout à fait frivoles. Il suffit de remarquer que le sujet de la pensée doit être *un.* Or un amas de matière n'est pas *un;* c'est une multitude.

L'âme étant distincte et différente du corps, celui-ci ne peut être que cause occasionnelle. D'où il faut conclure que nos sens ne sont qu'occasionnellement la source de nos connaissances. Mais ce qui se fait à l'occasion d'une chose peut se faire sans elle, parce qu'un effet ne dépend de sa cause occasionnelle que dans une certaine hypothèse. L'âme peut donc absolument, sans le secours des sens, acquérir des connaissances. » (*Origine des connaissances humaines,* part. I, ch. 1.)

Jusqu'à présent l'empirisme est au moins l'égal du rationalisme.

Méthode rationnelle. Nous allons voir éclater ici des différences bien plus grandes encore, c'est-à-dire toute la force de l'empirisme et la faiblesse du rationalisme.

La méthode rationnelle a pour but la solution des problèmes que la curiosité humaine se pose sur la nature, l'origine et la destinée des êtres (1). — Elle a pour unique procédé de décomposer les données du sens intime et de la perception extérieure, et d'en développer toute la compréhension; en d'autres termes, pour éviter toute abstraction, elle consiste à considérer sous tous ses points de vue l'état de l'esprit, lorsqu'il est modifié d'une manière quelconque à la suite d'une perception soit interne, soit externe.

Pour faire voir l'application de cette méthode, il faudrait prendre un exemple relatif aux trois espèces de problèmes que nous avons indiqués plus haut. Mais on nous dispensera d'en chercher un pour la détermination de la nature des substances en général; car, dans le passage que nous

---

(1) La méthode rationnelle a d'autres applications encore : partant de certaines idées absolues, elle en déduit toutes les conséquences qu'elles renferment; et de ces conséquences systématiquement liées, elle forme un certain nombre de sciences abstraites, telles que la logique, l'algèbre, etc.

venons de citer sur la spiritualité de l'âme, on a vu comment la méthode rationnelle et la méthode expérimentale s'emploient simultanément; on y a vu en d'autres termes que, relativement aux opérations de l'esprit, tout est dans tout, et qu'il serait impossible de séparer l'évidence de fait de l'évidence de raison, et la certitude physique de la certitude métaphysique.

Nous n'avons donc plus à trouver ici que des exemples propres à nous faire comprendre comment la méthode rationnelle procède à l'égard des problèmes relatifs d'abord à l'origine et ensuite à la destinée des êtres.

Quelle est l'origine des êtres en général et de l'homme en particulier? Je viens de mouvoir mon bras, et j'ai conscience de l'effort que j'ai fait; ou bien j'ai été témoin d'un phénomène extérieur quelconque : dans l'un et l'autre cas, je conçois le rapport de la cause à l'effet. Je m'arrête à cette idée de cause, et je cherche tous les éléments qui sont contenus dans sa compréhension. J'y trouve l'idée de *cause première;* car, étant capable de concevoir une cause, j'en puis concevoir deux, trois, quatre, etc.; et de plus mon esprit, étant ce qu'il est, ne peut concevoir une série de causes secondes à l'infini. Cette idée de *cause première*, je l'analyse à son tour : j'y trouve un certain nombre d'éléments auxquels je donne le nom d'attributs. Ces attributs, je suis forcé de les rapporter à une substance, à un être. Cette substance, cet être, je l'appelle Dieu (1).

(1) « *Comment nous nous élevons à la connaissance de Dieu :* » — « Nous ne pouvons pas nous dissimuler combien nous sommes faibles. A chaque instant, nous sentons l'impuissance où nous sommes d'avoir ou de faire ce que nous désirons; et notre bonheur, comme notre vie, est au pouvoir de tout ce qui nous environne.

« Mais les corps, dans la dépendance desquels nous sommes, ont-ils dessein d'agir sur nous? Non, sans doute; ils dépendent eux-mêmes, et ils obéissent au mouvement qui leur est donné.

« L'aiguille de votre montre marque les heures; elle n'a pas la volonté de les marquer; elle obéit au ressort qui est dans votre montre. L'horloger a fait l'aiguille et le ressort : il est la cause, et la montre est l'effet.

« Vous voyez dans une montre une subordination d'effets et de causes. L'aiguille est mue; voilà un effet : le mouvement lui est donné par une roue qui agit sur elle immédiatement, et cette roue est la cause du mouvement de l'aiguille. Le mouvement de cette roue est un rapport à une autre roue qui la fait mouvoir; et ainsi successivement. Par là, depuis le mouvement du premier ressort jusqu'à celui de l'aiguille, il y a une suite de mouvements, qui sont tout à la fois effets et causes, sous différents rapports.

« Un exemple plus familier vous rendra la chose encore plus sensible : Lorsque vous faites une procession avec des cartes, vous voyez qu'en faisant tomber la première toutes les autres tombent; et vous remarquez que la chute de la seconde est l'effet de la chute de la première, et en même temps la cause de la chute de la troisième. C'est là ce que j'appelle une suite de causes et d'effets subordonnés.

« Or il est évident que, dans une suite de causes et d'effets, il faut nécessairement qu'il y ait une première cause. S'il n'y avait point d'horloger, il n'y aurait point de montre.

Quelle est maintenant la destinée de l'homme? Dans cette même idée de *cause première*, et au nombre des attributs qui lui appartiennent, Condillac trouve l'idée de justice : cet attribut

« Réfléchissez sur vous-même, et vous serez convaincu qu'il y a en vous, comme dans une montre, une suite de causes et d'effets subordonnés. Réfléchissez sur l'univers : ce sera, à vos yeux, une grande montre, où il y a encore une subordination de causes et d'effets.

« Nous venons de voir que, lorsqu'il y a une subordination de causes et d'effets, il y a nécessairement une première cause. Il y a donc une première cause qui a fait l'univers.

« Pour établir cette subordination entre les choses, il en faut connaître parfaitement tous les rapports, il faut avoir l'intelligence de toutes les parties. Un horloger ne sera pas capable de faire une montre, s'il y a une seule partie dont il ne sache pas les proportions. L'horloger qui a fait l'univers a donc nécessairement de l'intelligence.

« Comme l'intelligence de l'horloger doit embrasser toutes les parties d'une montre, l'intelligence de la cause première doit embrasser tout l'univers. Si une seule partie échappait à sa connaissance, il ne lui serait pas possible de la mettre dans l'ordre où elle doit être; et cependant son ouvrage serait détruit, si une seule chose était hors de sa place. Or une intelligence qui embrasse tout est une intelligence infinie. L'intelligence de la première cause est donc infinie.

Mais, pour faire une montre, il ne suffit pas d'en avoir l'intelligence, il faut encore en avoir l'adresse ou le pouvoir. La puissance de la première cause est donc aussi étendue que son intelligence : elle embrasse tout, elle est infinie.

« Puisque cette première cause embrasse tout, elle est partout : elle est donc immense.

« Dès que cette cause est première, elle est indépendante. Si

en Dieu est pour lui le garant de son immortalité ; car, si Dieu est juste, il doit punir le vice et récompenser la vertu. « Mais ce n'est pas dans ce monde que les biens et les maux sont

elle dépendait, il y aurait une cause qui serait avant elle. Mais, puisqu'il faut nécessairement qu'il y ait une cause qui soit première, c'est une conséquence que cette même cause soit indépendante.

« Cette première cause étant indépendante, toute-puissante et souverainement intelligente, elle fait tout ce qu'elle veut : elle est donc libre.

« Elle ne peut pas acquérir de nouvelles connaissances ; car son intelligence serait bornée. Elle voit donc tout à la fois le passé, le présent et l'avenir. Elle ne peut pas non plus changer de résolution ; car, si elle en changeait, elle n'aurait pas tout prévu : elle est donc immuable.

« C'est une suite de son indépendance qu'elle n'ait pas commencé et qu'elle ne puisse finir. Si elle avait commencé, elle dépendrait de celle qui lui aurait donné l'être ; et, si elle pouvait finir, elle dépendrait de celui qui pourrait cesser de la conserver. Elle est donc éternelle.

« Comme intelligence, elle discerne le bien et le mal, juge le mérite et le démérite. Comme libre, elle agit en conséquence ; c'est-à-dire qu'elle aime le bien, hait le mal, récompense la vertu, punit le vice, et pardonne à celui se repent et se corrige. Dans tout cela, elle ne fait que ce qu'elle veut, parce qu'elle veut le bien, et ne veut que le bien.

« Les qualités de cette cause s'appellent attributs, et on donne à l'attribut par lequel elle punit le nom de *justice ;* à celui par lequel elle récompense, le nom de *bonté ;* à celui par lequel elle pardonne, le nom de **miséricorde**.

« La puissance qui fait tout, l'intelligence qui règle tout, la bonté qui récompense, la justice qui punit, la miséricorde qui

proportionnés au mérite et au démérite. Il y a donc une autre vie où le juste sera récompensé, où le méchant sera puni; et notre âme est immortelle (1). »

Dieu possède non-seulement la justice et la bonté, mais encore la sagesse et la puissance. Or la sagesse consiste à proportionner les moyens aux fins et les fins aux moyens; et la puissance, à réaliser cet accord harmonieux. Si les êtres étaient anéantis, le but de la sagesse et de la puissance ne serait donc pas atteint. Mais détruire en Dieu

---

fait grâce, s'expriment par un seul nom, celui de *providence*. Il vient d'un mot latin, qui signifie *pourvoir*. C'est, en effet, par ces attributs que cette première cause pourvoit à tout.

« Une première cause toute intelligente, toute-puissante, indépendante, libre, immuable, éternelle, immense, juste, bonne, miséricordieuse, et dont la providence embrasse tout, voilà l'idée que nous devons avoir de Dieu.

« Si vous réfléchissez sur les attributs de Dieu, vous verrez dans quel ordre nous les concevons. Vous remarquerez premièrement que la liberté est le résultat de l'intelligence, de la toute-puissance et de l'indépendance. En second lieu, que la toute-puissance et l'intelligence infinie embrassent l'éternité et l'immensité; car il faut que Dieu voie et agisse dans tous les temps et dans tous les lieux. En troisième lieu, vous jugerez qu'une cause qui est partout et qui voit tout doit être immuable. Vous verrez, en quatrième lieu, que, de sa connaissance et de sa liberté, naissent sa justice, sa bonté et sa miséricorde. Enfin, lorsque vous réunirez tous ces attributs, vous vous ferez l'idée de la providence. » (Condillac, *Leçons préliminaires*, art. 5)

(1) Condillac, *Traité des anim.*, part. II, ch. 9.

des attributs essentiels serait le détruire lui-même. Or, comme vous ne pouvez pas nier la *cause première*, vous êtes forcé de croire à votre immortalité aux mêmes titres qu'à l'existence de Dieu.

La Providence est un fait qui frappe les regards de quiconque consent à ouvrir les yeux. Ce fait admis, les aspirations instinctives, les tendances nécessaires que nous trouvons en nos âmes deviennent des signes naturels et infaillibles par lesquels Dieu nous révèle notre fin dernière.

Le dogme de l'immortalité se déduit encore pour nous d'un autre fait également sensible, le progrès. L'expérience et la raison nous révèlent une intelligence suprême, dont la puissance se développe dans le temps et dans l'espace, et soumet toutes choses aux lois d'un perfectionnement continu et illimité. En effet, ce qui existe ne peut être qu'à l'état *rétrograde*, *stationnaire* ou *progressif*. Admettre un état rétrograde, c'est admettre une cause sans effet; car tout serait déjà retourné au néant, ou y retournerait tôt ou tard. L'hypothèse d'un état stationnaire serait la négation de tout plan, de tout dessein dans le monde. Des retours périodiques, des évolutions qui ramèneraient les choses au point où elles étaient auparavant, ne seraient au fond que l'immobilité; et l'immobilité, c'est la mort. Pourquoi la Providence serait-elle intervenue dans la création? Ne s'étant proposé aucun but réel, aucune fin positive, il eût été plus simple et plus naturel qu'elle ne se mêlât de rien; et Dieu serait resté dans son repos. L'hypothèse d'un état stationnaire est d'ailleurs contraire aux faits. Interrogez les savants, ils vous diront que tout se développe et progresse, le règne minéral lui-même. Il ne reste donc que l'état progessif, qui ne soit contraire ni à la raison ni à l'expérience. Or de toutes les lois qui règlent le progrès, la moins favorable pour nous, ou plutôt la seule équitable et la seule nécessaire est celle qui se trouve consacrée dans l'adage célèbre : *Natura non facit saltum*, et qui veut que l'on retrouve dans l'effet ou le conséquent ce qui préexistait dans la cause ou l'antécédent. Or l'homme, dans son état actuel, est un individu, une personne; donc, en renaissant ou en se transformant, il conservera le sentiment de son identité personnelle (1).

(1) Les empiristes, unissant par des liens intimes et indissolubles les questions de l'existence de Dieu, de la providence, de la loi morale, de la perfectibilité indéfinie et de l'immortalité de l'âme, nous mettent dans la nécessité de les admettre ou de les rejeter toutes à la fois. Les rationalistes, au contraire, isolant toutes les questions, toutes les évidences et toutes les méthodes, laissent planer sur l'avenir de la personnalité humaine une sombre et désolante incertitude : Voici ce que dit le plus célèbre d'entre eux :

Tels sont les procédés de méthode que l'*empiriste* emploie pour la solution des problèmes de la destinée, de la nature et de l'origine des êtres.

Au premier abord, on est tenté de les croire identiques avec ceux qu'emploie le rationaliste. On se tromperait cependant beaucoup, si on en jugeait ainsi.

D'abord le rationaliste, au lieu de s'efforcer, dans ces sortes de questions, de joindre l'évidence de fait ou de sentiment à l'évidence de raison, et la certitude physique à la certitude métaphysique, s'applique, comme nous l'avons dit, à les séparer le plus qu'il peut, il semble croire qu'une donnée

---

« La philosophie démontre qu'il y a dans l'homme un principe qui ne peut périr. Mais que ce principe reparaisse dans un autre monde avec le même ordre de facultés et les mêmes lois qu'il avait dans celui-ci ; qu'il y porte les conséquences des bonnes et des mauvaises actions qu'il a pu commettre ; que l'homme vertueux y converse avec l'homme vertueux ; que le méchant y souffre avec le méchant, c'est là une *probabilité sublime qui échappe peut-être à la rigueur de la démonstration*, mais qu'autorisent et consacrent et le vœu secret du cœur et l'assentiment universel des peuples. Elles ne sont pas d'hier, elles ne s'éteindront pas demain, ces naïves et nobles croyances qu'un indestructible besoin produit, répand, perpétue parmi les hommes, comme un héritage sacré ; et en vérité, ce serait une philosophie bien hautaine que celle qui défendrait au sage, à l'heure suprême, d'invoquer ces traditions vénérables, et d'essayer de s'enchanter lui-même de la foi de ses semblables et des espérances du genre humain. » (Victor Cousin, *Œuvres de Platon*.)

rationnelle serait, pour ainsi dire, affaiblie et comme souillée par son contact avec une donnée expérimentale.

Qu'une idée dans l'esprit ait ou n'ait point d'objet qui lui corresponde dans la nature, il s'en met si peu en peine, que nous avons vu sur la liste des *catégories* de la *raison pure* figurer aux mêmes titres les principes les plus disparates : l'idée de Dieu, par exemple, à côté de l'idée de l'un et du multiple, de l'espace, du temps, etc. Aussi cette idée de *cause première* n'est-elle pour le rationaliste conséquent avec lui-même qu'une abstraction, un mot, tout au plus une formule qui traduit une simple conception de l'esprit. Heureusement que les disciples de Kant se montrent en général moins hardis que le maître, et s'arrêtent sur la pente fatale où leurs principes les entraînent. S'il n'en était ainsi, le rationalisme serait réellement dangereux. Avec une pareille doctrine il ne nous resterait plus qu'à surmonter le plus impérieux des penchants de la nature, et à nous résigner à l'athéisme et à l'anéantissement futur de notre être.

Il en est tout autrement de l'empirisme. L'empiriste ne se contente pas des intuitions purement rationnelles. Ni l'évidence de raison, ni la certitude métaphysique, ne lui suffisent. Il n'admettra rien sans doute qui soit contraire à la raison ; il admettra, comme le rationaliste, les vérités *subjectives*. Mais, pour sortir de lui-même, pour saisir une réalité *objective* sous les aperceptions de l'entendement pur, il attendra qu'à l'évidence et à la certitude qui leur sont propres, viennent se joindre l'évidence de fait et la certitude physique. En un mot, il ne séparera jamais dans la pratique la méthode expérimentale de la méthode rationnelle. C'est ainsi que, dans la démonstration de la spiritualité de l'âme, nous avons vu Condillac faire le plus heureux emploi de ces deux méthodes (1). C'est ainsi que pour lui encore les deux grandes vérités de l'existence de Dieu et de l'immortalité de l'âme deviennent en quelque sorte objets de perception et de conception tout ensemble ; car l'empiriste, par une conséquence forcée de sa méthode, est aussi sûr de la *cause* qui échappe à ses sens qu'il est sûr de l'effet qu'il sent ou qu'il voit ; aussi sûr de l'existence de la *cause première* que de l'existence de la *cause seconde* (2), parce que si celle-là se dérobe à lui,

(1) Lisez le livre second de l'*Art de raisonner* où l'on fait voir par d'autres exemples « comment l'évidence de fait et l'évidence de raison concourent à la découverte de la vérité. »

(2) Voltaire ne pouvait souffrir qu'on démontrât l'existence de Dieu : « Une horloge prouve un horloger, disait-il, et l'univers prouve un Dieu (*). » C'est là l'esprit de l'empirisme, de donner à une vérité l'autorité d'un fait qui ne se discute pas.

(*) Réponse à M. Martin Kable, professeur et doyen des philosophes de Gœttingen.

celle-ci se révèle à son sens intime ou à ses sens externes ; enfin, en réunissant la méthode expérimentale à la méthode rationnelle, il est aussi sûr de l'existence de Dieu que de sa propre existence, aussi sûr de son immortalité que de l'existence de l'être suprême.

Tandis que certaines fractions de l'école rationaliste ne voient dans le dogme de la Providence qu'un ensemble de lois aveugles et fatales, l'*empiriste*, toujours en vertu de sa méthode, échappe nécessairement au panthéisme. En effet, l'évidence de fait et l'évidence de raison le forcent d'admettre au moins autant de réalité dans la *cause première* que dans la *cause seconde ;* or celle-ci, telle qu'elle est perçue par le sens intime, est individuelle, personnelle ; donc et à plus forte raison celle-là possède les mêmes caractères. Ce n'est donc pas un vain mot que l'empiriste prononce, lorsqu'il parle de la cause première et nécessaire ; c'est un Dieu personnel qu'il affirme ; un Dieu qui destine les êtres sortis de ses mains à une fin ultérieure et dernière.

C'est là le véritable point de vue sous lequel il faut considérer l'empirisme. Son but, comme on fait semblant de le croire, n'est pas de faire dériver les idées d'une source plutôt que d'une autre, ce qui serait puéril et tout à fait indigne de la philosophie. Qu'importe après tout que nos idées viennent d'ici ou de là? Ce qui nous importe réellement, n'est-ce pas leur valeur, leur certitude? Le but unique de l'empirisme est d'asseoir le plus solidement qu'il est possible la base de la certitude. Pour arriver à ce résultat et pour couper court à toutes les aberrations de la pensée, il prend l'homme tel qu'il est, c'est-à-dire composé d'un corps et d'une âme, il l'environne de toutes les lumières qui éclairent à la fois ses sens et sa raison; et, en même temps qu'il le place dans cette alternative inévitable ou d'admettre ce qu'il ne peut pas ne pas admettre, ou de renier sa nature et de se mettre en contradiction avec les lois constitutives de son intelligence, il l'arrache aux dangers de l'*idéalisme,* en le forçant de confronter toujours les données rationnelles avec la réalité. C'est son mérite et son triomphe d'avoir été la réfutation anticipée du scepticisme de Kant et de ses disciples. C'est par là qu'il survivra à tous ces systèmes éphémères qu'on appelle probabilisme, pyrrhonisme, rationalisme, traditionalisme, criticisme, transcendantalisme, etc.

Les adversaires de la philosophie française lui refuseront sans doute le mérite d'avoir déterminé le critérium de la vérité. Il est donc nécessaire de démontrer ici qu'il n'y a point d'autre marque certaine de la vérité que l'union de l'évidence de raison et de l'évidence de fait; et que c'est à l'empirisme seulement que revient la gloire de l'avoir au moins indiquée.

Si vous isolez l'évidence de raison, vous êtes d'abord condamné à ne pouvoir jamais sortir de vous-même; vous aurez beau tourmenter les intuitions rationnelles, vous poursuivrez sans fin vos propres créations; en vain vous combinerez de diverses manières les données que vous vous serez fournies à vous-même, vous n'en tirerez jamais que ce que vous y aurez mis; vous vous croirez emporté par le cours de vos idées, mais le mouvement de votre pensée trouvera son emblème dans le supplice de cet infortuné que la fable nous représente attaché à une roue qui tourne sans cesse sur elle-même :

Volvitur Ixion, et se sequiturque fugitque.

Dans tous les cas vous ne serez jamais capable de faire sortir de l'abstrait le concret, du possible le réel, de l'idée un être. Je dis plus : même en restant dans le domaine de l'abstraction, vous ne serez pas sûr de toujours éviter l'erreur; car si de vos principes vous vous efforcez de tirer des conséquences tant soit peu éloignées, vous aboutirez, dans certains cas, à ces antilogies dont il a déjà été question, et qui, dans des propositions toutes également évidentes et vraies, nous montrent la raison en contradiction avec elle-même. Ce sera bien pis, si du domaine de l'abstraction vous voulez passer dans celui de la réalité. Je n'en veux qu'un exemple : la raison démontre d'une manière invincible la divisibilité de la matière à l'infini; si vous vous contentez de l'évidence de raison, vous voilà forcé d'admettre qu'il faudrait autant de temps pour diviser une simple molécule que pour diviser un globe aussi gros que la terre. Cet exemple prouve suffisamment qu'il est nécessaire de confronter avec la réalité les conséquences qu'on voudrait tirer des données rationnelles; il prouve que l'expérience et la raison doivent se contrôler réciproquement, enfin qu'il faut unir la méthode *à posteriori* à la méthode *à priori*, l'évidence de fait à l'évidence de raison, non-seulement si l'on veut arriver à la vérité concrète, mais même si l'on veut éviter l'erreur abstraite. Il reste à montrer qu'en dehors de l'école empirique personne n'a indiqué ce critérium.

Descartes est, je crois, le premier philosophe qui ait posé en principe que l'évidence est la marque de la vérité. Mais ni lui ni ses commentateurs n'ont dit nettement de quelle évidence il a voulu parler. *Je pense, donc je suis!* Quel peut être le sens de ces paroles? Descartes a-t-il voulu dire : Je pense, donc je suis une substance différente de mon corps, une âme, un esprit? Il faut avouer que dans ce sens la phrase est singulièrement elliptique, et qu'il aurait pu s'exprimer plus clairement. Descartes veut-il seulement affirmer son existence comme un fait, et établir l'autorité du sens intime? Alors nous demanderons si cette base sera assez large pour y asseoir l'édifice entier des sciences? D'ailleurs, même dans sa propre sphère, le sens intime n'exige-t-il pas le contrôle de la raison? L'halluciné, l'extatique voit et entend réellement ce qu'il croit voir et entendre; mais rien au dehors ne correspond à ses modifications internes; il est la dupe de ses illusions. Le sens intime n'est donc pas un sûr garant de la vérité objective. Enfin Descartes a-t-il voulu déduire son existence de sa pensée? Quoiqu'il répugne de prêter un pareil raisonnement à un si grand génie, et de voir dans ses paroles un syllogisme tronqué, cependant la première règle (1) de sa méthode et l'application qu'il en a faite dans ses *Méditations* et dans ses autres ouvrages nous autorisent à croire qu'il n'a voulu consacrer que la méthode déductive ou géométrique. S'il est

(1) « De ne recevoir jamais aucune chose pour vraie, que je ne la connaisse évidemment être telle; c'est-à-dire d'éviter soigneusement la précipitation et la prévention, et de ne comprendre rien de plus en mes jugements, que ce qui se présenterait si clairement et si distinctement à mon esprit, que je n'eusse aucune occasion de la mettre en doute. » (*Discours de la méthode.*)

vrai qu'il n'admette d'autre évidence que l'évidence de raison, je demande si dès lors il n'est pas condamné à rester éternellement dans l'*idéalisme?* Par exemple, il lui paraît évident que l'idée de l'infini et de l'être parfait démontre l'existence de Dieu ! Et, en effet, il n'est pas étonnant qu'il retrouve dans la conclusion de ses arguments ce que lui-même a mis dans les prémisses ; mais à d'autres il paraît tout aussi évident que le Dieu dont il prouve l'existence n'est qu'un Dieu abstrait et purement idéal.

Que Descartes ait affranchi la philosophie de toute autorité étrangère, et proclamé la nécessité du libre examen, je l'accorde. Qu'avec la méthode des géomètres il ait connu et même appliqué quelquefois la méthode d'observation, je l'accorde encore ; mais qu'il se soit efforcé de subordonner ces deux méthodes l'une à l'autre, c'est, je crois, un mérite qu'on peut lui contester.

Les rationalistes ont-ils sur ce point complété la méthode cartésienne? D'abord il est reconnu de tout le monde que Kant, au lieu de réunir et de concilier la méthode expérimentale et la méthode rationnelle, s'est, au contraire, attaché à les séparer comme par un abîme. Ses disciples français ont, il est vrai, reconnu la légitimité de l'expérience aussi bien que celle de la raison ; mais, au lieu de les contrôler et de les fortifier l'une par l'autre, ils les ont, au contraire, tenues isolées ; à chacune ils ont assigné son domaine à part, ses limites propres, « *ses lignes infranchissables de démarcation* »; ils ont distingué deux mondes : le monde des sens et le monde de la raison; deux sciences : la science de l'*un,* de l'*absolu,* de l'*inconditionnel,* etc., et la science du *multiple,* du *relatif,* du *contingent,* etc. L'école empirique au contraire avait depuis longtemps fait concourir les deux méthodes à la découverte de la vérité; elle avait indiqué la nécessité de leur union indissoluble, marqué leurs rapports, et établi les lois du contrôle et de la vérification réciproque de leurs données respectives; enfin elle avait remarqué que tous les objets de connaissance et tous les procédés d'investigation, malgré leur apparente diversité, constituent au fond une seule science et une seule méthode : « Il n'y a proprement qu'une science, dit Condillac, c'est l'histoire de la nature; science trop vaste pour nous, et dont nous ne pouvons saisir que quelques branches.

« Ou nous observons des faits, ou nous combinons des idées abstraites. Ainsi l'histoire de la nature se divise en sciences de vérités sensibles, la physique, et en science de vérités abstraites, la métaphysique.

« Quand je distingue l'histoire de la nature en science de vérités sensibles, et en science de vérités abstraites, c'est que je n'ai égard qu'aux principaux objets dont nous pouvons nous occuper. Quel que soit le sujet de nos études, les raisonnements abstraits sont nécessaires pour saisir les rapports des idées sensibles; et les idées sensibles sont nécessaires pour se faire des idées abstraites, et pour les déterminer. Ainsi l'on voit que, dès la première division, les sciences rentrent les unes dans les autres, et se prêtent des secours mutuels (1). »

C'est donc à l'école française, comme nous l'avons dit, qu'appartient la gloire d'avoir trouvé le critérium de la vérité, d'avoir posé la base de la certitude : l'union de l'évidence de fait et de l'évidence de raison.

Quand bien même l'empirisme n'aurait pas sur tous les autres systèmes cette supériorité qui nous paraît incontestable, on nous accorderait du moins qu'il reconnaît, aussi bien que le rationalisme, l'autorité absolue de la raison; qu'il regarde celle-ci comme la source d'une certaine classe d'idées, et qu'il accorde à ces idées exactement les mêmes caractères, c'est-à-dire qu'il les proclame *nécessaires, universelles et absolues.* Nous pourrions à la rigueur nous contenter d'une pareille concession. Mais dans l'intérêt même de

---

(1) *Art de raisonner*, part. I.

la vérité, nous ne devons omettre aucun des caractères qui, à d'autres points de vue, distinguent les deux systèmes.

De même que pour la solution des problèmes de la métaphysique, l'empirisme aboutit à autre chose qu'à de simples combinaisons logiques ou à des conclusions purement verbales; de même en psychologie il sait concilier les droits de l'expérience et de la raison, et expliquer de la manière la plus simple et la plus naturelle l'origine et la formation des idées.

Fidèle à son principe que la substance immatérielle, une et indivisible, se développe tout entière dans le premier, dans le moindre de ses actes en apparence, et que toutes les facultés de l'esprit ne sont rien autre chose que les différents aspects sous lesquels on peut considérer cette substance, suivant le plus ou le moins d'énergie qu'elle déploie dans ses opérations, l'empiriste pose en fait que ce n'est ni avant ni après, mais pendant et avec l'expérience que la *raison* entre en exercice. Pour lui il n'y a pas comme deux espèces d'esprit, ou, si l'on veut, un esprit qui semble changer de nature, n'étant d'abord que la *sensibilité*, puis devenant tantôt l'*entendement*, tantôt la *raison*. Il ne voit partout qu'une âme, toujours identique à elle-même, soit dans les opérations du sens intime, soit dans le phénomène de la perception externe. Rien ne change que les circonstances, les causes occasionnelles qui provoquent l'activité intellectuelle. De cette manière les faits psychologiques s'expliquent naturellement; et de plus la certitude n'y perd rien; car, que la raison vienne après ou avant l'expérience, qu'importe? N'est-elle pas toujours la *raison* du même être? Dans l'un et l'autre cas n'aura-t-elle pas absolument la même autorité? Sur ce point reprocher quelque chose à l'empiriste, ce serait lui reprocher de n'avoir pas été mauvais psychologue et encore plus mauvais logicien.

Le rationaliste, au contraire, voulant attaquer l'adversaire qu'il s'est créé à lui-même, et ne pouvant le faire qu'en reproduisant la théorie des idées innées, vient nous dire que « la raison précède l'expérience sinon dans l'ordre chronologique du moins dans l'ordre logique »; et, après avoir trouvé ces deux mots, il s'imagine avoir renversé un système et en avoir fondé un nouveau! Et il ne s'aperçoit pas qu'il ne fait qu'introduire en psychologie une difficulté très-réelle, insurmontable et tout à fait inutile, comme nous croyons l'avoir prouvé ailleurs.

Quand on cherche les causes qui ont pu déterminer les rationalistes à tenter une révolution dont le résultat devait être de détruire toute psychologie véritable et de transformer la métaphysique en une chose qui cesse d'être sérieuse, on en trouve deux principales : 1º La question générale de l'origine des idées mal comprise et mal posée; 2º une erreur complète sur la manière dont cette question avait été résolue par les philosophes qu'il leur plut de qualifier du nom de *sensualistes*, et une confiance absolue dans je ne sais quelle objection qu'ils font à ces derniers; objection qu'ils regardent comme irréfragable, et qui n'est, au fond, que l'oubli d'une des règles élémentaires de la logique.

Quelle est l'origine des idées? Nous avons ailleurs touché déjà cette question; et nous avons dit que rechercher l'origine d'une chose en général, c'est chercher de quoi cette chose est faite, et ce qui l'a faite ce qu'elle est ; en d'autres termes, c'est chercher sa matière première et sa cause formatrice, si c'est une chose inerte; sa cause occasionnelle, si c'est une chose active par elle-même. Maintenant quelle est l'origine des idées? Déterminons ici la signification des mots. Qu'est-ce qu'une idée? Une manière d'être de l'esprit. La question s'est donc changée en celle-ci : Quelle est l'origine des manières d'être de l'esprit? Déterminons encore ici le sens de ces nouveaux termes. L'esprit est une substance douée d'une activité qui lui est propre, et les manières d'être d'une substance active de sa nature ne sont rien autre chose que ses actes. Notre question primitive s'est donc transformée en la question suivante : Quelle est l'origine des actes d'une substance active de sa nature ? Ferons-nous la réponse nous-même ? Nous craindrions de faire injure à la sagacité du lecteur. Il est par trop évident que la cause formatrice, la cause efficiente des idées, c'est l'esprit lui-même; en d'autres termes, que les idées ont leur origine dans l'activité de l'esprit.

Mais s'il est au-dessous de la gravité du philosophe de rechercher la *cause efficiente* des idées, parce que la question est si simple qu'il suffit de la poser pour la résoudre, il n'en est pas de même de *leurs causes occasionnelles;* car c'est là le seul côté de la question qui puisse et doive attirer l'attention du psychologue. Quelles sont les causes occasionnelles capables de provoquer l'activité de l'esprit ? Simple question de fait, que l'observation peut résoudre. Autant il y aura de groupes distincts de circonstances analogues propres à faire penser l'âme, autant il y aura de causes occasionnelles de nos idées, ou, si l'on veut, autant de sources d'idées. Y a-t-il d'autres points de vue sous lesquels on puisse considérer la question qui nous occupe ? Selon nous, il n'en existe point : connaître la cause efficiente et les causes occasionnelles des opérations de l'esprit, c'est connaître tout ce qu'il est possible de savoir sur l'origine de nos idées.

Les philosophes qui considèreraient à d'autres points de vue cette partie de la psychologie s'engageraient dans des directions où plus ils avanceraient, plus ils s'égareraient loin de la vérité et à la recherche d'une chimère. Cependant c'est à peu près ce que les rationalistes ont fait. Chose étonnante! des deux questions qu'on peut se faire sur l'origine et la formation des idées, c'est précisément celle qui emporte avec elle sa réponse qu'ils ont fait l'objet de leurs méditations les plus profondes (1). C'est pour découvrir et pour expliquer la *cause efficiente* des idées que l'on s'est creusé la tête et que l'on a épuisé toutes les ressources de l'art oratoire; et, ce qui est plus grave, au lieu d'étudier l'esprit comme une réalité vivante, afin de déterminer la nature de ses modes et les limites de sa puissance, on l'a considéré comme une entité purement nominale; on est allé de l'abstrait au concret, ou, pour mieux dire, de l'abstrait à l'abstrait, c'est-à-dire des idées aux facultés, et l'on a donné à ces mots, à ces abstractions des caractères qui ne peuvent pas même convenir à la substance dont ils ne sont que les

---

(1) « La source de nos idées, comme celle du Nil, est un mystère. Qui démêlera ce qui se passe sous les voiles de la pensée d'un enfant? » (V. Cousin.)

différents points de vue. C'est ainsi que sur une question très-simple on est parvenu à amonceler des nuages si épais, qu'elle est devenue presque insoluble, ou du moins qu'on ne résoud plus qu'à l'aide des artifices d'une phraséologie toute conventionnelle.

Voilà la première cause qui a donné naissance au rationalisme : la question de l'origine des idées mal comprise et mal posée. Passons à la seconde.

Le problème de l'origine de nos connaissances avait été résolu d'une manière à peu près satisfaisante par l'école française. Condillac avait déterminé la cause efficiente de nos idées : l'activité de l'esprit ; et leurs causes occasionnelles, qu'il réduit à peu près à quatre, comme nous le verrons tout à l'heure. Condillac proclame partout dans la théorie, aussi bien que dans la pratique, l'autorité absolue de la raison ; il reconnaît non-seulement des vérités particulières, contingentes et relatives, mais encore des vérités universelles, nécessaires et absolues. Mais comme son dessein est de frapper du même coup le scepticisme et la *haute métaphysique*, c'est-à-dire ce qui est presque toujours inintelligible (1) ; et comme il ne

(1) Voltaire, je crois, fait quelque part cette observation : Si un philosophe écrit ou parle, et que personne ne le comprenne, on dit : Il fait de la *métaphysique;* mais s'il lui arrive de ne pas se

pouvait arriver à son but qu'en faisant concourir, pour la découverte de la vérité, l'évidence de fait ou de sentiment avec l'évidence de raison, la méthode expérimentale avec la méthode rationnelle, afin de fortifier l'une par l'autre la certitude métaphysique et la certitude physique, il lui arrive d'employer les mots *expérience, sensation, sens*, expressions qui chez lui ne signifient au fond rien autre chose que *sens intime ou conscience*, et qui d'ailleurs n'étaient pas de son temps plus odieuses que ne le sont de nos jours certaines expressions empruntées au vocabulaire des matérialistes. Il n'en fallut pas davantage à certains critiques pour dénaturer la pensée de cet auteur, et pour donner à ses paroles une signification que lui-même ne leur avait pas donnée. L'*expérience* fut regardée comme la négation de toute vérité nécessaire ; la *sensation* fut réduite à n'être plus qu'une impression mécanique ; et les sens qui n'appartiennent qu'à l'âme furent confondus avec les organes du corps. Enfin Condillac,

comprendre lui-même, on dit : Il fait de la *haute métaphysique*.

« Plus je vais en avant, dit-il encore, et plus je suis confirmé dans l'idée que les systèmes de métaphysique sont pour les philosophes ce que les romans sont pour les femmes. Ils ont tous la vogue les uns après les autres, et finissent tous par être oubliés. Une vérité mathématique reste pour l'éternité, et les fantômes métaphysiques passent comme des rêves de malades ». (*Philosophie de Newton.*)

accusé d'idéalisme par ses contemporains (1), fut regardé par les psychologues modernes comme le chef du matérialisme, et le rationalisme fut fondé.

Où donc était la force de cette philosophie nouvelle? Quelle est la pierre angulaire sur laquelle elle repose? Si on remonte aux principes du rationalisme, on lui trouve pour base un argument si faible, qu'on ne croirait jamais qu'il eût pu être employé par un philosophe, si on ne le voyait, pour ainsi dire, stéréotypé dans tous les livres des partisans de cette école, et si on ne songeait d'ailleurs au procédé de dialectique qui distingue ces derniers de leurs adversaires, procédé qui consiste pour les uns à partir de conceptions abstraites pour arriver à des conclusions logiques, pour les autres à partir de données concrètes afin d'arriver à des connaissances positives. Voici ce qu'on objecte à la philosophie française : vous faites venir toutes nos idées de l'*expérience;* mais il y a dans notre esprit des idées universelles, nécessaires et absolues; or l'expérience ne donne que les idées particulières, contingentes et relatives; donc du particulier, du contingent et du relatif vous faites sortir l'universel, le nécessaire et l'absolu. Voilà l'argument des rationalistes dans toute sa force! Quelle est

(1) D'Alembert, Diderot, l'abbé de Lignac, etc.

sa valeur? Sur quoi repose-t-il en définitive? Sur l'oubli d'une règle de logique des plus simples : les rationalistes ont confondu l'*extension* d'une idée avec sa compréhension; et ils succombent ici sous une double méprise, l'une historique, l'autre logique. Sans doute l'idée particulière, considérée dans son extension, ne contient pas l'idée universelle! Mais personne n'a dit cela, personne n'a pu le dire; et l'historien philosophe se doit à lui-même de ne pas faire dire à ses adversaires ce qu'ils n'ont pas dit. Mais si, au point de vue de l'extension, l'idée particulière ne contient pas l'idée universelle, elle la contient au point de vue de la compréhension. Voilà ce que dit l'école française. Et c'est sur ce terrain qu'il fallait la suivre et l'attaquer.

J'ai un triangle sous mes yeux; ou, si vous voulez, je conçois un triangle déterminé. Cette perception ou cette conception, au point de vue de l'extension, ne comprend pas tous les triangles possibles; car le triangle que je perçois ou que je conçois, est individuel; il ne représente que lui-même, puisqu'il ne peut être à la fois isocèle, scalène, rectangle, etc. Mais, dans sa compréhension, l'idée de ce triangle renferme tout ce qui convient à tous les triangles possibles, cette vérité, par exemple : que la somme des trois angles est égale à deux droits. Si on nous objectait que c'est précisément le rôle de la raison de comprendre cette vérité universelle, le débat deviendrait une simple dispute de mots, les rationalistes appelant *raison* ce que les empiristes avaient appelé *esprit, entendement,* etc.; et il resterait toujours aux premiers la tâche très-difficile de prouver qu'il faut une faculté pour comprendre d'abord qu'une propriété essentielle convient à un objet particulier, et ensuite une autre faculté pour comprendre que cette même propriété convient à deux, à trois, à tous les objets de la même espèce.

Dans sa compréhension, l'idée particulière contient donc l'idée universelle, et de plus beaucoup d'autres choses, puisqu'elle embrasse en même temps tout ce qui appartient à l'objet individuel qu'elle représente; de manière que nous pourrions encore conclure ici que l'esprit humain déploie en quelque sorte plus de puissance pour saisir une donnée expérimentale que pour saisir une donnée rationnelle; et, par conséquent, que la raison soit *pure*, soit *impersonnelle*, surcharge la liste des facultés intellectuelles.

Nous croyons avoir démontré ce que nous avions annoncé : le rationalisme n'aurait jamais vu le jour, si ses fondateurs s'étaient donné la peine de saisir le côté philosophique du problème de l'origine des idées, et s'ils n'avaient point dénaturé la doctrine de leurs adversaires, en les accusant de faire dériver l'idée universelle de l'idée particulière, considérée au point de vue de son extension. Une question mal comprise et mal posée, une hypothèse incompréhensible et l'oubli d'une des règles les plus simples de la logique, voilà les fondements de ce système qui a fait tant de bruit, excité tant d'enthousiasme, et qui devait changer la face du monde philosophique.

La philosophie française n'est donc pas renversée. Elle subsiste toujours, affermie sur sa base par les attaques mêmes du rationalisme.

L'école française, aussi bien que l'école rationaliste, reconnaît des vérités universelles, nécessaires et absolues; en toute chose elle proclame la nécessité de l'évidence de raison : « L'évidence de fait, dit Condillac, doit toujours être accompagnée de l'évidence de raison. Celle-là donne les choses qui ont été observées; celle-ci fait voir par quelles lois elles naissent les unes des autres. Il serait donc bien inutile d'entreprendre de considérer l'évidence de fait séparément de toute autre (1). »

L'école française consacre l'emploi de la méthode rationnelle; mais, comme elle ne la sépare jamais de la méthode expérimentale, elle a par

(1) *Art de raisonner*, liv. I, ch. 8.

cela même un avantage qui lui est propre : c'est, d'abord en psychologie, de ne jamais mêler les questions de faits aux simples questions de mots ; et puis, en métaphysique, de ne pouvoir confondre les vérités concrètes avec les vérités abstraites, ni les idées qui ont à la fois la certitude objective et la certitude subjective avec les idées qui peuvent n'avoir que la dernière espèce de certitude : résultat que poursuit vainement le rationaliste, ou plutôt qu'il semble fuir le plus qu'il peut, et sans paraître s'en douter. Enfin elle a ce mérite singulier de substituer aux vaines logomachies de l'école une science positive et pratique.

L'union de la méthode rationnelle et de la méthode expérimentale nous donne tout ce que nous pouvons *savoir*, en d'autres termes nos *connaissances*. Mais sur bien des choses l'homme est réduit à *croire* seulement. Au-dessous de nos *connaissances* se rangent donc nos *croyances*. Celles-ci diffèrent essentiellement de celles-là. Nos connaissances, reposant sur une double évidence, l'évidence de raison et l'évidence de fait, ont la certitude absolue. Nos croyances, au contraire, ne reposant que sur une seule évidence, l'évidence d'*analogie*, n'atteignent que la certitude morale. *Dieu existe :* je le *sais*, parce que je sens ou perçois la cause seconde, et que la cause seconde suppose la cause première. *Le soleil se lèvera demain :* je le *crois* invinciblement ; mais je n'en ai que la certitude morale.

La plus grande partie de nos *croyances* ont leur source dans l'induction. Les données inductives ont pour fondement dans l'esprit humain cette loi constitutive, ce principe instinctif, en vertu duquel, à la vue d'un phénomène quelconque, nous jugeons invinciblement que le même phénomène, *les circonstances étant supposées les mêmes, a eu lieu dans le passé, et aura lieu dans l'avenir.* Les jugements inductifs sont provoqués par l'expérience, il est vrai ; mais ils ne peuvent jamais être accompagnés de l'évidence de fait, puisqu'ils ne portent que sur le passé ou sur le futur ; ils n'admettent même pas l'évidence de raisonnement, puisque cette proposition : *Le soleil s'est levé aujourd'hui*, ne renferme pas cette autre : *Le soleil se lèvera demain.* Ces sortes de jugements sont donc l'objet d'une méthode particulière ; et de même que, pour nos connaissances, nous avons trouvé deux méthodes dont le concours fixe leur certitude absolue ; de même, pour nos croyances, nous devons trouver une méthode qui détermine leurs différents degrés de probabilité. Cette méthode est la méthode inductive.

Une théorie complète de cette méthode exigerait, selon nous, l'étude du principe inductif, considéré en lui-même, dans ses procédés, ses formes diverses, ses données et leur valeur respective, et enfin dans ses rapports avec le principe de causalité et la théorie des causes finales.

Notre but n'est point de l'examiner à tous ces points de vue. Ce que nous nous proposons ici, c'est de montrer que l'école française en a tenu compte.

Si Condillac n'a pas dit du principe inductif tout ce qu'on pourrait en dire, personne du moins n'a mieux que lui parlé de l'utilité des hypothèses, des règles qu'elles comportent, et des erreurs où elles peuvent nous faire tomber. Depuis la simple conjecture jusqu'à l'analogie (1) qui s'appuie sur des rapports de ressemblance, sur la relation des effets à la cause et de la cause aux effets, des fins au moyen, et du moyen aux fins (2), il a marqué tous les degrés de la

---

(1) « L'analogie est comme une chaîne qui s'étend depuis les conjectures jusqu'à l'évidence. » (*Art de raisonner*, liv. IV, ch. 3.)

(2) « Je joindrai encore un exemple, afin de faire mieux sentir tous les différents degrés d'analogie.

« Je suppose deux hommes qui ont vécu si séparés du genre humain, et si séparés l'un de l'autre, qu'ils se croient chacun seul de leur espèce. Il faut me passer la supposition toute violente qu'elle est. Si la première fois qu'ils se rencontrent, ils se hâtent de porter l'un de l'autre ce jugement, *il est sensible comme moi*, c'est l'analogie dans le degré le plus faible : elle n'est fon-

certitude morale. Il a déterminé le rôle de l'expérience et du raisonnement dans l'induction (1); il

dée que sur une ressemblance qu'ils n'ont point encore assez étudiée.

« Ces deux hommes, que la surprise a d'abord rendus immobiles, commencent à se mouvoir, et l'un et l'autre raisonnent ainsi : Le *mouvement que je fais est déterminé par un principe qui sent : mon semblable se meut. Il y a donc en lui un pareil principe.* Cette conclusion est appuyée sur l'analogie, qui remonte de l'effet à la cause; et le degré de certitude est plus grand que lorsqu'elle ne portait que sur une première ressemblance : cependant ce n'est encore qu'un soupçon. Il y a bien des choses qui se meuvent, et dans lesquelles il n'y a point de sentiment. Tout mouvement n'a donc pas, avec le principe sentant, le rapport nécessaire de l'effet à la cause.

« Mais, si l'un et l'autre dit : *Je remarque dans mon semblable des mouvements toujours relatifs à sa conservation; il recherche ce qui lui est utile; il évite ce qui lui est nuisible; il emploie la même adresse, la même industrie que moi ; il fait, en un mot, tout ce que je fais moi-même avec réflexion.* Alors il lui supposera, avec plus de fondement, le même principe de sentiment qu'il aperçoit en lui-même.

« S'ils considèrent ensuite qu'ils sentent et qu'ils se meuvent l'un et l'autre par les mêmes moyens, l'analogie s'élèvera à un plus haut degré de certitude; car les moyens contribuent à rendre plus sensible le rapport des effets à la cause.

« Lors donc que chacun remarque que son semblable a des yeux, des oreilles, il juge qu'il reçoit les mêmes impressions par les

---

(1) Lisez surtout le livre cinquième de l'*Art de raisonner* où l'auteur traite « du concours des conjectures et de l'analogie avec l'évidence de fait et l'évidence de raison ; ou par quelle suite de conjectures, d'observations, d'analogies et de raisonnements, on a découvert le mouvement de la terre, sa figure, son orbite, etc. »

a signalé les vices de la méthode baconienne (1), et surtout les divisions factices qu'elle introduisait dans la science.

mêmes organes; il juge que les yeux lui sont donnés pour voir, les oreilles pour entendre, etc. Ainsi, comme il a pensé que celui qui fait les mêmes choses que lui est sensible, il le pense encore avec plus de fondement lorsqu'il voit en lui les mêmes moyens pour les faire.

« Cependant ils s'approchent; ils se communiquent leurs craintes, leurs espérances, leurs observations, leur industrie; et ils se font un langage d'action. Ni l'un ni l'autre ne peut douter que son semblable n'attache aux mêmes cris et aux mêmes gestes les mêmes idées que lui. L'analogie a donc ici une nouvelle force. Comment supposer que celui qui comprend l'idée que j'attache à un geste, et qui par un autre geste en excite une autre en moi, n'a pas la faculté de penser!

« Voilà le dernier degré de certitude où l'on peut porter cette proposition, *mon semblable pense*. Il n'est pas nécessaire que les hommes sachent parler, et le langage des sens articulés n'ajouterait rien à cette démonstration. Si je suis sûr que les hommes pensent, c'est parce qu'ils se communiquent quelques idées, et non parce qu'ils s'en communiquent beaucoup : le nombre ne fait rien à la chose. Qu'on suppose un pays où tous les hommes soient muets, jugera-t-on que ce sont des automates?

« Les bêtes sont-elles donc des machines? Il me semble que leurs opérations, les moyens dont elles opèrent, et leur langage d'action, ne permettent pas de le supposer; ce serait fermer les yeux à l'analogie. A la vérité, la démonstration n'est pas évidente; car Dieu pourrait faire faire à un automate tout ce que nous voyons faire à la bête la plus intelligente, à l'homme qui montre le plus de génie : mais on le supposerait sans fondement. » (*Art de raisonner*, liv. 4, ch. 3).

(1) « On lui (Bacon) reproche de changer la signification des mots, d'en créer de nouveaux, et d'affecter un langage qui n'est

Enfin il a développé et généralisé les principes de Newton; bien plus, joignant l'exemple (1) au précepte, il en a fait lui-même l'application aux sciences, et surtout à l'étude de l'histoire, dont il a agrandi le domaine (2) et simplifié les procédés.

qu'à lui. Il pouvait user de cette liberté, puisqu'il avait des vues toutes neuves; mais il est vrai qu'il en abuse quelquefois. C'est encore avec fondement qu'on se plaint des subdivisions qu'il multiplie trop. Je ne sais même si, en divisant les sciences et les arts par rapport aux trois facultés de l'entendement, la mémoire, l'imagination et la raison, il a suivi l'ordre le plus simple et le plus naturel. Cette division est au moins tout à fait arbitraire; et il me semble qu'il eût été mieux de considérer les sciences en elles-mêmes : car on les confond, quand on les distingue par rapport à trois facultés, qui ne s'occupent pas d'objets tout à fait différents, et dont, au contraire, le concours est nécessaire dans toutes nos études. Je pourrais ajouter que le nombre de trois, auquel on réduit les facultés de l'entendement, n'est pas lui-même une division exacte. Ce n'est que le résultat d'une analyse grossièrement faite : résultat qu'on reçoit par convention, et qu'on rejetterait, si on analysait mieux. » (*Histoire moderne*, liv. dernier, ch. 12.)

(1) « J'ai essayé, dit-il à son élève, de vous faire juger des différents degrés de certitude dont nos connaissances sont susceptibles. Vous avez vu comment on fait des découvertes, comment on les confirme, et jusqu'à quel point on s'en assure. Je vous ai donné beaucoup d'exemples et peu de règles, parce que l'art de raisonner ne s'apprend qu'en raisonnant. Il ne vous reste plus qu'à réfléchir sur ce que vous avez fait et à contracter l'habitude de le refaire. » (*Art de raisonner*, liv. V, ch. 10.)

(2) Condillac a contribué, pour sa part, à la réforme des études historiques : un de nos plus grands historiens, Augustin

Toutefois, en ouvrant à cette dernière science une voie plus large et plus sûre, il s'est bien gardé de confondre la méthode historique avec la méthode inductive : pour lui la tradition, soit orale, soit écrite, est une source distincte de *connaissances*. Il dit en propres termes que « le témoignage des autres supplée à l'évidence de sentiment et à l'évidence de raison, comme à l'évidence de fait ; » — que « parmi les faits dont nous jugeons d'après le témoignage des autres, il y en a qui sont comme évidents, ou dont nous sommes assurés, comme si nous les avions

---

Thierry, semble avoir étudié dans l'*Histoire moderne* les règles de cette critique historique dont il a fait une si admirable application. Parmi les créateurs de cette science nouvelle, qu'on appelle philosophie de l'histoire, il mérite d'être placé à côté de Bossuet, Voltaire, Montesquieu, Herder et Vico. On peut en juger par le passage suivant de son *Histoire ancienne :* « Si mes conjectures ne sont pas le tableau exact de ce qui est arrivé dans des siècles aussi peu connus, elles vous font voir au moins les effets qu'a dû produire le caractère général de l'esprit humain, dans les circonstances où nous avons supposé les hommes. Vous avez vu le commencement des lois, de l'idolâtrie et des monarchies : vous avez vu celui de la puissance royale, qui comprenait alors le pouvoir législatif, le pouvoir sacerdotal et le commandement des armées. Enfin vous avez vu le commencement de tout ce qui a concouru à former les sociétés civiles; voilà Monseigneur, ce que je m'étais proposé de mettre sous vos yeux ; et il me semble que les observations que nous avons faites doivent vous préparer à étudier l'histoire avec plus d'intelligence. » (Liv. I, ch. 8.)

observés nous-mêmes. » Ce sont donc les faits douteux seulement qu'il soumet à des procédés d'investigation analogues à ceux de l'induction : la tradition qui nous transmet ce genre de faits, dit-il, « est plus ou moins certaine, suivant la nature des faits, le caractère des témoins, l'uniformité de leurs rapports, et l'accord des circonstances (1). » Ces dernières citations, nous avons dû les faire, afin de montrer que, de toutes les sources des connaissances humaines, il n'en est aucune que Condillac n'ait distinguée, décrite et caractérisée.

Nous pouvons maintenant apprécier l'empirisme, relativement aux trois questions fondamentales de la philosophie : la méthode, le critérium de la vérité et l'origine des idées.

L'école française reconnaît et applique trois méthodes : la méthode rationnelle, la méthode expérimentale et la méthode inductive.

Le concours et l'union des deux premières nous donnent le *réel*, qui comprend le *nécessaire* et le *contingent*.

La troisième nous donne le *possible*, qui comprend le *conditionnel* et le *probable*.

Quant au critérium de la vérité, il ne réside pas, comme on l'a cru, dans la simple évidence

---

(1) *Art de raisonner*, part. I.

dont le signe est l'*identité,* mais dans l'évidence de raison unie à l'évidence de fait ou de sentiment.

Dans la question de l'origine de nos connaissances et de nos croyances, il n'y a pour l'empirisme que deux points de vue réellement philosophiques : 1° Quelle est la cause efficiente ou formatrice de nos idées ? 2° quelles en sont les causes occasionnelles?

La cause efficiente des idées est l'activité de l'esprit. Leurs causes occasionnelles sont au nombre de quatre :

L'intuition.

L'expérience { observation interne. observation externe.

Le raisonnement { induction. déduction.

Le témoignage humain { tradition orale. tradition écrite.

Ces quatre sources de nos idées, comme nous l'avons déjà fait pressentir, sont catégoriquement indiquées dans Condillac (1).

---

(1) « Je distingue, dit-il, trois sortes d'évidence : l'évidence de fait, l'évidence de sentiment, l'évidence de raison.

« Nous avons l'évidence de fait, toutes les fois que nous nous assurons des faits par notre propre observation. Lorsque nous ne les avons pas observées nous-mêmes, nous en jugeons sur le témoignage des autres, et ce témoignage supplée plus ou moins à l'évidence.

Les causes occasionnelles des idées ne sont, avons-nous dit, que les circonstances qui précèdent ou accompagnent leur formation dans l'esprit. Parmi ces circonstances, les unes sont accessoires, les autres essentielles ; encore celles-ci mêmes ne sont-elles souvent qu'extérieures : elles influent, il est vrai, sur les opérations de l'esprit, mais elles ne déterminent pas la nature de leurs produits. La prétention de classer les

« Quoique vous n'ayez pas été à Rome, vous ne pouvez pas douter de l'existence de cette ville; mais vous pouvez avoir des doutes sur le temps et les circonstances de sa fondation. Parmi les faits, dont nous jugeons d'après le témoignage des autres, il y en a donc qui sont comme évidents, et dont nous sommes assurés, comme si nous les avions observés nous-mêmes; il y en a aussi qui sont fort douteux : alors la tradition qui les transmet est plus ou moins certaine, suivant la nature des faits, le caractère des témoins, l'uniformité de leurs rapports et l'accord des circonstances.

« Vous êtes capable de sensations voilà une chose dont vous êtes sûr par l'évidence de sentiment. Mais à quoi peut-on s'assurer d'avoir l'évidence de raison ? à l'identité. *Deux et deux font quatre* est une vérité évidente d'évidence de raison, parce que cette proposition est, pour le fond, la même que celle-ci : *deux et deux font deux et deux*. Elles ne diffèrent l'une de l'autre que par l'expression.

« Je suis capable de sensations, vous n'en doutez pas ; et cependant vous n'avez, à cet égard, aucune des trois évidences. Vous n'avez pas l'évidence de fait ; car vous ne pouvez pas observer vous-même mes propres sensations. Par la même raison vous n'avez pas l'évidence de sentiment, puisque je sens moi seul les sensations que j'éprouve : enfin, vous n'avez pas l'évidence de

idées d'après ces circonstances n'aboutirait donc qu'à une classification artificielle, arbitraire, et qui ne nous apprendrait absolument rien sur leur valeur, au point de vue de la certitude. Ne voyons ici qu'une substance toujours la même, quoique diversement modifiée ; en d'autres termes, ne considérons que les transformations de l'activité intellectuelle ; tâchons de trouver ce qu'elles ont de commun, d'essentiel et d'irréductible ; et, si dans cette recherche nous prenons garde de ne

raison ; car cette proposition, *J'ai des sensations,* n'est identique avec aucune des propositions qui vous sont évidemment connues.

« Le témoignage des autres supplée à l'évidence de sentiment et à l'évidence de raison, comme à l'évidence de fait. Je vous dis que j'ai des sensations, et vous n'en doutez pas. Les géomètres vous disent que les trois angles d'un triangle sont égaux à deux droits, et vous le croyez également.

« Au défaut des trois évidences et du témoignage des autres, nous jugeons encore par analogie. Vous observez que j'ai des organes semblables aux vôtres ; et que j'agis comme vous, en conséquence de l'action des objets sur mes sens. Vous en concluez qu'ayant vous-même des sensations j'en ai également. Or remarquer des rapports de ressemblance entre des phénomènes qu'on observe, et s'assurer par là d'un phénomène qu'on ne peut pas observer, c'est ce qu'on appelle juger par analogie.

« Voilà tous les moyens que nous avons pour acquérir des connaissances. Car ou nous voyons un fait, ou on nous le rapporte, ou nous nous assurons par sentiment de ce qui se passe en nous, ou nous découvrons une vérité par l'évidence de raison, ou enfin nous jugeons d'une chose par analogie avec une autre. » (*Art de raisonner,* part. I.)

point séparer la *matière* de la *forme* ou l'*objectif* du *subjectif*, nous arriverons peut-être aux phénomènes généraux qui permettent d'expliquer tous les phénomènes particuliers, et nous aurons ainsi déterminé les formes primitives de la pensée et la valeur objective des idées.

Nous avons essayé ailleurs de décomposer le phénomène psychique, qui est la première manifestation de la pensée; et nous y avons trouvé, comme éléments nécessaires, la conception de l'*absolu* inséparable de la perception du *relatif*. Ce que nous avons trouvé dans la connaissance spontanée ou primitive, qui est obscure et confuse, nous le retrouverons à plus forte raison dans la connaissance réfléchie ou ultérieure, qui est claire et distincte. En effet, si vous prenez une affirmation, un jugement, un fait de conscience quelconque, tels qu'ils se produisent dans l'intelligence développée, vous leur trouverez pour base l'idée de l'être ou de la substance, perçue comme effet et conçue simultanément comme cause. Le moi, supposant le non-moi, et la cause seconde, supposant la cause première, sont intuitivement perçus ou conçus. D'un autre côté le moi, uni à un système d'organes, me met en rapport avec le monde des corps, dont la perception est également intuitive.

Ainsi, dans l'univers, il n'existe pour moi que

trois choses distinctes : le moi, le non-moi matériel et le non-moi immatériel; la substance créée et la substance incréée, objets, l'une d'une perception, l'autre d'une conception intuitive.

Mais ces deux substances ont entre elles des rapports, qui sont aussi l'objet d'une intuition soit immédiate, soit médiate.

Substances et rapports, voilà la *matière* de la pensée; intuition immédiate ou médiate, voilà sa *forme*, ou son mode d'opération.

L'intuition repose sur l'évidence, et produit la certitude. Cette certitude n'admet point de degrés; car cette vérité : *Ce qui ne peut pas ne pas être, est*, me paraît aussi certaine que celle-ci : *Ce qui est, est*. Je distingue néanmoins la vérité concrète de la vérité abstraite : cette dernière participe nécessairement de la nature des rapports qui lui donnent naissance; or ceux-ci cesseraient d'être, si les substances entre lesquelles ils existent étaient ou pouvaient être anéanties. Les vérités soit concrètes, soit abstraites, forment le domaine de la *connaissance*.

Les rapports se ramènent tous, au point de vue du concret, à des rapports de génération; et, au point de vue de l'abstrait, à des rapports dans le temps et dans l'espace. Mais je n'occupe qu'un point dans le monde; et cependant, en vertu d'un principe constitutif de mon être, je me transporte dans tous les moments de la durée et dans toutes les dimensions de l'étendue. Ce principe d'une nature particulière, qui ne repose que sur la probabilité et ne produit en moi que la *croyance*, est l'induction.

Celle-ci, comme l'intuition, a deux moments : elle est tantôt immédiate, tantôt médiate.

Les raisonnements par induction reposent ou sur des ressemblances complètes, ou sur de simples analogies : dans le premier cas, nous concluons à la stabilité ; dans le second, à la généralité des lois qui gouvernent le monde physique, intellectuel et moral.

Les données inductives constituent l'ensemble de nos croyances, de même que les données intuitives constituent celui de nos connaissances.

Connaissance et croyance : voilà l'objet, la *matière* sur laquelle s'exerce l'intelligence humaine. Intuition et induction : voilà les deux *formes* primitives de la pensée.

Le problème de l'origine des idées ne comporte que ces deux questions : Quel est leur mode de formation? Quelle est leur certitude et leur probabilité objective?

Si on s'obstine à les considérer à d'autres points de vue, toute classification sera toujours et nécessairement défectueuse et flottante : celui-ci rapportera leur origine à la raison, au sens commun, à la conscience, à la perception externe, ou à différentes lois d'association, etc., enfin à des principes dérivés et qui ne seront pas distincts les uns des autres : celui-là subordonnera tout à la tradition; le rationaliste parlera de faculté impersonnelle; le poëte, d'inspiration; l'illuminé, d'extase, etc. Tant que l'on n'aura point perdu l'habitude de ne voir que des mots, des abstractions dans la faculté de penser (1), dans ses opérations et dans ses produits, il sera impossible de remonter à la source des idées et de déterminer leurs caractères propres. « Tantôt, dit Condillac, les idées seront des êtres qui ont par eux-mêmes une existence dans l'âme : des êtres innés, ou des êtres ajoutés successivement au sien : d'autrefois, ce seront des êtres qui n'existent qu'en Dieu, et que nous ne voyons qu'en lui. De pareils rêves nous écarteront

---

(1) « Comme les philosophes donnent cette faculté (de penser) à quelque chose qui n'existe pas, il leur arrive encore d'entendre, par le mot *pensée*, une chose qui n'existe pas davantage. De quelle couleur est la pensée, demandent-ils, pour être entrée dans l'âme par la vue? De quelle odeur, pour être entrée par l'odorat? Est-elle d'un son grave ou aigu pour être entrée par l'ouïe, etc.? Ils ne feraient pas ces questions, si, par le mot *pensée* ils entendaient telle ou telle sensation, telle ou telle idée : mais ils considèrent la pensée d'une manière abstraite et générale; et ils en concluent avec raison que cette pensée n'appartient à aucun sens : c'est ainsi que l'homme, en général, n'appartient à aucun pays. » *(Art de penser,* part. I, ch. 1.)

nécessairement du chemin des découvertes, et nous n'irons plus que d'erreur en erreur. Voilà cependant les systèmes que fait l'imagination; quand une fois nous les avons adoptés, il ne nous est plus possible d'avoir une langue bien faite; et nous sommes condamnés à raisonner presque toujours mal, parce que nous raisonnons mal sur les facultés de notre esprit (1). »

Tous ces inconvénients disparaissent, sitôt que dans les idées on ne voit que les états différents d'une même substance, et que l'on se contente de les classer au point de vue de leur mode de formation dans l'esprit, et au point de vue de la certitude qu'elles produisent et du degré de confiance qu'elles méritent.

Intuition! induction! Voilà les deux bases de la certitude et de la croyance. La première, réunissant l'évidence de raison et l'évidence de fait, est une sorte de révélation toujours actuelle et nécessairement infaillible (2). Cependant elle ne suffisait pas : l'âme, bornée à l'intuition, eût été pour ainsi dire à jamais fixée à un seul point de l'espace et du temps; l'homme isolé et inactif n'eût

---

(1) *Logique*, part. II, ch. 5.

(2) Il n'est ici question que des données premières de l'intuition : si, voulant en tirer des conséquences qui n'y sont pas renfermées, nous nous trompons, l'erreur n'est imputable qu'à la précipitation de nos jugements.

eu la conscience de lui-même que par le sentiment d'une existence à chaque instant renouvelée. L'induction lui était donc nécessaire pour étendre en quelque sorte son existence dans l'espace, pour enchaîner dans sa mémoire les moments fugitifs de la durée; enfin pour donner un but et une règle à son activité, en reproduisant le passé et en formant l'avenir à l'image du présent. L'intuition, dans un jugement antérieur à tout autre exercice de la pensée, affirme en même temps le moi et le non-moi, l'effet et la cause : l'âme, le monde et Dieu. A ces trois données l'induction ajoute le sentiment de l'identité personnelle, la croyance à la constance et à la généralité des lois de la nature, ou la foi à la Providence.

L'intuition et l'induction sont-elles réellement les deux formes primitives de la pensée? Sontelles distinctes et irréductibles l'une à l'autre? Nous livrent-elles tous les matériaux nécessaires à la formation de nos idées, quelles qu'elles soient? Enfin, en n'admettant que ces deux principes, est-il possible de déterminer le critérium de la vérité? Voilà les questions qu'il nous reste à examiner.

Si les facultés ou les opérations qu'il a plu aux philosophes d'imaginer pour expliquer l'origine des idées ne différaient entre elles que par des circonstances purement extérieures, et si au fond elles se ressemblaient toutes par un caractère commun, et que ee caractère fût précisément l'intuition, ne serait-ce pas une preuve que celle-ci est réellement la faculté ou l'opération primitive de l'entendement? Or, pour peu que l'on soit attentif, on découvre aussitôt que la *raison*, par exemple, le raisonnement, l'expérience et le témoignage humain ne sont rien autre chose que l'intuition diversement modifiée.

La raison, c'est l'intelligence elle-même, c'est la faculté de penser, de comprendre, de voir (*intueor*); elle s'identifie donc avec l'intuition. Le raisonnement déductif, ou la raison discursive, ne sera qu'une intuition médiate, il est vrai; mais cette différence ne changera rien à la nature de l'opération. En effet, ce caractère n'accuse que l'imperfection de notre esprit; et d'ailleurs, il est tout à fait relatif: ce qui ne peut être compris par les uns qu'à l'aide du raisonnement se révèle immédiatement à d'autres. Il nous faut à nous passer par beaucoup d'intermédiaires pour comprendre un théorème de géométrie, pour peu qu'il s'éloigne du principe sur lequel il repose; mais un Descartes, un Newton, iront des axiomes aux dernières propositions d'Euclide, sans avoir besoin de recourir aux procédés vulgaires de la démonstration.

L'expérience se décompose en perception interne et en perception externe ; or n'est-ce pas intuitivement que je vois ma pensée? Intuitivement que je perçois les qualités premières et secondes de la matière?

Pour ce qui concerne le témoignage humain, il porte sur les données de la raison, du raisonnement ou de l'expérience, et alors il rentre dans l'intuition ; ou bien il porte sur des faits passés, très-obscurs, et qui ne peuvent être que plus ou moins probables, et alors il rentre dans l'induction.

Nos opérations intellectuelles, qui sont les véritables sources de nos idées, ne diffèrent donc les unes des autres que par des caractères purement extérieurs ; il n'y a entre elles aucune différence de nature ; elles ne sont toutes que les transformations diverses de l'intuition, laquelle n'est rien autre chose que la faculté de penser.

L'intuition, avons-nous dit, est une opération primitive. Il en est de même de l'induction ; car elle est à elle-même son propre principe : qu'un enfant se brûle à la lumière d'un flambeau, il n'a pas besoin d'une seconde expérience pour croire invinciblement que la flamme le brûlera dans la suite, chaque fois qu'il s'en approchera. Ce jugement est provoqué par l'expérience, mais ne repose pas sur elle ; car l'expérience ne porte que sur le présent, tandis qu'ici l'induction a pour objet l'avenir. — Il ne repose pas non plus sur le raisonnement ; car cette proposition, *je me suis brûlé*, ne renferme pas cette autre, *je me brûlerai* : celle-ci pourrait être fausse, et celle-là resterait toujours vraie. L'induction est donc primitive comme l'intuition.

Quoique l'induction soit elle-même un principe intuitif, elle se distingue néanmoins de l'intuition proprement dite par des différences profondes. Celle-ci porte directement sur les données expérimentales et sur les vérités qu'elles impliquent; de plus elle engendre la certitude. Celle-là, au contraire, ne s'adresse qu'au passé ou à l'avenir, c'est-à-dire à ce qui a pu être ou n'être pas, ou bien à ce qui pourra être ou n'être pas, et par conséquent elle ne peut s'élever au-dessus de la probabilité.

L'intuition et l'induction sont donc primitives, distinctes et irréductibles l'une à l'autre.

J'ajoute qu'elles nous livrent tous les matériaux dont les idées peuvent se former. Nous avons déjà dit que l'esprit humain, quelque puissance qu'il déploie, ne peut faire autre chose que *savoir* ou *croire;* en d'autres termes, que toutes nos idées sont nécessairement ou des *connaissances* ou des *croyances :* or l'intuition nous donne les premières ; et l'induction, les secondes.

Ces deux opérations suffisent donc pour expliquer l'origine de toutes les idées. Elles nous permettent, en outre, de déterminer immédiatement leurs caractères propres, leur certitude et leurs différents degrés de probabilité.

Mais avant de montrer que cette réduction des facultés et des opérations intellectuelles à leurs formes primitives est nécessaire et suffisante pour remplacer les théories incertaines et changeantes des métaphysiciens sur le critérium de la vérité, il faut qu'il soit bien établi qu'en opérant cette réduction nous avons été fidèle sinon au langage, du moins à l'esprit de l'école empirique.

D'abord, personne n'ignore que Condillac a eu pour but de ramener toutes les opérations de l'esprit à un principe unique. Après avoir exposé le plan de son *Essai sur l'origine des connaissances humaines*, il s'exprime ainsi : « On voit que mon dessein est de rappeler à un seul principe tout ce qui concerne l'entendement humain, et que ce principe ne sera ni une proposition vague, ni une maxime abstraite, ni une supposition gratuite ; mais une expérience constante, dont toutes les conséquences seront confirmées par de nouvelles expériences (1). »

Quel est ce principe unique ? Pour ne point se

---

(1) *Introduction*, p. 9.

méprendre ici, il ne faut pas oublier que ce philosophe s'est occupé non-seulement de l'origine et de la génération de toutes nos idées, mais encore de l'origine et de la génération de toutes les facultés de l'âme (1). Nous n'avons plus à nous occuper ici de l'origine des idées. D'ailleurs, c'est dans la théorie des facultés que nous trouverons leur principe générateur.

Ce principe est désigné par l'auteur sous différents noms. Tantôt c'est la *perception*, comme dans le *Traité des connaissances humaines*, où il dit : « Je suis remonté à la perception, parce que c'est la première opération qu'on peut remarquer dans l'âme » (2); tantôt c'est le *sens intime*, comme dans le *Traité des sensations*, où il nous montre l'âme absorbée dans la contemplation d'elle-même, et tirant de son fonds toutes ses idées. Mais, malgré la différence des dénominations, ce principe est pour lui toujours le même; et dans sa *Logique,* où il résume toute sa doctrine et où il la formule le plus nettement, il le désigne par son véritable nom : « Le mot *pensée*, dit-il, plus général encore, comprend dans son acception toutes les facultés de l'entendement et toutes celles de la volonté. Car penser, c'est sentir, donner son atten-

---

(1) *Logique*, part. I, ch. 7.
(2) *Introd.*, p. 10.

tion, comparer, juger, réfléchir, imaginer, raisonner, désirer, avoir des passions, espérer, craindre, etc. » (1). *Pensée, sens intime, perception*, c'est tout un pour Condillac. Pour lui, ce sont des expressions synonymes, qui ne signifient rien autre chose que la faculté de penser. Or on nous accordera sans doute que, relativement à l'esprit, cette faculté est proprement la faculté de *voir*. En substituant le mot intuition à ces diverses manières de parler, nous n'avons donc rien changé à la doctrine de l'auteur.

Quant à l'induction, s'il ne nous en a pas donné une théorie complète, du moins il en a tenu compte, et il a nettement séparé le domaine des *conjectures* de celui des connaissances certaines. Ce n'est donc pas non plus être infidèle à la philosophie condillacienne que d'ajouter, comme source particulière de nos idées, l'induction à l'intuition.

Cette division nous paraît la seule admissible, la seule possible même, si l'on veut considérer les idées à un point de vue véritablement philosophique, c'est-à-dire au point de vue de leur certitude. D'abord elle sépare catégoriquement les *connaissances* des *croyances*, c'est-à-dire ce qui est *certain* de ce qui n'est que *probable*; ensuite,

(1) *Logique*, part. I, ch. 8.

parmi nos connaissances, l'intuition, telle que nous l'entendons, ou plutôt telle qu'on l'entend dans l'école empirique, permet de distinguer celles qui ont une réalité objective de celles qui n'en ont pas.

Quoi qu'en disent les rationalistes, le but de la philosophie n'est pas de diviser les idées en classes plus ou moins nombreuses et plus ou moins distinctes, ni d'isoler les facultés les unes des autres. Au contraire, comme ce qui nous intéresse et nous importe le plus, c'est de distinguer la vérité concrète de la vérité abstraite, la fin de toute vraie philosophie doit être de faire concourir tous nos moyens de connaître, afin de nous assurer si ce qui existe dans notre esprit existe également dans la réalité. « Quel que soit le sujet de nos études, dit Condillac, les raisonnements abstraits sont nécessaires pour saisir les rapports des idées sensibles ; et les idées sensibles sont nécessaires pour se faire des idées abstraites et pour les déterminer (1). »

En ce qui concerne les opérations intellectuelles et leurs produits, l'esprit ou la tendance de l'empirisme est de se rapprocher le plus qu'il est possible de l'ordre simultané de la réalité, et de lutter contre les habitudes du langage qui nous

---

(1) *Art de raisonner*, part. I.

poussent, malgré nous, à nous représenter les choses dans l'ordre successif. Condillac ne reconnaît qu'une seule faculté génératrice sous les noms de perception, de sens intime, de pensée. L'intuition, ou la faculté de penser, opérant sur elle-même ou sur ses propres produits, c'est-à-dire sur les données de l'expérience tant interne qu'externe, ne peut pas, en vertu de la loi logique des corrélatifs, ne pas concevoir en même temps l'absolu et le relatif. Ces deux éléments inséparables constituent la connaissance ; ils en forment la substance, la matière première. Si, ce qui d'ailleurs serait une hypothèse absurde en bonne psychologie, on pouvait concevoir ces deux éléments séparés, l'absolu ne serait plus qu'une conception idéale, à laquelle ne correspondrait aucune réalité ; et le relatif, pouvant n'être plus conforme aux lois de la pensée, deviendrait pour nous problématique. Leur coexistence dans l'esprit est donc nécessaire pour déterminer leur existence réciproque. Séparer les données de la conception primitive, c'est rendre la connaissance impossible ; car ce serait détruire la faculté de penser.

La connaissance atteint un objet extérieur, ou elle se borne au sujet ; en d'autres termes elle est concrète, ou abstraite. Déterminer les limites qui séparent l'idéal du réel, et le point où ils viennent se réunir et se confondre, c'est avoir trouvé la règle de la certitude, c'est posséder le critérium de la vérité. Quel est le caractère propre, la marque de ce critérium? Nous l'avons déjà dit : c'est l'union de la perception avec la conception, de l'évidence de fait avec l'évidence de raison, de la certitude physique avec la certitude métaphysique.

L'école empirique, il est vrai, n'a pas expressément formulé cette doctrine. Condillac lui-même ne s'est attaché qu'à déterminer la marque à laquelle on peut reconnaître l'évidence de raison; et l'on sait qu'il la fait consister dans l'*identité*. Mais ce que nous pouvons avoir ajouté à sa pensée n'est que la conséquence nécessaire de ses principes et de sa méthode.

C'est ainsi qu'en combinant les données expérimentales avec les données rationnelles, l'empirisme fait rentrer la métaphysique dans les sciences positives et oppose au scepticisme une barrière infranchissable.

Peut-on en dire autant du rationalisme? Sous tous les rapports il est l'antipode de l'empirisme.

Au principe unique des empiristes les rationalistes se glorifient d'avoir substitué plusieurs principes; et sur ce point ils ont d'abord contre eux un très-grand préjugé : les mathématiques, la physique, la chimie, l'astronomie, toutes les sciences, en un mot, reposent sur un seul principe ; pourquoi en serait-il autrement de la métaphysique, la science de l'esprit ? En second lieu, leur prétention conduit à une contradiction manifeste : Vous voulez à toute force qu'il y ait plusieurs principes ! Qui dit principe dit premier principe, si l'on pouvait s'exprimer ainsi. Mais comment vos principes peuvent-ils être tous les premiers ?

Enfin les rationalistes se placent tout d'abord en dehors de la réalité, en dehors des conditions de toute spéculation possible : pour eux l'homme n'est plus un être mixte ; mais tantôt un pur esprit, tantôt une simple collection d'organes corporels. Dans leurs efforts constants pour isoler la raison de l'entendement et de la sensibilité, ils n'atteignent pas même leur but, car après tout les données rationnelles font elles-mêmes partie de l'expérience, puisqu'elles tombent nécessairement dans le domaine du sens intime.

Quand bien même cette tentative pourrait réussir, à quoi aboutirait-elle ? A nous donner un nombre plus ou moins grand de combinaisons logiques, de conceptions abstraites, dans lesquelles on ne pourrait jamais retrouver que ce que l'esprit y aurait mis, et dans lesquelles celui-ci mettrait tout, excepté la réalité, car il est impossible de tirer le concret de l'abstrait. Il n'est pas philosophique de vouloir séparer les idées nécessaires des idées contingentes ; car c'est chose tout à fait impossible. « L'esprit humain, dit Thurot, embrasse : à chaque instant le contingent et le nécessaire ; l'un et l'autre se trouvent sans cesse mêlés et confondus dans chacune des sciences et dans chaque partie des sciences dont l'ensemble compose la connaissance humaine. »

Ainsi le rationalisme prétend séparer dans la science ce qui est inséparable dans la nature. Aussi qu'en résulte-t-il ? Ce système hybride nous apparaît flottant entre un dogmatisme vague, indéterminé et un scepticisme sans hardiesse et sans valeur : incapable de saisir les rapports qui unissent entre eux le *nécessaire* et le *contingent* soit dans l'esprit, soit dans la réalité, il cède en aveugle à « la double tendance qui nous porte tantôt à prendre pour des existences distinctes, pour des réalités, en quelque sorte extérieures, de purs phénomènes intellectuels, nés de la combinaison et du rapport des mots, et tantôt, au contraire, à nous défier des connaissances les plus certaines que puisse donner l'emploi naturel et inévitable de nos facultés. » — Il existe, continue le même auteur, un « dogmatisme absolu, qui n'est que l'affectation de savoir ce qu'on ignore, et un scepticisme absolu, qui n'est que la prétention non moins insensée d'ignorer ce qu'on sait : deux excès opposés qui dérivent de la même source. Dans l'un et l'autre cas, on a le tort de n'envisager qu'un côté du sujet; on néglige ou l'on méconnaît le fait fondamental que nous constatons ici, savoir que dans toute science ou connaissance humaine, il y a sensibilité et intelligence, contingence et nécessité; on oublie, en un mot, que l'homme ne peut connaître d'existence et de vérités que celles qui sont accessibles à ses facultés, et seulement dans la mesure et dans les limites qui leur ont été assignées (1). »

Voilà les écueils contre lesquels les rationalistes n'ont pas su se mettre en garde. En isolant les facultés intellectuelles, et en séparant les diverses espèces d'évidence, ils ont ébranlé les fondements de la certitude et introduit le scepticisme dans la science. En attaquant la philosophie condillacienne, à un système un dans son principe, homogène dans ses parties, harmonieux dans son ensemble et positif dans ses résultats, ils ont substitué des dissertations juxtaposées, des exercices de style, des disputes de mots, une psychologie impossible et une métaphysique nuageuse ou pompeusement frivole et puérile.

Relativement à l'origine et à la génération soit

---

(1) J. F. Thurot, *Introduction à l'étude de la philosophie*, part. II, ch. 2.

des idées soit des facultés, ainsi qu'à la méthode et au critérium de la vérité, le rationalisme ne supporte donc pas un instant la comparaison avec le condillacisme ; et c'est à juste titre que l'école française se glorifie d'être appelée école empirique.

On pourrait comparer entre eux l'empirisme et le rationalisme au point de vue de leur influence sur les langues, sur les sciences en général, et enfin sur la culture intellectuelle et les progrès de la raison.

Sous tous ces rapports on trouverait que l'avantage est loin d'appartenir au rationalisme.

Les philosophes français avaient dit : *La philosophie n'est qu'une langue bien faite.* Pour eux obscurité n'a jamais été synonyme de profondeur ou de sublimité (et c'est ce qui leur a nui le plus). Tous ont parlé des moyens de remédier aux abus du langage, tous ont recommandé la clarté. « Refaites la langue de certaines hypothèses philosophiques, dit Destutt de Tracy, ou ce qui est la même chose, traduisez-les en français : elles crouleront. Aussi remarquez qu'elles sont toujours très-obscures dans les langues dont se servent les hommes qui les admirent. Les idées et les mots y sont donc mal déterminés. En français elles deviennent tout de suite claires autant qu'elles en sont susceptibles ; c'est-à-dire que l'on voit clairement que l'on n'y entend rien, et pourquoi on n'y doit rien entendre. C'est que les idées en sont confuses, et que les mots qui les expriment n'ont aucune signification précise. La science et la langue sont à faire (1). »

Les philosophes français marchaient dans cette voie. En proscrivant l'usage de certains mots (2), ils tuaient la mauvaise métaphysique, et créaient la bonne, lorsque leur voix fut étouffée tout à coup par des clameurs étrangères, et la philosophie redevint ce qu'elle avait presque cessé d'être : *une langue mal faite,* c'est-à-dire un *jargon* appliqué à la discussion de problèmes souvent insolubles, à des questions quelquefois absurdes, ou

---

(1) *Éléments d'idéologie.* Discours préliminaire.
(2) Ce premier moyen est toujours nécessaire et quelquefois infaillible : « Un projet, dit Pope, fut formé pour bannir la métaphysique d'Espagne ; ce qu'on croyait pouvoir effectuer, en défendant l'usage des mots d'*ens,* d'*essentia*, d'*entitas,* de *subsistentia,* etc., et de divers autres termes barbares, dont un métaphysicien ne saurait non plus se passer que de l'air qu'il respire. Crambe regrettait extrêmement les *formes substantielles,* race innocente, qui avait vécu plusieurs siècles, et contribué à la subsistance de quantité de pauvres philosophes : il trouvait cruel qu'on les poursuivit comme autant de loups, sans leur laisser la possibilité d'une retraite. On les a, disait-il quelquefois, traité bien plus durement que les *essences,* qui se sont retirées des colléges dans *les boutiques des apothicaires,* où quelques-unes d'elles ont été élevées au grade *de quintessences.* » (*Mémoires de Martin Scribler,* ch. 7.)

bien analogues à celles dont parle M. J. Chénier :

> Un rhéteur sans cervelle, et gravement futile,
> Demande si l'erreur aux hommes est utile;
> Un écolier naïf y rêve avec candeur, etc.

Ce poëte a raison : il semble dire que, pour réformer la philosophie, le second moyen est d'en bannir toutes les questions qui ne sont pas des questions.

Quant à l'influence de l'école nouvelle sur les sciences, on peut dire qu'elle est nulle, si elle n'est pas funeste. Interrogez sur ce point les hommes compétents : parlez à un géomètre, à un physicien, à un naturaliste de méthode *académique, théologique, critique, transcendentale, éclectique*, etc., et s'il daigne vous répondre, vous verrez toujours percer dans ses paroles quelque sentiment de pitié ou du moins d'étonnement.

Il en est tout autrement de la philosophie condillacienne. Cette philosophie s'applique à tout. Lavoisier dit en propres termes que c'est en employant la méthode de Condillac, qu'il est parvenu à créer la chimie. Cette méthode, dit M. J. Chénier, « base des sciences morales et politiques, principe de l'art de penser, de l'art de parler, de l'art d'écrire, s'applique à toute littérature. Son union avec la physique est plus intime encore, et les calculs mathématiques ne lui sont pas étrangers. Comme elle procède par un examen rigoureux, comme son examen s'étend sur l'universalité des idées humaines, elle affermira les sciences véritables ; et, malgré plusieurs intérêts qui s'y opposent, elle anéantira les prétendues sciences qui sont au-dessous, ou, si l'on veut, au-dessus de la raison : car ici les termes semblent contraires, mais les choses sont identiques (1). »

Rien n'est exagéré dans cette appréciation. La méthode condillacienne est tout entière dans le livre intitulé : *La logique ou les premiers développements de l'art de penser ;* or on sait que cette logique a un but tout pratique, qu'elle indique les moyens d'appliquer les règles de la méthode à toutes les branches des connaissances humaines : « Il faut, dit l'auteur, que les jeunes gens qui liront cette logique paraissent plutôt la faire eux-mêmes que l'apprendre de moi. Les choses qu'on sait le mieux sont toujours celles qu'on a cherchées soi-même et trouvées ; et la méthode d'invention devrait être employée exclusivement dans les écoles (2). » Afin de joindre la

---

(1) *Tableau historique de la littérature française.*

(2) La logique de Condillac n'est plus un livre classique ; elle a été remplacée dans les écoles par la logique de Port-Royal ; puisse du moins celle-ci ne l'être pas un jour par la logique d'Aristote !

pratique à la théorie, l'exemple au précepte, l'auteur indique à la fin de presque tous les chapitres les passages les plus intéressants de ses autres ouvrages, dont il prescrit la lecture et l'étude. Ces passages, dit-il, « développent, d'après l'expérience, les principes de l'art de raisonner; et ils familiarisent avec la méthode que j'ai expliquée dans ma logique. »

Ainsi, tandis que la méthode des métaphysiciens, étrangère aux sciences, reste confinée dans l'école, et peut tout au plus inspirer un *Essai sur le beau*, ou présider à la poésie rêveuse et mélancolique; la méthode empirique, au contraire, exerce une influence universelle : applicable aux branches diverses de la littérature, elle domine, embrasse et dirige toutes les sciences sans exception.

Mais sans sortir du domaine de la philosophie proprement dite, quelle peut être l'influence du rationalisme sur la culture de l'esprit et sur les progrès de la raison? Cette influence peut se déterminer par la nature même des questions qu'on agite dans cette école, et par les procédés d'investigation qu'on y emploie.

Dans la patrie du rationalisme, « en Allemagne, dit Ancillon, le ton dominant de la philosophie est de mépriser l'expérience, de ne voir en elle qu'une suite de phénomènes variables, passagers, dépendant les uns des autres, qui n'offrent aucune espèce de réalité, et qui ne peuvent, vu leur dépendance continuelle de quelque chose d'antérieur à eux, servir de base et de point d'appui aux connaissances humaines. Selon l'esprit des nouveaux systèmes, il n'y a de vérité que dans l'unité ; l'unité ne peut se trouver que dans une existence absolue et inconditionnelle : la raison seule peut la saisir, et elle la saisit en elle-même, par une espèce d'intuition intellectuelle, dégagée de tout alliage. La vraie philosophie est la science du tout ; cette science consiste dans celle de l'unité absolue qui se manifeste sous les formes variées et innombrables des différents êtres. Ces êtres eux-mêmes n'existent pas réellement. Ce ne sont que des apparences liées ensemble, qui se supposent les unes les autres, qui donnent naissance à une multitude de rapports, et par conséquent d'idées relatives ; mais toutes ces idées relatives vont se perdre dans l'absolu ; lui seul en est le principe et la clef, il les fait paraître et disparaître ; il leur donne une réalité trompeuse, lui seul a la véritable (1). »

Telles sont les questions qu'on traite de préférence dans les écoles allemandes ; telles sont aussi, à peu de chose près, celles qu'on agite en France

---

(1) *Essais de philosophie*, etc. ; tom. 1, préf.

depuis l'invasion des systèmes teutoniques. La plupart de ces questions, je le sais, s'imposent fatalement aux méditations de l'homme; car les idées qui les suggèrent, existent dans toutes les intelligences, dans celle du pâtre comme dans celle du philosophe; j'avouerai même qu'elles sont très-propres à produire en nous de hautes et salutaires pensées, et surtout à faire naître l'émotion grave et solennelle du sublime, parce qu'elles nous font sentir en même temps notre faiblesse et notre force, notre petitesse et notre grandeur. Mais qu'il importe beaucoup au développement des facultés intellectuelles de planer toujours et de se perdre dans ces hauteurs où l'infini s'ouvre de toutes parts devant l'intelligence bornée de l'homme, c'est ce que j'ignore. Tout ce qu'on peut déduire de la plupart des *catégories de la raison* n'est susceptible ni de démonstration ni de réfutation. Toutes les prétendues conséquences qu'on en tire ne sont, en définitive, que la reproduction des principes mêmes sous des termes différents, et ne peuvent absolument nous donner aucune vérité concrète (1). C'est comme nous

---

(1) Cette double assertion, pour nous borner à un seul exemple, est vraie des mathématiques *pures*, où les théorèmes ne sont que des transformations des axiomes et des définitions ; et vraie encore des mathématiques *appliquées* : Euler et d'Alembert ont essayé vainement de déterminer *a priori* les lois du

l'avons déjà dit, un cercle étroit et infranchissable dans lequel le métaphysicien s'agite en vain. Il croit avancer, et il n'imite que le mouvement de la girouette qui marquerait toujours le même point de l'horizon.

Non-seulement ces problèmes fatiguent inutilement l'esprit; mais ils le conduisent à un autre genre d'aberration : ils le prédisposent à la rêverie, à l'enthousiasme. Supposez un philosophe absorbé dans la contemplation de l'*un*, de l'*absolu*, de l'*inconditionnel*, du *fini* et de l'*infini* et de *leurs rapports*, etc., pour peu que ses méditations se prolongent, n'en sortira-t-il pas, pour ainsi dire, stupéfait ? Ne sera-t-il pas dans les conditions de ces gymnosophistes d'autrefois qui, séparant un point sur la surface de leur corps et le contemplant à la lumière du soleil, tombaient enfin dans l'éblouissement, le vertige..., voyaient l'invisible, entendaient le silence, et se croyaient en communication avec quelque dieu ?... « L'homme, dans le fait merveilleux de l'inspiration et de l'enthousiasme, ne pouvant le rapporter à lui-même, le rapporte à Dieu »... « Quand l'homme rapporte à Dieu la vérité qu'il ne peut rapporter ni à ce monde ni à sa propre personnalité, il la rapporte

---

mouvement et de l'inertie, de la composition des forces et de l'équilibre.

à ce à quoi il doit la rapporter; et l'affirmation absolue de la vérité sans réflexion, l'inspiration, l'enthousiasme, est une révélation véritable (1). » Que répondre à des philosophes qui ont des rapports directs avec la Divinité, et qui sont inspirés?

Ce qu'il y a de mieux à faire, c'est d'écouter en silence, de s'incliner avec respect, et puis de s'adresser à ceux qui croient à leur personnalité, et qui parlent en leur propre nom. « Il faut distinguer deux sortes de métaphysiques, dit Condillac, l'une, ambitieuse, veut percer tous les mystères; la nature, l'essence des êtres, les causes les plus cachées, voilà ce qui la flatte et ce qu'elle se promet de découvrir; l'autre, plus retenue, proportionne ses recherches à la faiblesse de l'esprit humain, et, aussi peu inquiète de ce qui doit lui échapper qu'avide de ce qu'elle peut saisir, elle sait se contenir dans les bornes qui lui sont marquées. La première fait de toute la nature une espèce d'enchantement qui se dissipe comme elle; la seconde, ne cherchant à voir les choses que comme elles sont en effet, est aussi simple que la vérité même. Avec celle-là les erreurs s'accumulent sans nombre, et l'esprit se contente de notions vagues et de mots qui n'ont aucun sens; avec celle-ci on acquiert peu de connaissances,

---

(1) M. V. Cousin, *Introd. à l'hist. de la phil.*, leçon VI.

mais on évite l'erreur : l'esprit devient juste et se forme toujours des idées nettes (1). »

Mais c'est peut-être moins encore par la nature des questions que par la manière de les traiter que l'école empirique et l'école rationaliste diffèrent l'une de l'autre.

L'école française a su concilier le respect pour l'antiquité et pour les grands noms avec les droits du bon sens et du libre examen ; pour qu'elle adopte une idée ou même pour qu'elle la discute, il ne lui suffit pas de la trouver traduite dans une langue savante. Elle ne méprise pas l'histoire de la vieille métaphysique, comme on l'a dit ; elle la considère, au contraire, comme très-utile à la philosophie ; mais utile, comme l'a été l'astrologie à l'astronomie, ou l'alchimie à la chimie, et comme peut l'être aux navigateurs l'histoire des naufrages. Elle consulte la tradition, mais c'est pour recueillir et mettre à profit les découvertes anciennes, et pour jeter à l'écart les erreurs qui s'y trouvent mêlées. En un mot, elle n'est pas exclusivement historienne.

Les philosophes français ne se sont point bornés à faire de la critique philosophique : ce n'est pas en réfutant des systèmes cent fois réfutés, ce n'est pas en opposant l'erreur à l'erreur

---

(1) *Orig. des conn. hum.*; Introd., p. 2.

qu'ils ont prétendu faire jaillir la vérité, comme la lumière du sein des ténèbres; ils ont pensé par eux-mêmes, et ils ont dit ce qu'ils pensaient. Condillac, Destutt de Tracy et Laromiguière sont des auteurs; et leurs écrits, des ouvrages. Ils ont essayé d'ajouter aux connaissances déjà acquises. Ils croyaient au progrès, et sous leur sage direction la philosophie marchait lentement, si l'on veut, mais enfin elle marchait... en avant, et non en arrière. Mais du jour où le dernier des philosophes français descendit de sa chaire, pour faire place à ceux qui devaient les combattre, la philosophie s'est, pour ainsi dire, éteinte parmi nous : de pensante qu'elle était, elle devint érudite. Ceux qui avaient reçu de la nature assez de génie pour faire penser les autres d'après eux-mêmes, les héritiers de celui qui avait fermé tous les livres pour ne plus étudier l'homme, la nature et Dieu qu'en lui-même, et sur le grand théâtre du monde; les héritiers de Descartes se mirent à secouer les volumes poudreux des vieilles bibliothèques. Après avoir interrogé les morts, on interrogea les vivants : on demanda aux Écossais des idées; aux Allemands, des théories. On fit l'inventaire de ce qui s'était dit ailleurs, et même de ce qui ne s'était pas dit; on exposa l'histoire des systèmes, qu'on réduisit à trois ou quatre; on les personnifia, pour ainsi dire, en leur laissant leurs noms barbares, et on les mit aux prises pour le plus grand plaisir des spectateurs. Non-seulement on créa des *êtres de raison* d'une nouvelle espèce, mais on évoqua les fantômes anciens : on vit reparaître les *archétypes* de Platon : les *idées éternelles* reçurent de nouveau une sorte d'existence *a parte rei*. Du choc de ces idées mal définies naquit je ne sais quel mysticisme philosophique, aussi funeste peut-être que l'ignorance. Du mysticisme on tomba enfin dans l'*éclectisme*, qui tue toute philosophie, du moins qui l'arrête à l'entrée de la carrière et l'empêche de faire même le premier pas; car, pour choisir le vrai dans les différents systèmes, il faut le connaître d'avance; et, quand on le connaît déjà soi-même, il est absolument inutile de le chercher chez les autres.

Si la méthode éclectique est attaquable dans son principe, elle ne l'est pas moins dans ses résultats : n'ayant pas de point de départ, elle n'a pas non plus de point d'arrivée.

L'éclectisme exigerait une étude complète et approfondie de toutes les opinions philosophiques; or cette étude est, sinon impossible, du moins nécessairement superficielle.

On l'a dit, je crois : l'histoire des systèmes de métaphysique est en grande partie celle des dérangements du cerveau humain ; et c'est la plus longue de toutes les histoires. Ajoutez qu'elle a beaucoup d'analogie avec l'histoire civile et politique; car, de même que dans celle-ci les personnages jouissent d'une célébrité presque toujours proportionnée à la grandeur des catastrophes dont ils ont été les auteurs ou les complices, de même les métaphysiciens sont d'autant plus célèbres qu'ils se sont plus écartés du bon sens et de la vérité. Spinoza occupe une place distinguée dans l'histoire de la philosophie; le nom du père Buffier y est à peine mentionné; il est bien vrai qu'on y rencontre quelquefois les noms de Montesquieu et de Rousseau; mais Robinet est profond, et Voltaire, superficiel. La vérité est trop simple pour les métaphysiciens et les commentateurs, comme la vertu pour le vulgaire. Les hommes honorent les guerriers, les conspirateurs, les conquérants et les prétendus *génies créateurs* (1); ils n'accordent leur admiration qu'à ceux qui les tuent ou qui les trompent.

Système a toujours été synonyme d'erreur (on dit le système de Descartes; on ne dit pas le système de Newton). Ce sont donc les erreurs qui sont

---

(1) « Qu'est-ce que le génie? Un esprit simple qui trouve ce que personne n'a su trouver avant lui. La nature, qui nous met tous dans le chemin des découvertes, semble veiller sur lui pour qu'il ne s'en écarte jamais. Il commence par le commencement, et il va devant lui. Voilà tout son art, art simple, que par cette raison l'on ne lui dérobera pas. » (COND., *Langue des calculs*, liv. II, ch. 1er.)

au premier plan dans l'histoire de la philosophie. Ces erreurs sont très-nombreuses, car il y a presque autant de systèmes que de métaphysiciens. Cependant ce n'est ni dans la multitude ni dans la diversité ou l'opposition des systèmes que la critique trouve les plus grands obstacles; c'est dans l'obscurité du fonds jointe à celle de la forme. Qu'on juge de la facilité que doit offrir l'exposition de la doctrine d'un philosophe grec, alexandrin, allemand, etc., lorsqu'on s'entend à peine sur des théories écrites dans notre propre langue et sur des questions à la portée de tout le monde. Combien de siècles n'a-t-on point disputé sur Aristote? Plotin est-il enfin bien compris? Hégel, dit-on, en était venu au point de ne plus comprendre ce que lui-même avait écrit. Aussi voyons-nous les historiens de la philosophie se copier les uns les autres, ou, s'ils veulent juger par eux-mêmes, nous présenter sur le même sujet des opinions différentes et contradictoires. Comment pourrait-il en être autrement? Qu'on prenne, je ne dirai pas un système, mais une idée seulement, et qu'on la soumette à l'interprétation de plusieurs commentateurs : croit-on que cette idée sera la même pour tous? La critique est une espèce de lit de Procuste. Tout se proportionne au génie de l'interprète.

L'étude comparée des systèmes est donc très-difficile, pour ne pas dire impossible. Or, pour que l'éclectisme pût en tirer parti, il faudrait qu'elle fût sérieuse, exacte et complète.

Si cette exploration des systèmes est nécessairement superficielle, je demande quel avantage on peut en tirer pour la science? Le résultat immédiat et certain doit être, selon nous, de ressusciter d'anciennes erreurs, en évoquant des fantômes que la vraie philosophie avait fait rentrer dans les ténèbres : « Il y a, dit Bacon, des préjugés qui nous viennent des chefs de secte, et que j'appelle *idola theatri;* parce que les systèmes philosophiques ne sont que des fables, ainsi que les pièces qu'un poëte met sur le théâtre. Seulement les philosophes observent un peu moins les règles de la vraisemblance. »

Si la philosophie a d'abord pour objet la peinture de la réalité, il faut qu'elle opère sur le vif; car avant tout c'est un portrait qu'elle doit faire. Si, négligeant l'original, elle ne contemple que l'image, elle se condamne à ne laisser que la copie d'une copie. De plus, comme cette copie, telle que nous la trouvons dans les auteurs anciens, est loin d'être parfaite, prétendre avec des traits épars et des ressemblances incomplètes reproduire la nature, ce serait imiter le sculpteur ou le peintre, qui, pour faire le buste ou le portrait d'un personnage vivant, ne travailleraient que d'après les modèles différents, fruits du caprice ou de la fantaisie des artistes, leurs devanciers.

Sans doute il faut, dans l'intérêt du progrès, que la chaîne des traditions ne soit jamais interrompue. Autrement les siècles cesseraient d'influer sur les siècles, les vérités sur les erreurs, et les erreurs sur les vérités; les générations se suivraient, mais ne se succèderaient plus, et l'humanité resterait à jamais stationnaire. Mais il ne faut pas qu'on recommence à chaque instant les travaux déjà accomplis. Ce serait vouloir prolonger l'enfance du monde et des sciences. La philosophie surtout doit être progressive. Si elle ne prépare point l'avenir, il faut au moins qu'elle résume le présent. Quand elle rétrograde vers le passé, elle abdique et se renie elle-même.

Si la méthode historique appliquée à la philosophie est fatale à la science, elle n'est pas moins contraire aux progrès de la raison et au développement des facultés individuelles. Il est à craindre que, dans un commerce habituel avec des auteurs qui sont opposés presqu'en tout, l'esprit n'acquiesce à une infinité d'opinions fausses ; or « quand les hommes, dit Hobbes, ont une fois acquiescé à des opinions fausses, et qu'ils les ont authentiquement enregistrées dans leurs esprits, il est tout aussi impossible de leur parler intelligiblement que d'écrire lisiblement sur un papier déjà brouillé d'écriture (1). »

Laromiguière aussi préfère un petit nombre de notions précises et fondamentales à une vaste érudition. Il ne veut pas que nos esprits ressemblent à « de vieux manuscrits chargés de caractères gothiques » qui « ne peuvent en recevoir de nouveaux qu'on n'ait effacé les anciens (2). »

Malebranche, Labruyère et beaucoup d'autres ont été plus sévères encore ; sans partager leurs préventions contre l'érudition en général, ne peut-on pas dire au moins qu'elle est l'antipode de l'esprit philosophique ? Elle développe la mémoire au détriment des facultés supérieures de l'intelligence ; elle nous habitue à tourmenter les idées des autres, lorsqu'il faudrait penser par nous-mêmes. « Jetez hors de votre âme, s'écrie un éloquent écrivain (3), cette multitude d'opinions empruntées », cette philosophie morte, qui n'est point née de votre raison, mais qui vient d'un livre ou d'un maître, et ne peut fournir que de vains sujets de dispute au peuple stérile et contentieux des écoles ; » — « science confuse, amas de poussière qui ne fait qu'aveugler la raison et la charger d'un poids inutile. »

(1) Cité par Destutt de Tracy. *Idéologie*, p. 2.
(2) Leç. X.
(3) L'abbé Guénard.

Faut-il s'étonner que l'école historique, absorbée dans les rêves du passé, et occupée à concilier des systèmes inconciliables, ait laissé le champ libre à une école rivale qui s'élevait à côté d'elle et qui maintenant grandit de jour en jour ? Je veux parler de l'école *positive*.

Fondé par un homme d'un vaste savoir, développé et enrichi par le savant non moins illustre qui l'a popularisé parmi nous, le *positivisme* doit fixer un instant notre attention, à cause de son importance d'abord, et puis à cause de la prétention singulière qu'il a d'avoir frappé du même coup la « *philosophie soit métaphysique, soit théologique,* » et la philosophie condillacienne.

Ce que le positivisme à son début reprochait à la philosophie de son temps, c'est « l'inanité de cet éclectisme qui, ne connaissant pas ce qu'il manie, se propose la tâche insoluble de faire avec des ébauches un tout parfait (1). »

Ce qu'il reproche aux philosophies de toute dénomination, c'est de se perdre dans l'étude de l'absolu, de l'infini, etc.; c'est de n'agiter de préférence que des problèmes insolubles sur la nature, l'origine et la destinée des êtres ; enfin c'est l'instabilité de tous ces systèmes qui se succèdent, « où rien ne demeure fixe, où rien ne persiste,

---

(1) M. Littré, *Paroles de philosophie positive*, p. 19.

excepté la tentative toujours renouvelée d'aborder des questions toujours insolubles (1). »

Ce dont il fait gloire et profession, c'est de n'aborder que des questions accessibles à l'expérience, et susceptibles d'une vérification directe ou d'une confrontation avec la réalité ; enfin c'est d'avoir « fait des sciences particulières, multiples et hétérogènes, une science homogène, une et générale (2) », et de plus susceptible d'un développement et d'un progrès continu.

Dans l'arrêt de condamnation qu'il porte contre toutes les philosophies antérieures, le *positivisme* enveloppe le condillacisme : « La philosophie de Condillac, dit M. Littré, est encore au fond le guide philosophique de plus d'un savant qui prétend s'enfermer dans le cercle de ses études spéciales. » — « Ceux mêmes qui témoignent du dédain pour cette doctrine sont parfois, à leur insu, gouvernés par elle (3). »

Toutes les critiques du positivisme s'adressent donc également à Condillac. Voyons parmi ces reproches ceux que la philosophie française repousse, et ceux qu'elle accepte.

M. Littré fait la remarque que de tout temps

---

(1) *Conservation et révolution*, p. 44.
(2) *Paroles de philosophie positive*, p. 36.
(3) *Conservation et révolution*, p. 36.

les philosophes ont été en conflit avec les pouvoirs religieux, et il affirme que la *métaphysique* et la *théologie* ont un fonds commun. Il est vrai que si l'on consulte l'histoire, de Linus et Orphée jusqu'aux disputeurs scolastiques, on trouve entre ces deux sciences une haine très-vive et presque fraternelle : ennemies intimes, mais nécessaires l'une à l'autre, elles s'attaquent d'une main et se soutiennent de l'autre; elles cherchent à s'étouffer, mais c'est en s'embrassant.

Que la métaphysique ancienne et la moderne se soient souvent placées sur le terrain de la théologie, et que cette arène ait été le théâtre de luttes déplorables; cela n'est que trop vrai. Mais peut-on en dire autant de la philosophie française qui s'est toujours montrée aussi respectueuse qu'indépendante? Condillac et Laromiguière ont philosophé toute leur vie, sans avoir jamais eu rien à démêler avec n'importe quelle doctrine théologique. Ils pensaient sans doute que la philosophie et la théologie sont comme deux lignes parallèles qui peuvent se prolonger indéfiniment, sans se rencontrer jamais, parce que l'une et l'autre se meuvent dans deux sphères distinctes et séparées, celle-ci ayant pour objet ce qui est au-dessus de la raison, celle-là ne s'occupant que de ce qui est accessible à l'esprit humain livré à ses seules forces. « Il n'y a point de système, dit Condillac, qu'on n'ait essayé de concilier avec la théologie. Depuis que la philosophie a reparu en Europe, nous avons vu des sectaires, des éclectiques, des novateurs et des sincrétistes, qui, plus absurdes que tous les autres, ont cru concilier les opinions les plus contraires. De tous les systèmes qu'ont fait les Grecs, il n'y en a pas un que quelque moderne n'ait essayé d'accorder avec la théologie chrétienne (1). »

Mais le respect qu'il professe pour la religion ne l'empêche pas de reconnaître et de proclamer les droits imprescriptibles de la raison : il veut que l'indépendance soit le caractère de l'homme de lettres ; et que la liberté de penser pénètre partout, même dans les académies et les corps savants (2).

Quant à Destutt de Tracy, il était si peu théologien et même si peu métaphysicien qu'il partage toutes les opinions de Hobbes sur la théologie et la métaphysique, confondues par ce dernier sous le nom commun d'Empusa (3).

L'école *positive* n'est donc pas dans le vrai,

---

(1) *Histoire moderne*, liv. dern., ch. 4.

(2) *Histoire moderne*, liv. dern., ch. dern.

(3) « Plus je réfléchis sur la métaphysique des philosophes grecs, plus je me persuade qu'ils ne sauraient en être les inventeurs. — La métaphysique indigène de la Grèce est évidemment pour moi la théologie de ses poëtes ; l'autre a dû nécessairement y

lorsqu'elle assimile l'*empirisme* à la philosophie soit *théologique* soit *métaphysique*. Elle se trompe encore, lorsqu'elle lui reproche l'inutile investigation de la nature absolue des choses, et l'instabilité de ses doctrines. Longtemps avant Auguste Comte, Condillac avait dit et répété que nous sommes condamnés à ignorer l'essence première des substances, que nous ne pouvons connaître que leur essence seconde. Et, en proclamant cette vérité, il signalait en même temps l'éternelle inconstance et l'immobilité nécessaire des systèmes métaphysiques : « Jusqu'ici, dit-il, les philosophes modernes, à l'exemple des Grecs, se sont flattés d'expliquer la nature, en imaginant d'abord des causes pour descendre ensuite aux effets. Et nous n'avons vu que des révolutions, où les systèmes, prenant continuellement de nouvelles formes, se reproduisent pour se détruire. Chaque philosophe,

---

être importée. C'est ausssi, ce me semble, ce que prouve tous les jours davantage l'étude des antiquités orientales, à mesure qu'elle est mieux cultivée. »

« Par les mêmes raisons, entre les nations modernes, c'est chez les Français que cette métaphysique, qui a besoin, pour se soutenir, de l'obscurité et de l'autorité, a dû être rejetée d'abord. Avec de l'esprit et de la liberté, quand on n'a que de l'imagination, on doit se livrer à la mythologie des poëtes. Quand on commence à avoir de vraies connaissances, on doit en venir à la saine métaphysique, c'est-à-dire à l'étude de soi-même et de ses moyens de connaître. » (*De la logique,* ch. 1.)

trop faible pour résister aux coups qu'on lui porte, attaque toujours avec avantage. Toutes les opinions se détruisent les unes par les autres, et aucune ne se soutient (1). »

A ces différents points de vue l'originalité n'appartient donc pas au *positivisme;* nous allons voir qu'elle ne lui appartient pas davantage sous presque tous les autres rapports.

La philosophie *positive* se glorifie d'avoir trouvé l'unité des sciences, d'en avoir formé un tout, un ensemble lié par une doctrine commune, la *mathématique.* Sans prétendre, dit M. Littré, « soumettre à l'empire de la science exacte par excellence les sciences qui ne le sont pas », cependant il est bien vrai que l'*école positive* « à la base de toute éducation régulière et de toute philosophie met la *mathématique* comme un préliminaire sans lequel on ne pourra monter de degré en degré jusqu'au faîte. » — La *mathématique* n'est qu'un rudiment, mais un rudiment nécessaire : « Sans elle, l'astronomie ni la physique ne peuvent cheminer; sans physique, la chimie est mutilée et incapable de se rendre compte à soi-même; sans chimie, la nutrition, base de toute vitalité, est inintelligible; et sans une théorie exacte de la vie, le développement des sociétés, ou histoire, ou

---

(1) *Histoire moderne*, liv. dern., ch. *t.*

sociologie, manque de son meilleur appui (1). » En résumé, *mathématique*, astronomie, sciences physiques et naturelles, *biologie*, *sociologie;* enchaînement et unité des sciences : tel est le fonds du *positivisme*. Eh bien, je dis que tout cela existait dans le condillacisme non-seulement en germe, mais à l'état de système avoué et de théorie déjà suffisamment développée.

Pour ce qui concerne l'unité et l'enchaînement des sciences, on sait que ç'a été la constante préoccupation de Condillac de ne faire de toutes les connaissances humaines qu'un corps de doctrine : « Les sciences, dit-il, rentrent les unes dans les autres : aussi se prêtent-elles des secours mutuels, et c'est en vain que les philosophes tentent de mettre des barrières entre elles. Il est très-raisonnable à des esprits bornés comme nous de les considérer chacune à part; mais il serait ridicule de conclure qu'il est de leur nature d'être séparées. Il faut toujours se souvenir qu'il n'y a proprement qu'une science ; et si nous connaissons des vérités qui nous paraissent détachées les unes des autres, c'est que nous ignorons le lien qui les réunit dans un tout (2). »

Quant à la *mathématique*, elle n'est, je crois,

---

(1) *Paroles de philosophie positive*, p. 8, 9, 10, 11 et 12.
(2) *Art de raisonner*, introd.

rien autre chose que le système des lois de la pensée. Or c'est précisément ce système que Condillac a voulu réduire à sa plus simple expression dans son ouvrage intitulé la *Langue des calculs*, où « il s'agit de faire voir comment on peut donner à toutes les sciences cette exactitude qu'on croit être le partage exclusif des mathématiques (1). » Dans cet ouvrage que la mort ne lui permit pas d'achever, l'auteur ne s'était pas proposé de perfectionner seulement la langue des mathématiciens : « Les mathématiques, dit-il lui-même, y sont un objet subordonné à un objet bien plus grand (2). » Ce qu'il avait principalement en vue, disent ses éditeurs, ce qui avait été le but constant des recherches d'une vie employée tout entière à perfectionner la raison, c'était de débrouiller le chaos où les abus et les vices du langage ont plongé les sciences morales et métaphysiques. Les jargons inintelligibles qu'elles parlent trop souvent auraient été convertis en autant de belles langues que tout le monde aurait apprises facilement, parce que tout le monde les aurait entendues ; et dans ces langues on eût vu les idées qui paraissent les plus inaccessibles à l'esprit humain sortir d'elles-mêmes et

---

(1) *Langue des calculs*, p. 8.
(2) *Ibid*.

EMPIRISME. 345

sans efforts des notions les plus communes (1). »

Condillac avait donc, lui aussi, compris l'importance d'une sorte de *rudiment*, *d'organe* qui devait servir de clef aux sciences, de même qu'il avait vu la nécessité de leur enchaînement et le fait de leur unité (2).

Dans le cadre qu'il s'était tracé, dans l'ensemble qu'il avait conçu que faisait-il entrer comme parties intégrantes ? Toutes les sciences énumérées par le *positivisme*, excepté toutefois la *biologie* ou la physiologie.

Nous venons de voir qu'à la base de tout Condillac mettait l'étude du nombre, du temps et de

---

(1) *Note des éditeurs*, p. 479.

(2) On se demande depuis assez longtemps quels peuvent être et quels doivent être, dans un système d'éducation publique, les rapports des sciences avec les lettres? Condillac a résolu ce problème. Dans ses différents traités de *l'origine des connaissances humaines*, des *Systèmes*, de l'*Art de penser*, de *Raisonner*, *d'écrire*, dans sa *Grammaire*, sa *Logique*, sa *Langue des calculs*, mais surtout dans son *Histoire moderne* (dernière partie), il signale tous les abus qui, transmis de siècle en siècle, se perpétuent dans les écoles, et il indique les moyens d'y remédier. Avons-nous su profiter des leçons qu'il nous donne? Tout est-il au mieux dans nos *plans d'étude ?* Les méthodes et les objets sur lesquels elles portent, tout est-il réglé sur le développement naturel des facultés de l'enfance et de la jeunesse, approprié aux besoins de l'époque, aux exigences des sociétés modernes? Sur ces questions et sur beaucoup d'autres du même genre, Condillac a répandu une vive lumière.

l'étendue. Peut-être son traité de la *Langue des calculs* a-t-il suggéré à Auguste Comte l'idée de sa *mathématique* considérée comme préliminaire indispensable de toute éducation philosophique. Dans sa *Logique* il nous donne une méthode applicable à toutes les parties des connaissances humaines; et dans beaucoup d'autres ouvrages, mais surtout dans celui qui est intitulé l'*Art de raisonner*, il nous montre l'application même de cette méthode à la *physique*, à la *mécanique*, à l'*astronomie*, etc.

Il n'a pas négligé non plus cette partie de la science que l'école positive désigne sous le nom de *sociologie;* son *histoire ancienne* et son *histoire moderne*, ainsi que son traité du *commerce* et du *gouvernement*, présentent un cours complet de ce qu'on appelle généralement *Philosophie de l'histoire*. On sait qu'il s'était associé Mably dans ses études « sur le gouvernement, sur les lois, sur le droit public, sur la guerre, sur la police, sur le commerce, sur les arts, sur les sciences; en un mot, sur tout ce que l'esprit a pu découvrir, pour contribuer à l'avantage des sociétés (1). » Enfin on nous accordera bien encore que Condorcet, son disciple, a jeté quelque lumière sur les lois du développement de l'humanité dans le temps et dans l'espace.

(1) *Histoire moderne*, liv. IX, ch. 8.

La place que la physiologie aurait dû occuper dans la philosophie condillacienne est à peu près vide, il faut l'avouer; c'est une lacune qu'on doit attribuer à l'hypothèse de la *statue*, enveloppe inerte et insensible. Mais il n'en est pas moins vrai que l'école empirique est de toutes les écoles celle qui a le mieux compris l'étroite connexion qui existe entre la physiologie et la psychologie. « Locke, dit Cabanis, était médecin; et c'est par « l'étude de l'homme physique qu'il avait préludé « à ses découvertes dans la métaphysique, la « morale et l'art social. » — « Charles Bonnet « fut un grand naturaliste autant qu'un grand « métaphysicien. Il a fait plusieurs applications « directes de ses connaissances anatomiques à la « psychologie (1). » Enfin celui dont nous venons de citer les paroles nous a laissé, dans son livre *Des rapports du physique et du moral de l'homme*, le plus beau monument qui jusqu'à ce jour existe peut-être en ce genre (2).

---

(1) CABANIS, tom. III, p. 65.

(2) Nos historiens de la philosophie, avec leur fidélité ordinaire, ne manquent pas d'accoler toujours le nom de Condillac à celui de Cabanis. Que ce dernier ait oublié qu'il n'est pas permis au philosophe de se prononcer sur la nature absolue des substances, et qu'il ait osé se déclarer *matérialiste*, ce n'est pas en cela sans doute qu'il est le disciple du premier, puisqu'il lui reproche précisément de n'avoir « *pas senti que l'âme est une faculté,*

Physiologie, histoire, astronomie, sciences physiques et naturelles, etc., voilà, avec la métaphysique, ce qui constitue pour l'empiriste l'ensemble de la philosophie.

Le *positivisme* n'est donc pas précisément une philosophie nouvelle; il peut tout au plus être considéré comme un vaste et magnifique développement d'une partie de l'*empirisme*.

Quant à *la nécessité d'une confrontation de nos idées et de nos raisonnements avec la réalité*, ce n'est pas là non plus une vue nouvelle et qui appartienne exclusivement à l'école positive, puisque depuis longtemps déjà Condillac avait recommandé l'*expérience*, et exigé l'union de l'*évidence de fait* et de l'*évidence de raison*, uniquement afin que l'esprit ne se contentât point de combinaisons idéales et de résultats purement logiques. Ici encore le positivisme ne nous offre qu'une application partielle de la méthode empirique.

Cependant, malgré ces ressemblances frappantes et incontestables, il existe entre les deux écoles une différence profonde et radicale. Le positivisme fait profession de s'occuper « non de

---

mais non pas un être. » Était-ce d'ailleurs une leçon de *matérialisme* que Condillac donnait à son prétendu disciple, lorsque, portant la main sur le front de cet audacieux théoricien, il lui dit : « *Jeune homme, tu ne mourras pas tout entier!* »

l'essence, mais des propriétés des choses (1); » de plus il oppose une fin de non-recevoir à toute question sur les *causes premières et finales* (2).

C'est ici que le positivisme se sépare véritablement de l'empirisme, et qu'il renonce aux prétentions qu'il pourrait avoir de devenir une philosophie universelle; car il méconnaît la portée et les tendances légitimes de l'esprit humain, et de plus il tombe lui-même dans le défaut qu'il reproche à si juste titre à l'ancienne métaphysique : l'abus des abstractions.

Sans doute il ne faut pas que la science se consume à vouloir pénétrer la nature des choses. Mais si l'esprit humain ne peut connaître leur essence première, il peut au moins connaître leur essence seconde; et cela suffit pour qu'il ait le droit de se prononcer sur la distinction des substances; car de même qu'il affirme sans crainte de se tromper que « tout mode suppose une

---

(1) M. LITTRÉ, *Conservation et révolution*, p. 3.

(2) « Laissant de côté une enquête sur les causes premières et finales, la philosophie positive renonce résolument à une ambition incompatible avec la portée de l'esprit humain, et elle se place dans l'ordre des questions qu'il est possible d'aborder et de résoudre. Elle ne fait ici que généraliser le procédé que les sciences particulières ont employé avec tant de succès. Comme ces sciences, elle reconnaît partout quelque fait dernier, limite de l'expérience et de l'induction, fait au delà duquel elle ne cherche rien. » *(Conservation et révolution*, p. 39.)

substance, » de même il *sait* qu'une « différence dans les modes suppose une différence dans les substances. » C'est encore mutiler l'esprit humain, que de lui refuser le pouvoir d'atteindre et de saisir les *causes premières et finales*. Est-ce dépasser les limites assignées à mon intelligence que de prononcer ces jugements : « Tout effet suppose une cause ; » — « une série de causes secondes à l'infini implique contradiction ; » — « il existe une cause première qui gouverne le monde ; » — « si la Providence existe, elle assigne aux différents êtres une fin ultérieure et dernière? » Ces grandes vérités se révèlent à la fois à mes sens et à ma raison : « Agir, comparer, choisir, dit
« Rousseau, sont les opérations d'un être actif et
« pensant : donc cet être existe. Où le voyez-vous
« exister? m'allez-vous dire. Non-seulement dans
« les cieux qui roulent, dans l'astre qui nous
« éclaire; non-seulement dans moi-même, mais
« dans la brebis qui paît, dans l'oiseau qui vole,
« dans la pierre qui tombe, dans la feuille qu'em-
« porte le vent (1). » A cet être actif et pensant vous substituez une abstraction, un mot ! Et c'est ici que vous tombez dans le défaut même que vous reprochez à vos adversaires.

Le positivisme a signalé, aussi bien que l'em-

---

(1) *Émile*, liv. IV.

pirisme, les dangers du jargon de la métaphysique. Il a parfaitement compris que l'abus des idées abstraites et générales est la source la plus féconde de nos erreurs et de nos préjugés en philosophie, en religion, en politique, en littérature, etc.; que supprimer cet abus, ce serait, pour ainsi dire, recréer la raison humaine. Mais il n'a pas compris que, s'il est dangereux de réaliser les pures conceptions de l'intelligence, il ne l'est pas moins de ne mettre que des abstractions là où il y a des réalités. Dans la question des *causes premières*, pour n'avoir pas à remonter indéfiniment, le positivisme s'arrête à une abstraction, à un mot : il place à l'origine des choses et des phénomènes une force, une loi, une formule ! C'est une loi qui conserve et régit le monde; une force qui produit les phénomènes; et une formule qui maintient leur constance et leur régularité ! Mais qu'est-ce qu'une loi, sans un législateur ? Une formule, sans une intelligence qui la prononce ? Une force, sans un agent dans lequel elle réside ?

La croyance qui admet une cause substantielle, une réalité vivante, un Dieu, présente, je l'accorde, des choses incompréhensibles; mais si elles sont au-dessus de la raison, du moins elles ne lui sont pas contraires, tandis que la doctrine *positive* ajoute à l'incompréhensible l'absurde ou l'inconcevable. Vous me direz que vous ne vous prononcez

pas, que vous n'affirmez rien! Non! Votre doctrine, sceptique en apparence, est dogmatique au fond; quand on se sert d'un mot, on est forcé de dire ce qu'il signifie. Si, lorsque vous nous parlez de forces, de lois, de formules, vous ne parlez de rien qui soit réel ou *positif*, vous nous payez de mots (1), et vous ne justifiez pas le titre que vous avez pris. Si, au contraire, vous entendez par là quelque chose, comme vous n'admettez rien en dehors du monde physique, et que la force et l'intelligence n'existent pas par elles-mêmes, c'est la substance matérielle qui possède ces attributs, et l'ordre de l'univers est le résultat du mouvement d'atomes actifs et intelligents; c'est là, je crois, ce que vous voulez dire en réalité. Eh bien! C'est ici que le bon sens répond avec Rousseau que votre système, loin de lever aucune difficulté, renferme plus de choses contraires à la raison qu'il n'y en a d'incompréhensibles dans le déisme. « Imaginez
« tous vos philosophes anciens et modernes ayant
« d'abord épuisé leurs bizarres systèmes de forces,
« de chances, de fatalité, de nécessité, d'atomes,
« de monde animé, de matière vivante, de maté-

---

(1) « Dites-moi, mon ami, si, quand on vous parle d'une force aveugle répandue dans toute la nature, on porte quelque véritable idée à votre esprit : on croit dire quelque chose par ces mots vagues de force universelle, de mouvement nécessaire, et l'on ne dit rien du tout. » (*Émile*, liv. IV.)

« rialisme de toute espèce, et, après eux tous,
« l'illustre Clarke éclairant le monde, annonçant
« enfin l'Être des êtres et le dispensateur des
« choses : avec quelle universelle admiration, avec
« quel applaudissement unanime, n'eût point été
« reçu ce nouveau système, si grand, si consolant, si
« sublime, si propre à élever l'âme, à donner une
« base à la vertu, et en même temps si frappant,
« si lumineux, si simple, et, ce me semble, offrant
« moins de choses incompréhensibles à l'esprit
« humain qu'il n'en trouve d'absurdes en tout
« autre système (1). »

En dehors des écoles dont nous venons de parler, on assure qu'il en existe deux autres dont l'opposition nous rappelle la lutte antique des deux principes, d'Ormuzd et d'Ahriman, du bien et du mal, de l'esprit et de la chair : l'une, dit-on, veut réhabiliter et glorifier la matière, l'autre la dompter et l'anéantir. A ces champions implacables l'empirisme crie de toute sa force et de la voix de Pascal : « L'homme n'est ni ange ni bête et le malheur est que qui veut faire l'ange fait la bête; » l'homme est un être mixte; prenez-le tel qu'il est; ne cherchez pas à réformer l'œuvre de Dieu; le seul idéal que vous puissiez réaliser en vous sera toujours celui que vous

---

(1) *Émile*, liv. IV.

propose le poëte : *Mens sana in corpore sano.*

En face du condillacisme il n'y a donc que deux écoles qui puissent lui disputer l'empire : l'école historique et l'école positive. A laquelle des trois appartiendra l'avenir? Si on ne peut le prédire d'une manière certaine, on peut au moins, de part et d'autre, supputer les diverses chances de succès.

Après avoir fait beaucoup de bruit, l'école historique n'a laissé dans les esprits que la confusion et l'enflure ; dans les croyances, que le vague et l'incertitude ; dans les volontés, que la faiblesse et l'indécision. Aussi, à en juger par ce qui se passe, paraît-elle se résigner à sa défaite ou plutôt à sa défaillance. Cependant, si elle n'a en elle-même aucun principe de vitalité, elle trouve en dehors d'elle des causes d'une longévité probable. D'abord elle a pour elle l'obscurité, élément beaucoup plus important qu'on ne pense; car cette école vise à l'éloquence ; et dans certains cas l'éloquence, comme la peinture, a besoin d'ombre aussi bien que de lumière ; il lui faut du clair-obscur. En second lieu, la doctrine éclectique est devenue la *philosophie officielle :* philosophie douce, prudente, sage et bienfaisante, la mère nourricière de ses heureux adeptes; — bien différente en cela d'une autre philosophie, la bonne et la vraie peut-être, mais marâtre, et qui n'a souvent pour apôtres que des maudits, des proscrits, des hommes couverts de sang, mais d'un sang qui est le leur.

Ces avantages assurent à l'éclectisme une durée plus ou moins longue. Les yeux fixés sur le passé, il continuera donc ses explorations dans le temps et dans l'espace. Ou bien, de compagnie avec le rationalisme, il s'agitera dans l'étroite enceinte où, pour répéter l'expression de M. Littré, le *Sisyphe métaphysique* pousse et laisse retomber son rocher. Peut-être même s'amusera-t-il encore à jeter des pierres dans le jardin de la théologie. Dans tous les cas, ce système prospèrera dans les écoles, auprès de ceux qui sont à la recherche d'un *sujet*, qui ont besoin de matériaux pour un *livre*, de thème pour un *développement;* et si cet innocent labeur ne peut intéresser que très-faiblement ceux qui tiennent à savoir non ce que l'on a pensé peut-être, mais ce que l'on doit penser, il piquera toujours la curiosité des oisifs, et charmera les loisirs des doctes et des érudits.

Il est cependant un écueil qui pourrait être fatal à l'éclectisme : — S'il faut en croire un naturaliste, il existe une espèce de fourmis, chez lesquelles l'amour du butin et l'activité sont poussés si loin, qu'elles encombrent leur nid de provisions, et se voient bientôt forcées de chercher un autre asile, abandonnant ainsi des trésors inutilement amassés. C'est l'image de l'érudition en matière de philosophie. Ce qu'on avait fait au moyen âge pour Aristote, on le fait aujourd'hui pour l'auteur le plus obscur, pourvu qu'il ait écrit en grec ou en latin, ou, s'il est français, avant le XVIIIe siècle ou un peu après, car parmi ceux qui ont écrit à une certaine époque de ce siècle-ci, il en est qui sont déjà des *anciens,* ou du moins méritent de figurer à côté des écrivains du règne de Louis XIV. Que de matériaux de tous côtés, superposés ou épars! Si on voulait en construire un édifice, il serait impossible ou bien de trouver un emplacement, ou bien de raccorder des pièces qui n'ont pas été faites les unes pour les autres. Il n'est pas douteux que ces matériaux, avant d'avoir servi, ne deviennent un jour pour l'école éclectique comme des décombres, sous lesquels elle disparaîtra, écrasée sous le poids de ses propres richesses, et ensevelie au milieu de ses trésors.

Le positivisme se trouve placé dans des conditions plus favorables. C'est bien quelque chose que d'avoir les regards tournés vers l'avenir et la lumière, et de s'occuper non des morts, mais des vivants. C'est quelque chose encore que d'avoir trouvé le nom qui convient à la science, et d'avoir par là marqué le but où elle doit tendre. Enfin, c'est quelque chose que d'avoir formé de la plus grande partie des sciences un tout, un ensemble;

d'avoir resserré les liens qui les unissent, et de les avoir presque toutes enrichies de découvertes et de points de vue nouveaux. Cependant l'influence que cette doctrine ne manquera pas d'exercer sur les destinées sociales sera nécessairement restreinte. D'abord, par une synthèse hâtive et prématurée, elle procède du tout à la partie, de la circonférence au centre, de l'univers à l'homme, et le monde moral se trouve ainsi comme absorbé dans le monde physique. Ensuite elle n'a pas entièrement justifié son nom : elle devait nous faire saisir partout des réalités, et elle supprime la plus positive de toutes : la cause substantielle, qu'elle remplace par une abstraction, par un mot.

L'avenir n'appartient donc pas au positivisme, parce qu'il ne s'est réservé qu'un coin dans le domaine de la philosophie; parce qu'il mutile l'esprit de l'homme, et que le genre humain ne se résignera jamais à une ignorance absolue sur son origine, sa nature et sa fin.

Le condillacisme, de son côté, a bien des obstacles à surmonter. Il a d'abord contre lui sa clarté : rien d'obscur, de vague, de recherché dans cette doctrine; tout y est clair, précis et simple comme la vérité; l'auteur n'est pas un écrivain, un orateur, c'est un homme qui parle, un ami qui ne pense qu'à vous. C'est là le grand écueil : comment se résigner à n'apprendre et à n'enseigner que ce que tout le monde peut comprendre? Est-il probable qu'on adopte de sitôt une doctrine qui rend presque impossibles les aberrations de la pensée ; qui ne permet plus d'agiter des questions qui n'en sont pas ; qui force les *génies créateurs* à renoncer à la gloire de faire un système ; enfin une doctrine où il faut montrer qu'on est philosophe autant par ce que l'on ne dit pas, que par ce que l'on dit?

Le condillacisme a contre lui un autre grief : il est l'enfant d'un siècle qu'on approuve et qu'on admire quelquefois en particulier, mais que l'on critique et que l'on attaque en public : cela fait partie des convenances sociales. Le XVIIIe siècle présente un vide, une solution de continuité dans les traditions françaises ; c'est par-dessus la tête de ce petit siècle que le nôtre tend la main au XVIIe, le grand siècle, le siècle des arts.

N'étaient ces deux obstacles, l'empirisme pourrait prétendre à redevenir ce qu'il a été déjà : notre philosophie nationale ; car il réunit ce qu'il y a de bon dans le positivisme et dans le rationalisme, sans en avoir les défauts. Aussi bien que le premier, il « considère toutes les sciences et tous
« les arts comme formant un ensemble, un tout
« indivisible, ou comme les rameaux d'un même
« tronc, unis par une origine commune, plus étroi-

« tement unis encore par le fruit qu'ils sont tous
« également destinés à produire, le perfection-
« nement et le bonheur de l'homme (1). » Aussi
bien que lui encore, il prescrit et il emploie ce
procédé de méthode qui « soumet l'ensemble des
« idées subjectives à l'ensemble des idées objec-
« tives, ôtant à celles-là le caractère absolu qui
« leur est inhérent, et à celles-ci l'incohérence qui
« résulte de leur isolement (2). » Mais dans tout
le reste, il est l'opposé de ce système : il reconnaît que la philosophie a non-seulement des faits
à constater, des lois à établir, mais encore des
problèmes à résoudre ; et il résoud ces problèmes,
en proclamant l'existence d'un Dieu, le dogme de
la Providence, la liberté de l'homme et la moralité de ses actions, l'immatérialité et l'immortalité de l'âme.

Enfin, comme l'éclectisme ou le rationalisme,
il reconnaît l'autorité absolue de la raison, et
l'immuable vérité des idées nécessaires et universelles, auxquelles il donne une formule plus précise et plus féconde, et dont il explique l'origine
sans compromettre le dogme de la simplicité de
l'âme et sans rendre impossible la solution de la
plupart des questions qu'on agite en psychologie,

---

(1) CABANIS, tom. III, p. 35.
(2) M. LITTRÉ, *Conservation et révolution*, p. 42.

en esthétique, en morale et en théodicée. Toutefois son plus grand mérite est d'avoir établi solidement la base de la certitude, ou déterminé le critérium de la vérité.

Tels sont les titres de l'empirisme ou du condillacisme. — Nous sommes maintenant en état de répondre à la question que nous avons posée au commencement de cet ouvrage : *L'importation en France des systèmes étrangers a-t-elle été favorable ou nuisible aux études philosophiques?*

Que devons-nous aux Écossais? Toute l'originalité de Reid consiste dans la réfutation de la théorie des *idées représentatives*, et dans l'examen du *scepticisme* de Hume, auquel il oppose la doctrine du *sens-commun*. Sur ces deux points, si on lui reprenait ce qu'il a emprunté au grand Arnaud et au père Buffier, que lui resterait-il pour justifier le titre de fondateur d'école? La réputation d'un analyste consciencieux, d'un psychologue habile, je le veux. C'est là un grand et beau talent sans doute; mais une qualité, quelque précieuse qu'elle soit, ne doit pas être portée trop loin. Or Reid abuse quelquefois de l'analyse : il multiplie indéfiniment les facultés intellectuelles; il ne songe pas assez à les coordonner; et cette tendance dans ses disciples pourrait transformer la psychologie en une science de nomenclature, et faire d'un *Traité des facultés de l'âme* un simple dictionnaire des mots philosophiques. Enfin, pour tout dire, il a, sous d'autres noms, réhabilité les *formes substantielles*.

Que devons-nous aux Allemands? On a dit des monuments élevés par la philosophie transcendentale, qu'ils ont la majesté des forêts vierges de la Germanie, ou la grandeur d'un temple égyptien. Essayez, le flambeau à la main, de pénétrer dans ces vastes édifices, rendez visibles leurs ténèbres ; vous verrez se croiser et se multiplier devant vous les détours d'un labyrinthe, et la nuit s'assombrir à mesure que vous y porterez la lumière; et si vous parvenez jusqu'à la dernière retraite du Sphinx, et que vous lui demandiez l'explication de ses énigmes, vous comprendrez que le *criticisme*, le *rationalisme*, le *transcendentalisme*, etc., a pour base une psychologie très-superficielle ou presque nulle; pour corps de doctrine, l'amalgame des théories de Descartes sur les *idées innées*, de Leibnitz, sur les *virtualités* de l'âme, et de Hume, sur la *probabilité* ou sur la valeur objective de nos idées; enfin pour méthode, l'emploi involontaire de la logique (fausse en théorie, mais pratiquement vraie maintenant), qu'on impute à Hobbes, et qui, dit-on, fait reposer tous nos raisonnements sur des définitions, sur des mots, et place la vérité et la fausseté dans les relations des termes du langage.

Donnerons-nous à une pareille doctrine la préférence sur la philosophie française? Accorderons-nous le droit de cité au rationalisme? Non ; nous délivrerons à cet étranger, à cet inconnu fourvoyé son passe-port en bonne forme, et nous le prierons poliment de repasser la frontière, et d'aller au delà du Rhin, au delà du pôle, dans le pays des chimères.

FIN.

TABLE ANALYTIQUE

DES MATIÈRES CONTENUES DANS CET OUVRAGE.

AVANT-PROPOS. . . . . page v

CHAPITRE Ier. — SENSATION TRANSFORMÉE. . page 1

Sujet du livre. — Jugements de M. Villemain et de J. F. Thurot sur Condillac. — Originalité de ce dernier. — Opinion erronée de Th. Brown. — Véritable principe de l'école française; sa fécondité. — La sensation enveloppe tout au point de vue du subjectif et au point de vue de l'objectif. — Elle renferme la *conception*, la *comparaison*, la *mémoire*, le *jugement* et le *raisonnement*. — Elle suppose également toutes les opérations de la volonté; réfutation de Laromiguière. — Réfutation des partisans des trois facultés distinctes et indépendantes. — La sensation suppose l'affirmation de toutes les vérités nécessaires à l'exercice de la pensée. — W. Hamilton. — Analyse du phénomène sensible. — Condillac admet des idées *nécessaires*. — Ses détracteurs ont dénaturé sa doctrine et réduit la question de l'origine des idées à une simple question de mots. — *Sentir* pour le philosophe français est synonyme de *penser*. — Les rationalistes, employant l'analyse *descriptive* au lieu de l'analyse de *raisonnement*, ont vu partout des différences de nature, infidèles en cela à leur grand principe de *substantialité*. — Ils réalisent les facultés de l'âme, et compromettent par là le dogme de son unité et de sa simplicité; — causes de leurs erreurs. — Idée de l'infini; preuve qu'ils réalisent les abstractions. — Fausse interprétation du mot *expé-*

rience; — Condillac injustement accusé de matérialisme. — Formule du principe qui sert de base à la psychologie, à l'esthétique et à la morale.

CHAPITRE II. — THÉORIE DE LA RAISON. . page 85

Exposé de la doctrine des rationalistes. — Question de l'origine des idées mal posée par eux. — Leur point de vue ne permet pas d'arriver à une classification scientifique. — Liste des catégories de la raison ; elle contient des éléments hétérogènes. —*Principe des substances ;* formule tautologique ; — sa véritable formule. — Le principe des substances détruit le principe : « Le fini suppose l'infini », tel qu'on l'entend dans l'école. — Procédé vicieux des rationalistes pour déterminer l'origine des idées. — L'idée de l'infini n'est pas une idée adéquate ; bon sens de Condillac ; contradictions de ses détracteurs. — Notions du temps et de l'espace : en accordant à ces deux idées les mêmes caractères qu'aux autres principes rationnels, on compromet les vérités les plus importantes, et on ouvre la porte au scepticisme. — Double sens du mot *nécessaire.* — Axiomes des mathématiques : — Doctrine mystérieuse et puérile des rationalistes. — Abstractions réalisées. — La *raison* est-elle une faculté spéciale ? Quelle est-elle ? Désaccord des rationalistes. La *raison impersonnelle* n'explique rien, n'ajoute en rien à la certitude, car un fait de révélation quelconque exige une double infaillibilité. — Kant. — Opinion de Jouffroy, démentie par le témoignage de la conscience et réfutée par le raisonnement. — L'analyse des rationalistes ne comporte pas de synthèse : *ordre logique, ordre chronologique,* hypothèse incompréhensible et contradictoire. — Lois formelles de la pensée : mysticisme frivole sur ce point. — Conclusion.

CHAPITRE III. — PRINCIPES DE CAUSALITÉ ET DE FINALITÉ. . . . . page 123

Importance de ces deux principes. — Principe de *causalité :* sa nature, sa valeur et sa portée méconnues par les rationalistes. — Formules de Royer-Collard et de M. Cousin. — Double méprise de ces deux philosophes : 1° Ils n'ont pas distingué le principe de causalité de la simple notion de cause ; 2° ils n'ont pas même évité ce qu'ils appellent *cercle vicieux.* — L'idée de cause séparée du principe de causalité : leurs véritables formules. — Fondement de la théodicée ; Dieu ne se démontre pas. — Par quel procédé de méthode l'école française échappe au scepticisme, au panthéisme et à l'athéisme.

PRINCIPE DE FINALITÉ. — Sa fécondité. — La formule des rationalistes le confond avec la simple notion de fin, et le rend par là tout à fait stérile. — Véritables formules de ces deux idées. — Condillac, — sa doctrine est incomplète sur ce point ; — mais Ch. Bonnet, son disciple, supplée à ce qui lui manque. — Conclusion.

CHAPITRE IV. — ESTHÉTIQUE. . . . . page 149

Observations préliminaires. — Définition de l'esthétique. — Étendue de la question. — École rationaliste. — École sentimentale. — École française. — Cette dernière ne réalise point l'idée du beau : sentiment de Descartes, Malebranche, Montesquieu, Voltaire ; D. Stewart, cité. — Les platoniciens font de la beauté une sorte d'*universel a parte rei*, une entité mystique. — Leurs opinions diverses. — Le Socrate de Xénophon. — Le Socrate de Platon ; il ne donne nulle part une idée précise de ce qu'il appelle le *beau en soi*. L'Hippias *major*, le Phèdre, le Banquet ; citations du père André. — Essence du beau d'après Plotin, saint Augustin, de Crouzas, Diderot. — Théorie rationaliste. — Reid ; — il n'a pas compris le double rôle du jugement dans le phénomène esthétique ; — Causes de ses illusions. — Il réhabilite les *formes substantielles* : conséquences bizarres qui découlent de ses principes. — Théorie de M. Cousin : — Sous des noms différents, elle ne fait que reproduire la théorie de Reid, mais en faisant mieux ressortir le paralogisme, sur lequel elle repose. — Solution sentimentale, ses mérites et ses défauts. — Doctrine de Condillac ; — explication de l'origine et de la formation de l'idée du beau ; sa définition. — Théorie de l'art ; réponse à ces quatre questions : 1° Quel est le but de l'art ? 2° quel est l'objet sur lequel il opère ? 3° quel est l'instrument dont il se sert ? 4° quelle est la règle qui doit diriger ses opérations ? — Analyse de l'*idéal* philosophiquement entendu ; ses éléments. — La théorie de la *beauté morale et spirituelle* appartient en propre à l'école française ; les rationalistes veulent en vain

CHAPITRE V. — MORALE. . . . . . . page 177

Étendue de la question : Vouloir, pouvoir, devoir. — Notion du devoir; ses éléments. — Tâche du moraliste. — Circonstances qui accompagnent le phénomène moral. — Quatre tendances générales dans l'homme. — Analyse d'une tendance ou d'une loi en général; trois éléments : mobile, but, sanction. — Comment le vrai se transforme en un bien. — Analyse de la tendance morale; ses éléments, ses conditions ; — elle peut suppléer à toutes les tendances inférieures. — *Matière* et *forme* du phénomène moral. — Division des systèmes. — Systèmes immoraux : naturalisme, égoïsme, intérêt bien entendu, système rationnel; leurs caractères respectifs. — Origine et formation de l'idée du devoir. — Distinction entre le mobile rationnel et le mobile moral. — La loi morale considérée dans sa *forme* : trois éléments apparents ; réduction de ces éléments : le but s'identifie avec le mobile. — Quel est le but de la loi morale d'abord au point de vue de l'agent, ensuite au point de vue du législateur ? — Opinion de Malebranche, de Crusius ; de J.-J. Rousseau. — Rapports de l'utile et de la vertu. — La loi morale, considérée dans sa *matière*, nous donne le troisième élément de toute loi : le *but*. — Rôle et concours des facultés intellectuelles dans l'acquisition de nos idées morales. — Erreurs de ceux qui raisonnent, comme si les opérations de l'âme étaient successives. — Systèmes moraux; systèmes incomplets de Montesquieu, Clarke, Pufendorf. — Systèmes plus complets : le sentimentalisme et le rationalisme. — Mérites et défauts du système sentimental. — Système rationnel ; — Ses défauts : doctrine mystérieuse sur la nature et le rôle de la *raison ;* abstractions réalisées ; logomachie. — Réflexions ingénieuses d'un commentateur de Kant. — Le rationalisme repose sur un paralogisme : il dénature le sens des mots *loi, obligation, bien ;* il confond l'obligation *logique* avec l'obligation *morale ;* — Caractères propres de ces deux obligations. — En ne distinguant pas la *matière* de la *forme*, les rationalistes n'ont pas su, dans le phénomène moral, concilier le *nécessaire* avec le *contingent ;* en accordant tout à la *raison*, rien au sentiment, ils enlèvent à la tendance morale la plus grande partie de sa force et de son influence sur la volonté. — Leur doctrine dangereuse a un autre point de vue : elle substitue la justice à la bienfaisance (célèbre hypothèse du *dépôt*); en visant à l'*idéal*, elle n'atteint pas même le *réel :* elle mutile l'œuvre du législateur moral. — Principe des erreurs du rationalisme. — Comparé au sentimentalisme, il lui est inférieur. — On ne peut résoudre le problème moral, qu'en partant des principes de l'école française. — Solution du problème.

CHAPITRE VI. — EMPIRISME. . . . . . page 239.

L'empirisme renferme tout ce qu'il y a dans le rationalisme, moins les erreurs; il met la philosophie sur la véritable voie, et lui marque le but auquel elle doit tendre. — Trois questions fondamentales. — Origine des idées : différence de méthode entre les deux systèmes. — Énumération de tous les objets de connaissance; leur réduction : le *nécessaire*, le *contingent* et le *possible*. — Trois espèces d'idées : *absolues, relatives* et *probables*. — Trois sources d'idées : *l'intuition, l'expérience* et *l'induction*. — Condillac reconnaît-il des idées nécessaires? Simple question de fait. Abstraction, raison : réponse à une objection des rationalistes. — Parallèle entre l'empirisme et le rationalisme relativement à la *méthode* et au *critérium de la vérité*. — La philosophie a : 1° des faits à constater; 2° des problèmes à résoudre; 3° des lois à établir : de là trois méthodes : *expérimentale, rationnelle, inductive*; trois espèces d'évidence : de *fait ou de sentiment*, de *raison, d'analogie;* enfin trois espèces de certitude : *physique, métaphysique, morale*. — Véritable notion de l'empirisme : son originalité consiste dans le contrôle réciproque de toutes les méthodes, et dans l'union des trois espèces d'évidence et des trois espèces de certitude; — tendance toute contraire du rationalisme. — Méthode expérimentale : substances et phénomènes; spiritualité de l'âme. — Méthode rationnelle : dogmes de l'existence de Dieu, de la Providence et de l'immortalité. — Excellence de l'empirisme. — Infériorité du rationalisme. — A quoi on aboutit, quand on se contente de l'évidence de raison. — L'empirisme rapporte tout à la certitude — Critérium de la vérité : Descartes ne l'a point trouvé, encore moins les rationalistes; Condillac seul l'a indiqué. — Ce qui a donné naissance au rationalisme : il ne repose que sur une erreur de psychologie, de logique et de critique. — Problème de l'origine des idées réduit à sa plus simple expression ; — côté philosophique de la question. — Distinction entre la connaissance et la croyance. — Méthode inductive. — Critique historique. — Cause formatrice ou efficiente des idées ; leurs causes occasionnelles : intuition, induction, formes primitives de la pensée, et sources de toutes nos idées (connaissances et croyances). — Comparaison de l'empirisme et du rationalisme au point de vue de leur influence sur les langues, sur les sciences en général, sur la culture intellectuelle et les progrès de la raison. — Le *positivisme :* sa méthode n'est qu'une application partielle de la méthode empirique ; son corps de doctrine, qu'un magnifique développement de la moitié du condillacisme. — Il mutile l'esprit humain ; sa partie négative ; réfutation. — Deux systèmes innommés. — Trois systèmes rivaux : l'éclectisme ou le rationalisme, le positivisme et l'empirisme ; auquel des trois appartient l'avenir ? Leurs chances respectives. — Conclusion.

FIN DE LA TABLE DES MATIÈRES.

OUVRAGE DU MÊME AUTEUR

Critique de la philosophie de Thomas Brown,
1 volume in-8°.

www.ingramcontent.com/pod-product-compliance
Lightning Source LLC
Chambersburg PA
CBHW050249170426
43202CB00011B/1612